普通高等教育土木工程专业“十四五”规划教材

工程经济学

（第2版）

主　编　陈云钢　肖全东
副主编　吴春花　陈安英
　　　　黄　翠　赵晶晶

武汉理工大学出版社
·武　汉·

内容提要

本书以培养应用型人才为目标,系统地介绍了工程经济学的基本原理和分析方法。本书主要内容包括绪论、现金流量及其构成、资金的时间价值与等值计算、工程项目经济效益评价基本方法、投资方案的比较与选择、投资项目可行性研究、投资估算与融资、投资项目财务评价和国民经济评价、不确定性分析与风险分析、价值工程、设备更新经济分析等。

本书主要作为高等学校工程管理专业和土木工程专业本科生教材,也可作为其他理工类专业、经管类专业学生学习工程经济学的参考用书,还可作为从事工程项目投资决策、规划、设计、施工、咨询等工作的专业技术人员的参考书。

图书在版编目(CIP)数据

工程经济学/陈云钢,肖全东主编. —2 版. —武汉:武汉理工大学出版社,2022.9
ISBN 978-7-5629-6667-8

Ⅰ.①工… Ⅱ.①陈… ②肖… Ⅲ.①工程经济学-高等学校-教材 Ⅳ.①F062.4

中国版本图书馆 CIP 数据核字(2022)第 162786 号

项目负责人:高 英 汪浪涛 戴皓华
责任编辑:高 英
责任校对:张莉娟
排 版:芳华时代
出版发行:武汉理工大学出版社
社 址:武汉市洪山区珞狮路 122 号
邮 编:430070
网 址:http://www.wutp.com.cn
经 销:各地新华书店
印 刷:荆州市精彩印刷有限公司
开 本:787×1092 1/16
印 张:13.75
字 数:352 千字
版 次:2015 年 8 月第 1 版 2022 年 9 月第 2 版
印 次:2022 年 9 月第 1 次印刷
定 价:35.00 元

凡购本书,如有缺页、倒页、脱页等印装质量问题,请向出版社发行部调换。
本社购书热线电话:027-87523148 87391631 87165708(传真)

第 2 版前言

本书是根据高等学校土木工程学科专业《高等学校土木工程本科指导性专业规范》、高等学校工程管理专业指导委员会制定的培养方案、《建设项目经济评价方法与参数》(第 3 版)、“工程经济学”课程教学大纲要求等进行编制的。

本书系统介绍了工程经济学的基本原理和方法及其在工程中的应用,主要内容包括:现金流量及其构成、资金的时间价值和等值计算、工程项目经济效益评价基本方法、投资方案的比较与选择、投资估算和融资、投资项目财务评价与国民经济评价、不确定性分析与风险分析、价值工程、设备更新经济分析等。

本书主要作为高等学校工程管理专业和土木工程专业本科生教材,也可作为相关专业学生学习“工程经济学”课程的参考用书,还可供工程规划、设计、施工、监理、咨询等单位和部门的工程经济专业人员参考使用。

本书由安徽工业大学陈云钢、湖南科技大学肖全东担任主编;安徽工业大学吴春花、合肥工业大学陈安英、皖江工学院黄翠、南京铁道职业技术学院赵晶晶担任副主编。

具体编写分工如下:第 1 章 、第 6 章、第 7 章、第 9 章由安徽工业大学陈云钢编写;第 4 章、第 5 章由安徽工业大学吴春花编写;第 11 章 、第 12 章由合肥工业大学陈安英编写;第 8 章、第 10 章的第 1 版由湖南科技大学肖全东编写,本次修订由皖江工学院黄翠完成;第 2 章、第 3 章的第 1 版由湖南科技大学肖全东编写,本次修订由南京铁道职业技术学院赵晶晶完成。

在本次修订过程中,吸收了行业发展和动态信息,增加了二维码素材,提供了部分课后习题答案,并对原书中部分内容进行了相应的增删,以适应时代发展。在本次修订过程中,参考和引用了许多专家、学者的著作及相关资料,在此表示衷心的感谢!

由于编者水平有限,时间仓促,不妥之处在所难免,衷心希望广大读者批评指正。

编　者

2022 年 2 月

目　　录

1 绪　论

内容提要

通过本课程学习了解工程技术与经济效果之间的关系，熟悉工程技术方案选优的基本过程，全面掌握工程经济的基本原理和方法，具备进行工程经济分析的基本能力。

本章要求学生掌握工程、技术和经济的基本概念，熟悉工程经济学的研究对象和分析方法，了解工程经济学的产生、发展现状以及它和学科体系的关系，了解工程经济学的研究对象与范畴。

1.1 工程经济学的定义

工程经济学(Engineering Economics)是一门研究工程(技术)领域经济问题和经济规律的学科。具体地说，就是对为实现一定功能而提出的在技术上可行的技术方案、生产过程、产品或服务，在经济上进行计算分析、比较和论证的学科。

根据研究对象的不同，工程经济学主要有以下 4 种不同的流派和表述：

流派 1：工程经济学是从经济角度选择最佳方案的原理和方法。美国堪萨斯州立大学的布西(L. E. Bussey)教授在其 1978 年出版的《工业投资项目的经济分析》一书中，将工程经济与"工业投资项目经济分析"严格区分。

流派 2：工程师的经济学——"使工程师少花钱、多办事的艺术"。这是从惠灵顿到里格斯等古典工程经济学理论的观点。这一观点包含了工程项目规划、投资项目经济评价的投资决策分析及生产经营管理领域的决策问题。

流派 3：研究经济分析方法的学科领域。日本学者千住重雄、伏见多美教授自 20 世纪 50 年代开始研究西方工程经济学，经过反思和探索，创建了"经济性工学"——将管理会计、管理经济学、工程经济学、运筹学、质量控制、工业工程相结合并创新，提炼出各种经济分析方法。

流派 4：研究工程项目的节省或节约之道的学科。工程经济学研究各种工程技术方案的经济效益，研究各种技术在使用过程中，如何以最小的投入获得预期产出。或者说，如何以等量的投入获得最大产出；如何用最低的寿命周期成本实现产品、作业以及服务的必要功能。

工程经济学是一门工程与经济的交叉学科，可以将工程经济学定义为：利用经济学的理论和分析方法，研究如何有效利用资源、提高经济效益的一门学科。

1.2 工程技术与经济的关系

1.2.1 工程的含义

工程(Engineering)是指土木建筑或其他生产、制造部门用比较大且复杂的设备来进行的工作,如土木工程、机械工程、交通工程、化学工程、采矿工程、水利工程等。

工程经济学中的"工程"涵盖了一般概念中的工程(制作过程与方法)和技术(劳动的技能和技巧),即不仅包括相应的物资设备、生产的工艺过程或作业程序方法,还包括相应的劳动生产经验、知识和技巧。

1.2.2 技术的含义

技术(Technology)是人类改造自然的手段和方法,是应用各种科学所揭示的客观规律进行各种产品(结构、系统及过程)开发、设计和制造所采用的方法、措施、技巧等的总称。工程技术与科学既有区别又有联系:科学是人们对客观规律的认识和总结,即寻找规律和发现规律;而工程技术则在此基础上应用规律。

1.2.3 经济的含义

经济(Economy)在不同层面有不同含义,常见的有以下几种:

① 指生产关系。从政治经济学角度来看,"经济"指的是生产关系和生产力的相互作用,它研究的是生产关系运动的规律。

② 指一国国民经济的总称,或指国民经济的各部门,如工业经济、农业经济、运输经济等。

③ 指社会生产和再生产,即物质资料的生产、交换、分配、消费的现象和过程。

④ 指节约,即指人、财、物和时间等资源的节约和有效使用。

工程经济学中的"经济"包括相应的社会经济体制(生产关系)、社会生产和再生产(物质资料的生产、交换、分配、消费的现象和过程)和社会资源的有效利用与节约。所以说,在工程经济学中,"经济"是指从有限的资源中获得最大的利益。

1.2.4 工程(技术)和经济的关系

研究工程(技术)主要涉及两个方面的问题。一是科学技术方面:研究如何把自然规律应用于工程实践,这些知识构成了诸如工程力学、工程材料学等学科的内容;二是经济分析方面:研究经济规律在工程问题中的应用,这些知识构成了工程经济类学科的内容。

因此,研究中会涉及工程(技术)的双重属性:先进性和经济性。任何一项新技术都会受到经济发展水平的制约和影响,而技术的进步又促进了经济的发展,是经济发展的动力和条件。因此,一项工程要被接受必须具备两个条件:一是技术上的可行性;二是经济上的合理性。工程经济学即寻求工程的技术因素和经济因素的最佳结合。

因此,工程(技术)和经济是辩证统一地存在于生产建设过程中的,是相互促进又相互制约的。经济发展是技术进步的目的,技术是经济发展的手段。

1.3 工程经济学的研究对象、内容和特点

1.3.1 研究对象

工程经济学解决工程技术活动中的微观(财务评价)和宏观(国民经济评价)方面的技术经济问题,并对这些问题进行经济评价和分析。

例如某城市如果要建造一个火力(燃煤、石油或天然气)发电站的项目,常常会思考以下问题:

① 为什么要实施这个项目?能否实施其他项目?

② 为什么要以这种方案实施这个项目?有无更经济合理的替代方案?

③ 为什么要在现在实施这个项目?项目实施的时机是否合适?

工程经济学的研究对象便是解决上述问题的方案和途径。因此,工程经济学的研究对象是工程项目技术经济分析的最一般方法,即研究采用何种方法才能正确评估工程项目,以寻求技术与经济的最佳结合点。

1.3.2 研究内容和特点

工程经济学的主要内容包括资金的时间价值、工程项目评价指标和方法、投资方案的比较与选择、投资估算与融资、投资项目的财务评价、国民经济评价和社会评价、不确定性分析、价值工程、设备更新经济分析、项目可行性研究等方面。

工程经济学的主要特点如下:

① 综合性。工程经济学横跨自然科学和社会科学,同时其研究跨部门、跨地区,具有多目标性。

② 实用性。工程经济学所研究的工程项目与技术方案来源于实际需求,用于实践、被实践检验,其研究成果表现为一个规划或具体方案的经济效果。

③ 定量性。工程经济学研究以定量分析为主,在分析和研究过程中,用到很多数学方法、计算公式,并建立数学模型。

④ 比较性。研究投资项目效益的差别,并在此基础上进行比选。

⑤ 预测性。工程经济分析往往发生在项目启动之前,通过在前期对项目进行分析评价来进行技术经济预测。

1.3.3 研究方法要点

工程经济学的研究方法要点主要有:

① 系统分析。将工程经济分析对象看作一个系统,明确系统的功能目的,分析要素构成、特征、相互关系,实现要素的有机结合,达到系统的整体优化。

② 资源最优配置。使有限的资源为社会创造出更多、更好的产品和劳务,选择技术可行、经济合理的项目。

③ 定量分析与定性分析相结合。项目经济效果的计算——定量分析;项目与经济、社

会大系统相联系——定性分析。

④ 静态分析与动态分析相结合,以动态分析为主。

⑤ 统计分析与预测分析相结合。经济数据来源于统计分析与预测分析。

⑥ 考虑未来情况的不确定性。对项目进行分析基于对项目未来效益的估计,影响未来效益的因素众多,应进行风险分析。

⑦ 微观经济效益与宏观经济效益相统一。

⑧ 短期经济效益与长期经济效益相统一。

1.4 工程经济学与相关学科的关系

(1) 工程经济学与西方经济学

西方经济学是工程经济学的基础,工程经济学是西方经济学的具体化和延伸。西方经济学中的资源稀缺和资源的最佳配置要求,同样是工程经济学分析问题的依据和追求的目标。

(2) 工程经济学与技术经济学

工程经济学与技术经济学都是研究技术与经济相互关系及其矛盾对立统一的科学,通过技术比较、经济分析和效果评价,寻求最佳结合。

其区别在于:

① 研究对象不同。工程经济学是工程项目技术经济分析的最一般方法,它可能涉及技术问题,也可能不涉及技术问题;而技术经济学则对比研究各种不同的技术政策、技术方案和技术措施,会涉及技术问题。

② 研究内容不同。工程经济学属于方法论科学,所以它的内容主要包括货币时间价值分析方法、多方案比较法、风险分析方法等;技术经济学研究技术经济政策,即规定国民经济及各部门技术发展和经济活动方向的准则和措施。

(3) 工程经济学与投资项目评估学

工程经济学为投资项目评估学提供分析的方法和依据,其内容是相对稳定的。投资项目评估学具体研究投资项目应具备的条件、厂址的选择与生产规模的确定等,其内容随时间、地点的变动而调整。

(4) 工程经济学与投资效果学

投资效果学主要研究投资效益在宏观和微观上不同的表现形式和指标体系等。它虽然也要对工程项目的投资进行分析评价,但主要是在事后进行,这种分析与评价的价值主要在于取得经验和教训。分析的基本方法是把实际指标与国内外先进指标加以比较。而工程经济学则是在事前进行评价,以判定项目是否可行。

1.5 工程经济学的产生与发展

1.5.1 工程经济学的历史

美国的建筑工程师威灵顿(A. M. Wellington)在1887年出版了《铁路布局的经济理论》(*The Economic Theory of Railway Location*),指出工程经济学是“一门少花钱多办事的艺术”,他用资本化成本分析方法分析了铁路最佳长度和进行路线选择,从而开创了工程领域上的经济评价方法。

20世纪20年代,戈尔德曼(O. B. Goldman)在《财务工程》(*Financial Engineering*)一书中提出了相对价值的复利模型。他在书中指出,工程师最基本的责任是考虑成本,以便获得最佳的财务效益。

1930年,格兰特(E. L. Grant)教授剖析了古典工程经济学的局限性,并且以复利模型为基础,讨论了判别因子和短期投资评价的重要性及资本长期投资的一般比较,首创了工程经济评价理论与原则。其教科书《工程经济学原理》(*Principles of Engineering Economy*),奠定了经典工程经济学的基础,再版多次,真正使得工程经济学成为一门系统化的学科。他的许多理论获得共识,被誉为“工程经济学之父”。

1982年,里格斯(J. L. Riggs)出版的《工程经济学》(*Engineering Economy*),包括货币的时间价值理论、经济决策和风险及不确定性等内容,把工程经济学的学科水平向前推进了一大步。

1.5.2 工程经济学的发展

近代工程经济学的发展侧重于用概率统计进行风险性、不确定性等新方法研究以及非经济因素的研究。同时,西方工程经济学理论出现了宏观经济研究的新趋势,工程经济学中的微观效果分析正逐渐同宏观的社会效益研究、环境效益分析结合在一起,国家的制度和政策等宏观问题成为当代工程经济学研究的新领域。

我国工程经济学发展的里程碑如下:

20世纪50年代,创建建筑经济专业,开始了初期的研究。

20世纪60年代,以建筑经济为主,在建筑业中开展了应用研究。

20世纪70年代,我国引进了国外行之有效的企业现代化管理方法。1979年末,成立了建筑经济学术委员会。

20世纪70年代后期,以于光远、孙冶方为代表的学者对“技术经济学”做出了贡献。

20世纪80年代,进行了诸如建筑工程招标承包制、建筑产品价格改革、建筑产业政策研究、我国住宅建设技术政策等经济体制改革的理论研究。

1984年3月,国务院发文明确规定所有新建、扩建的大中型项目,以及所有利用外资进行的基本建设项目都必须有可行性的研究报告。

20世纪90年代,研究领域进一步扩大到土木工程以及其他建设项目领域,逐渐形成了一套工程经济理论体系和方法。

近年来，工程经济学理论逐步应用与普及，为工程经济学的发展提供了更广阔的空间。数十种教材的出版，使得工程经济学成为大专院校工科专业的必修课之一。

20 世纪 80 年代以来，工程经济学的原理与方法在“企业战略投资”中发挥了越来越重要的作用，广泛应用于投资决策分析、项目评估与管理中，进入了蓬勃发展阶段。

阅读材料　工程经济学与执业资格考试

工程经济学是我国建设项目管理人员与国际惯例要求接轨所必备的基本知识之一。与国际惯例要求接轨的特征之一就是从 20 世纪末期开始，我国逐步开始推行工程师注册执业资格制度，设置了从业的门槛，标志着我国建设领域执业资格步入了规范化轨道。对工程经济学知识有要求的执业资格考试如表 1.1 所示。

表 1.1　建设领域执业资格种类

序号	名称	序号	名称
1	注册监理工程师	7	一、二级建造师
2	房地产经纪人	8	注册设备监理师
3	注册资产评估师	9	注册房地产估价师
4	注册造价工程师	10	注册土木工程师
5	注册咨询工程师(投资)	11	投资建设项目管理师
6	一、二级注册结构工程师		

思考题与习题

1. 简述工程经济学的含义。
2. 简述工程经济学中工程技术与经济的关系。
3. 工程经济学的主要研究内容是什么？
4. 简述工程经济学的作用。
5. 举例说明，为什么有些工程方案很先进，但实际中却不一定被采用？

答案

2 工程经济分析的基本要素

内容提要

任何一项投资活动都离不开资金活动，在资金活动中必然要涉及现金流量的问题。现金流量是进行工程经济评价和方案比选的基础。工程项目中的现金流量主要是由建设投资、经营成本、营业收入等经济变量构成。明确现金流量与投资、成本、收入、税金和利润的关系，正确估算现金流量是进行投资方案效益分析的前提，也是进行科学投资决策的基础。

通过本章的学习，使学生熟悉投资、成本费用、折旧、摊销、销售收入、利润与税金等工程经济分析的基本要素的涵义；掌握固定资产折旧的计算方法。

2.1 工程项目投资及构成

我们常借助于现金流量进行工程经济分析，而构成现金流量的基本要素是项目的投资、成本、收入、税金和利润。工程项目投资一般是指某个项目从筹建开始到全部竣工投产为止所发生的全部资金投入。工程项目总投资由固定资产投资、建设期利息和流动资金三部分组成，如图 2.1 所示。

(1)投资的基本概念

投资(Investment)有广义和狭义之分。广义的投资是指人们的一种有目的的经济行为，即以一定的资源投入某项计划，以获取所期望的报酬。投资可分为生产性投资和非生产性投资，所投入的资源可以是资金、技术、人力或其他资源。

狭义的投资是指人们在社会经济活动中为实现某种预定的生产、经营目标而预先垫付的资金。工程项目投资一般是指某个项目从筹建开始到全部竣工投产为止所发生的全部资金投入，包括固定资产投资、无形资产投资、递延资产投资、预备费用(基本预备、涨价预备)、建设期利息及汇兑损益、流动资金投资等。

(2)投资的构成及形成的资产(图 2.1)

① 固定资产投资

固定资产是指使用期限较长(一年以上)，单位价值在规定的标准以上，在生产过程中为多个生产周期服务，在使用过程中保持原来的物质形态的资产，如房屋、设备、运输工具、构筑物等。购建新的固定资产或更新改造原有固定资产的投资称为固定资产投资。固定资产投资包括建筑工程费、设备购置费、安装工程费、工具及生产家具购置费、其他费用(土地补偿费、管理费等)。

固定资产的一个重要特点是：在使用过程中会逐渐磨损和贬值，其价值将逐步转移到新产品中去。固定资产的这种磨损和贬值称为折旧。转移的价值就是通过折旧的形式计入产

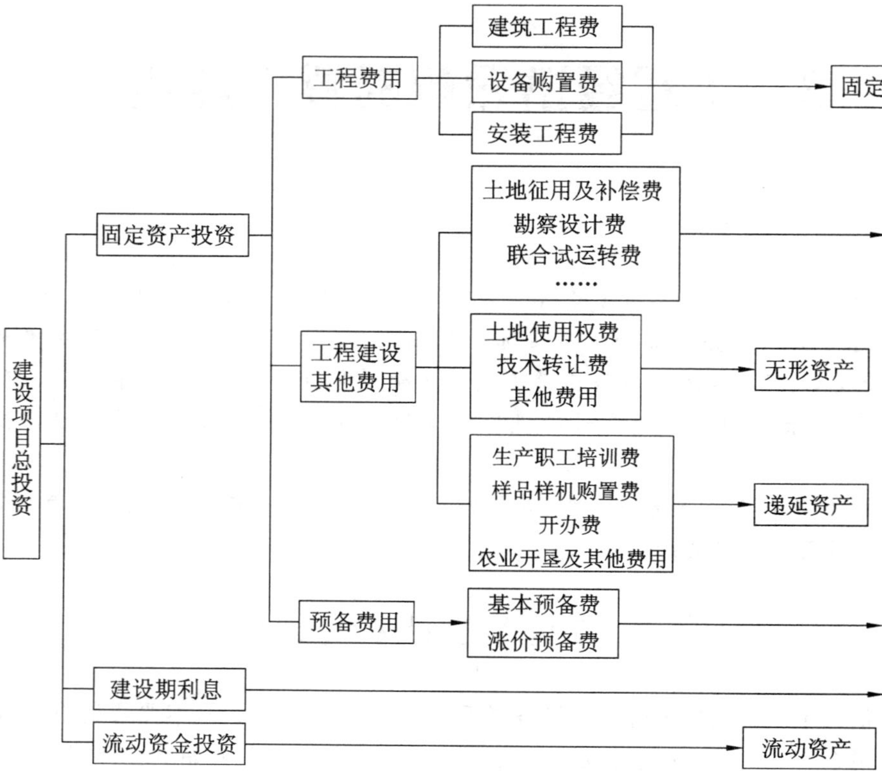

图 2.1 投资的构成及形成的资产简图

品的成本，并通过产品销售以货币形式收回。

② 无形资产投资

无形资产投资即为了获得无形资产而支付的资金。无形资产是指能为使用者长期提供某种权利或利益但不具有实物形态的资产，包括专利、著作权、版权、商标、专有技术等。其价值在服务期内逐年摊销，摊销费计入成本。

③ 递延资产投资

递延资产投资即形成递延资产的各项费用支出。递延资产是指项目筹建期内，集中发生(除固定资产投资和无形资产投资以外)的各项费用所形成的资产。递延资产投资不能一次性计入当年损益，应在规定年限内平均摊销，摊销费计入成本。递延资产投资包括开办费、租赁固定资产改良费、固定资产装潢装修费等。

凡与购建固定资产或无形资产有关的投资都计入相应的购建资产的价值，其余的都计入递延资产。

④ 预备费用

预备费用主要用于投资过程中因不确定因素而造成的投资额的变化，包括基本预备费和涨价预备费。基本预备费是指为弥补项目规划中不可预见、漏项及施工期可能由于灾祸而必须预留的费用；涨价预备费是指在建设期内由于物价变动、汇率改变、税费调整所必须预先留置的费用。

⑤ 建设期利息

建设期利息主要是指工程项目在建设期内发生并计入固定资产的利息，主要是建设期发生的支付银行贷款、出口信贷、债券等的借款利息和融资费用。

⑥ 流动资金投资

流动资金投资即增加流动资产的投资。流动资产是指企业可以在一个生产经营周期(对象不同则周期长短不同)内变现或者运用的资产，如储备资金(原材料、燃料等)、生产资金(在制品、半成品、待摊费用)、成品资金(产成品、外购品等)、结算资金(应收账款、预付账款等)、货币资金(备用金、现金、银行存款等)。

流动资产的一个重要特点是，在生产经营过程中，其价值一次性转移到产品成本中去，并随着产品价值的实现而得到补偿。在整个项目寿命期结束时，全部流动资产就能退出生产和流通，以货币形式被回收。因此，流动资产投资是一项在项目寿命期结束后可以回收的现金流。

(3) 投资的资金来源

国内建设项目投资的资金来源分为自有资金和债务资金两个部分。

自有资金是指企业自己所拥有的资金，即投资者缴付的出资额，包括企业用于项目投资的新增资本金、资本公积金、提取的折旧费与摊销费，以及未分配的税后利润等。

债务资金是指银行和非银行金融机构的贷款及发行债券的收入等，包括长期负债(长期借款、应付长期债券和融资租赁的长期应付款项等)和短期负债(短期借款、应付账款等)。

为了让投资者有风险意识，国家对建设项目总投资中的自有资金的最低数额和比例都作出了规定，并且还规定了资本金筹集到位的期限及在整个生产经营中资本金不得任意抽走。允许投资者以已有的固定资产和无形资产作为投资的出资额，但必须经过具有相应资质的单位评估作价，出具验资报告。无形资产的出资比例不得超过注册资金的 20%(但高新技术产业例外)。这些规定的目的就是要让投资者承担必要的风险，不搞无本经营或过度的负债经营，以保护国家和社会的利益。

2.2 工程项目运营期成本费用

2.2.1 成本费用

(1) 总成本费用

企业总成本费用是指项目在一定时期内(一般为 1 年)为生产销售产品和提供劳务所发生的全部费用。成本是指企业为生产产品、提供劳务而发生的各种耗费，它是一种现金流出，是为了达到某个生产经营目的而预先流出的资金。费用是指企业为销售商品、提供劳务等日常活动所发生的经济利益的流出。工程经济分析中不严格区分费用与成本，将其均视为现金流出。

总成本费用可按经济用途和经济内容进行划分。

①按经济用途划分的成本构成(图 2.2)

$$总成本费用=生产成本+期间费用 \tag{2.1}$$

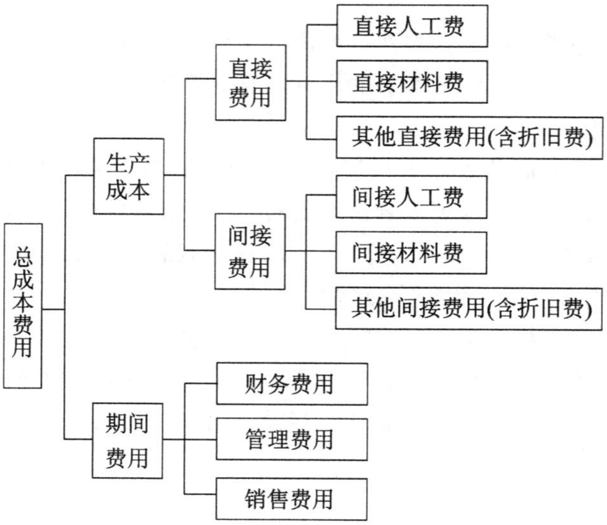

图 2.2　总成本费用的构成

生产成本包括直接费用和间接费用。

a. 直接费用：包括直接材料费（指在生产中用来形成产品主要部分的材料费用）、直接人工费（指在产品生产过程中直接对材料进行加工的人员的工资）和其他直接费用。

b. 间接费用：指为组织和管理生产所发生的各项间接费用，包括生产单位（车间或分厂）管理人员工资、职工福利费、折旧费、矿山维检费、维修费及其他制造费用（办公费、差旅费、劳保费等）。

期间费用包括销售费用、管理费用和财务费用等。

a. 销售费用：指销售商品过程中发生的费用，包括由企业承担的运输费、装卸费、包装费、保险费、广告费以及专设销售机构的人员工资及福利费、折旧费和其他费用。

b. 管理费用：指企业行政管理部门为管理和组织经营活动所发生的各项费用，包括管理部门人员工资和福利费、折旧费、修理费、物料消耗费、办公费、差旅费、保险费、工会经费、职工教育经费、技术开放费、咨询费、诉讼费、房产税、车船税、土地使用税、无形资产摊销、开办费摊销、业务招待费及其他管理费用。

c. 财务费用：指企业在筹集资金等财务活动过程中发生的费用，包括生产经营期间发生的利息净支出、汇兑净损失、银行手续费，以及为筹集资金所发生的其他费用。

② 按经济内容划分的成本构成

在工程经济分析中，为便于计算，通常按各费用要素的经济内容和表现形式将其归并为九类，即

总成本费用＝外购原材料费＋外购燃料费＋外购动力费＋工资及福利费＋折旧费＋摊销费＋利息支出＋修理费＋其他费用　　(2.2)

(2) 经营成本费用

经营成本是指项目在生产经营期间的经常性实际支出，是项目从总成本中扣除折旧费、摊销费和利息支出以后的成本，即

经营成本＝总成本费用－折旧费－摊销费－利息支出 (2.3)

根据式(2.3)及式(2.2)，经营成本又可以用下式来表示：

经营成本＝外购原材料费＋外购燃料费＋外购动力费＋工资及福利费＋修理费＋其他费用 (2.4)

(3) 固定成本与可变成本

在工程经济分析中，为便于计算和分析，根据成本费用与产量的关系，可将总成本费用分为固定成本和可变成本。

① 固定成本

固定成本是指在一定生产规模限度内不随产品产量变化的各项成本费用。固定成本一般包括折旧费、摊销费、利息支出、修理费、工资及福利费和其他费用等。

② 可变成本

可变成本是指随产品产量增减而成正比例变化的各项费用，也称为变动成本。可变成本一般包括外购原材料费、燃料费及动力费等。

之所以做这样的划分，主要目的就是为“10.2 节 盈亏平衡分析”提供前提条件。

(4) 沉没成本

沉没成本是指发生在决策之前，与决策问题无关的费用。沉没成本是过去已经发生的一种成本，对目前的决策不构成影响。在进行方案比选时，对沉没成本不予考虑。

沉没成本＝旧资产账面价值－当前市场价值 (2.5)

比如某投资者在2007年以48元购入中国石油新上市股票，二级市场现价9元。该投资者是否出售该股票，不应受48元购入价的影响，而应该分析中国石油未来的走势。如果预计价格会上涨，则继续持有；如果预计价格会下跌，则应果断抛售。此时的沉没成本为39元/股。

换另一个角度去理解沉没成本：与此同时，另一位投资者在考虑是否购入中国石油的股票，该投资者只需要考虑现价(9元)购入中国石油股票能否带来盈利，而不需要考虑此前另外的投资者购入价48元及差价39元。

(5) 机会成本

将有限的资源用于某种用途而放弃其他用途所付出的代价即为机会成本。

例如上述投资者为了购买中国石油的股票，放弃了购买另外一只股票，则另外一只股票可能的最大收益值就是购买中国石油股票的机会成本。

机会成本的概念告诉我们，任何稀缺资源的使用，不论在实际中是否为之而支付代价，总会形成机会成本，即为了这种使用所牺牲掉的其他使用能够带来的益处。通过对相同的经济资源在不同的生产用途中所得到的不同收入进行比较，将使得经济资源从所得收入相对低的生产用途上，转移到所得收入相对高的生产用途上，否则就是一种浪费。

2.2.2 折旧与摊销

固定资产在生产过程中，由于损耗而使其价值逐渐减少的现象称为固定资产折旧。固定资产由于损耗而转移到产品中去的那部分价值则称为折旧费或折旧额。折旧和摊销并不是企业实际的支出，而只是一种会计手段，即把以前发生的一次性支出在生产经营期各年度中进行分摊，以核算当年应缴纳的所得税和可分配的利润。

在投资项目寿命期的现金流量表中，折旧费和摊销费并不构成现金流出。但是，在估算利润总额和所得税时，它们是总成本费用的组成部分。

(1) 相关概念

在进行折旧的计算时，涉及以下几个概念：

① 固定资产原值：建设项目建成或投产时核定的价值；

② 固定资产净值：固定资产使用一段时间后，其原值扣除累计折旧额后的价值；

③ 固定资产残值：固定资产寿命期结束时的残余价值；

④ 固定资产净残值：固定资产残值扣除预计清理费用的余额；

⑤ 净残值率：固定资产净残值与固定资产原值之比，一般为3%～5%；

⑥ 应提折旧额：固定资产由于损耗而转移到产品成本中去的那部分价值。

(2) 折旧的计算

我国现行的固定资产折旧方法有平均年限法、工作量法、双倍余额递减法和年数总和法。其中，前两种方法属于直线法，后两种方法属于加速折旧法。

① 平均年限法

平均年限法是指固定资产的应计折旧额平均分摊到固定资产折旧年限内的一种方法，采用这种方法计算每年计提的折旧额相等。其计算方法如下：

$$年折旧额=\frac{固定资产原值-预计净残值}{折旧年限} \tag{2.6}$$

$$年折旧率=\frac{1-预计净残值率}{折旧年限}\times 100\% \tag{2.7}$$

$$年折旧额=固定资产原值\times 年折旧率 \tag{2.8}$$

【例2.1】 有一台设备原值12000元，预计使用年限为5年，寿命终了时净残值收入预计为500元，计算该设备的年折旧率和年折旧额。

【解】

$$年折旧额=\frac{12000-500}{5}=2300(元)$$

$$年折旧率=\frac{2300}{12000}\times 100\%=19.17\%$$

② 工作量法

对于某些专业设备或交通运输车辆的折旧，以固定资产完成的工作量(行驶里程、工作小时、工作台班、产品数量等)为单位计算折旧额，每计量单位折旧额相等，这种折旧计算的方法称为工作量法。

$$单位工作量折旧额=\frac{固定资产原值-固定资产净残值}{预计总工作量} \tag{2.9}$$

$$固定资产年折旧额=单位工作量折旧额\times 当年工作量 \tag{2.10}$$

【例2.2】 某公司有载重汽车一辆，原始价值为200000元，残余价值为10000元，预计可行驶里程200000 km，第一年行驶60000 km。求第一年折旧额。

【解】

$$每千米折旧额=\frac{200000-10000}{200000}=0.95(元/km)$$

$$第一年折旧额=0.95\times 60000=57000(元)$$

③ 双倍余额递减法

双倍余额递减法是一种典型的加速折旧法，各年折旧额是在不考虑固定资产净残值的情况下，用年初固定资产净值（固定资产价值余额）乘以直线折旧率的2倍得到的，其特点是折旧率不变、折旧额递减。

$$年折旧率=\frac{2}{折旧年限}\times 100\% \tag{2.11}$$

$$年折旧额=固定资产净值\times 年折旧率 \tag{2.12}$$

$$最后两年折旧额=\frac{固定资产净值-固定资产净残值}{2} \tag{2.13}$$

应用这种方法计算折旧额时，每年年初的固定资产净值没有扣除预计净残值，故在其到期前的两年内，将固定资产净值扣除预计净残值后的余额平均摊销。

【例2.3】 一台设备原值12000元，预计使用年限为5年，寿命终了时净残值收入预计为500元，用双倍余额递减法计算设备年折旧额。

【解】
$$年折旧率=\frac{2}{5}\times 100\%=40\%$$

第1年折旧额　$D_1=12000\times 40\%=4800$（元）

第2年折旧额　$D_2=(12000-4800)\times 40\%=2880$（元）

第3年折旧额　$D_3=(12000-4800-2880)\times 40\%=1728$（元）

最后两年折旧额　$D_4=D_5=\frac{12000-4800-2880-1728-500}{2}=1046$（元）

④ 年数总和法

年数总和法也是一种加速折旧法。它以固定资产原值扣除预计净残值后的余额作为计提折旧的基础，按逐年递减的年折旧率计提折旧。其计算公式为：

$$年折旧率=\frac{折旧年限-已使用年限}{年数总和}\times 100\% \tag{2.14}$$

$$年折旧额=(固定资产原值-预计净残值)\times 年折旧率 \tag{2.15}$$

【例2.4】 一台设备原值12000元，预计使用年限为5年，寿命终了时净残值收入预计为500元，用年数总和法计算设备年折旧额。

【解】
$$年折旧率=\frac{5-已使用年限}{15}\times 100\%$$

第1年折旧额　$D_1=(12000-500)\times\frac{5}{15}=3833$（元）

第2年折旧额　$D_2=(12000-500)\times\frac{4}{15}=3067$（元）

第3年折旧额　$D_3=(12000-500)\times\frac{3}{15}=2300$（元）

第4年折旧额　$D_4=(12000-500)\times\frac{2}{15}=1533$（元）

第5年折旧额　$D_5=(12000-500)\times\frac{1}{15}=767$（元）

(3) 各种折旧计算方法的比较(表 2.1)

表 2.1　各种折旧计算方法比较

折旧方法	平均年限法	工作量法	双倍余额递减法	年数总和法
计提折旧基础	应提折旧总额	应提折旧总额	年初净值	应提折旧总额
折旧率	不变	单位工作量折旧额	不变(不含最后两年)	递减
各年折旧额	不变	随工作量变化	递减,最后两年相同	递减

采用加速折旧法,提高了前期折旧率,从而加速补偿固定资产的损耗,提前摊销固定资产折旧额。从总量来看,其折旧总额没有因加速折旧而改变,改变的只是折旧额计入成本费用的时间。

【例 2.5】 某项资产原值为 50000 元,预计使用 5 年,预计净残值为 2000 元,分别用平均年限法、双倍余额递减法、年数总和法求其折旧额。

【解】 计算结果如表 2.2 所示。

表 2.2　不同折旧计算方法的计算结果

年限	平均年限法		双倍余额递减法		年数总和法	
	年折旧率	年折旧额(元)	年折旧率	年折旧额	年折旧率	年折旧额(元)
1	19.2%	9600	40%	20000	5/15	16000
2	19.2%	9600	40%	12000	4/15	12800
3	19.2%	9600	40%	7200	3/15	9600
4	19.2%	9600	40%	4400	2/15	6400
5	19.2%	9600	40%	4400	1/15	3200

由于折旧是所得税的一项重要扣除项目,加速折旧虽没有改变折旧期内应纳税所得额和应纳税额的总量,但改变了所得税计入现金流出的时间。根据资金时间价值原理(详细阐述见第 3 章),加速折旧使资金的回收速度阶段性地加快,使纳税人应纳税额在前期减少,后期增加,因而实际上推迟了缴纳税款的时间,等于向政府取得了一笔无须支付利息的贷款。因此,准予采用加速折旧法,实际上是国家给予企业的一种特殊的缓税或延期纳税的优惠。

一般来说,企业总是希望多提和快提折旧费和摊销费,以少交和缓交所得税。为保证国家正常的税收来源,国家对折旧方法、折旧年限和摊销费的计算均有明确的规定。

2.3　收入、利润及税金

(1) 收入

对多数企业而言,收入主要来自于销售。销售收入是企业生产经营阶段的主要收入来源,是企业向社会出售商品或提供劳务的货币收入。

销售收入是现金流量表中现金流入的主体,也是利润表的主要科目。其计算公式如下:

$$销售收入 = \sum(产品或劳务销售量 \times 价格) \tag{2.16}$$

对于产品销售价格要作分析和预测。国家控制价格的产品，要按照国家规定的价格政策执行；价格已经放开的产品，应根据市场情况选择合理价格，一般不宜超过同类产品的进口价格（含各种税费）。产品销售价格一般采用出厂价格。

（2）利润

利润是指企业通过销售产品或提供服务所获得的利润，是企业经济目标的集中表现。其计算公式如下：

销售利润＝销售收入－总成本费用－销售税金及附加　（2.17）

利润总额＝销售利润＋投资收益＋营业外收支净额＋补贴收入　（2.18）

净利润（税后利润）＝利润总额－所得税　（2.19）

企业净利润一般按下列顺序进行分配：

① 缴纳滞纳金、罚款；

② 弥补以前年度的亏损；

③ 提取法定盈余公积金（按当年税后利润的10％提取，法定盈余公积金已达注册资金的50％时可不再提取。盈余公积金可用于弥补亏损或按国家规定转赠资本金）；

④ 提取公益金（主要用于企业职工的集体福利设施支出）；

⑤ 应付利润；

⑥ 未分配利润。

（3）税金

税金是国家依据法律对有纳税义务的单位和个人征收的财政资金。

税收是国家凭借政治权力参与国民收入分配和再分配的一种方式，具有强制性、无偿性和固定性的特点。税收是国家取得财政收入的主要渠道，是对各项经济活动进行宏观调控的重要杠杆。

1994年，我国开始实施新税制，逐步确立了以流转税类（增值税、消费税、营业税、关税）为主体税类，所得税类（企业所得税、外商投资企业和外国企业所得税、个人所得税）、资源税类（资源税、城镇土地使用税）、特定目的税类[城市维护建设税、耕地占用税、固定资产投资方向调节税（2012年已废止）、土地增值税、车辆购置税]、财产税类（房产税、城市房地产税）、行为税类（车船使用税、车船使用牌照税、船舶吨税、印花税、契税、屠宰税、筵席税）、农牧业税类（农业税、牧业税）为辅助税类的税制结构。

企业亏损年度以后各年的所得税：当企业发生亏损时，可以用次年度的税前利润弥补，次年度利润不足以弥补的，可以在5年内延续弥补；5年内的税前利润不足以弥补时，用税后利润弥补。例如，企业2012年发生的亏损，可以用2013—2017年的税前利润弥补，如果仍不能弥补亏损，则可以使用2018年之后的税后利润弥补。

2.4　工程经济分析各要素间的关系

（1）销售收入、成本、税金及利润的关系

销售收入、成本、税金及利润的相互关系如图2.3所示。

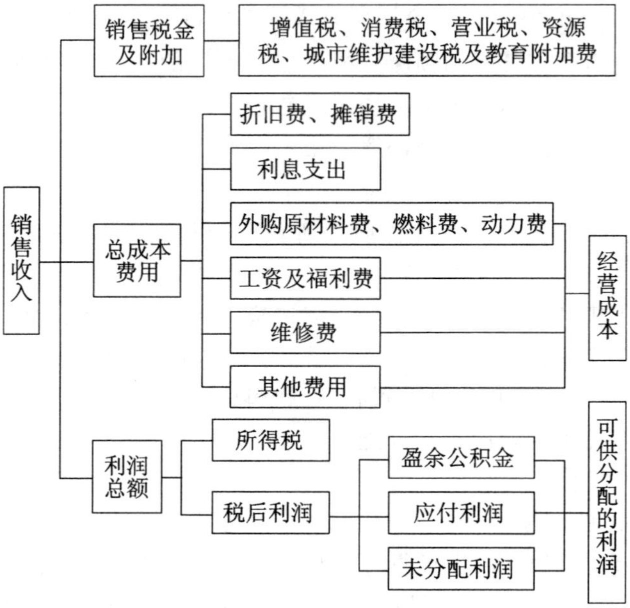

图 2.3　销售收入、成本、税金及利润的关系

图 2.3 是简化了的销售收入与总成本费用和利润的关系示意图。总成本费用可按费用经济性质列出，也可以按生产成本、期间费用列出。这里忽略了营业外收入和支出，也不考虑企业的投资收益。

(2) 利息与折旧对税金的影响

【例 2.6】 某投资项目需要资金 100 万元，预计年销售收入为 100 万元，经营成本为 54 万元，年折旧费为 10 万元，销售税金及附加 6 万元，所得税税率为 33%。

现有两个融资方案：方案 A 全部运用自有资金；方案 B 则贷款 50 万元，贷款利率为 15%。试比较两个方案应交的所得税、税后利润和净资本收益率。

【解】 计算结果如表 2.3 所示。

表 2.3　各种折旧计算方法比较

项目	方案 A	方案 B	项目	方案 A	方案 B
自有资金(万元)	100.00	50.00	利息支出(万元)	0.00	7.50
贷款金额(万元)	0.00	50.00	税前利润(万元)	30.00	22.50
销售收入(万元)	100.00	100.00	所得税(万元)	9.90	7.425
经营成本(万元)	54.00	54.00	税后利润(万元)	20.01	15.075
折旧费(万元)	10.00	10.00	净资本收益率(%)	20.01	30.15
销售税金(万元)	6.00	6.00			

由此可以看出，方案 A 投入自有资金 100 万元，税后利润 20.01 万元，净资本(也即全部资本)收益率为 20.01%；方案 B 投入自有资金 50 万元，税后利润 15.075 万元，净资本

(也即自有资本)收益率为30.15%。方案B中,50万元贷款带来的利息支出免于缴纳所得税,因此自有资金收益率得到大幅提高。

阅读材料一　经营成本

在工程经济分析中为什么要引入经营成本?为什么要从总成本中扣除折旧费、摊销费和利息支出这些费用?

(1) 现金流量表反映项目在计算期内逐年发生的现金流入和现金流出。与常规会计方法不同,现金收支何时发生就何时计算,不作分摊。由于投资已按其发生的时间作为一次性支出被计入现金流出,所以不能再以折旧费和摊销费的方式计为现金流出,否则会发生重复计算。因此,作为经常性支出的经营成本中不包括折旧费和摊销费。

(2) 各项目的融资方案不同,利率也不同,因此,项目投资现金流量表不考虑投资资金的来源,利息支出也不作为现金流出。因为项目资本金现金流量表中已将利息支出单列,因此,经营成本中也不包括利息支出。

阅读材料二　沉没成本

沉没成本是指过去发生的且不可收回的成本。沉没成本是一种历史成本,对现有决策而言是不可控成本,沉没成本不会对现在或将来的任何决策产生影响,但会在很大程度上影响人们的行为方式与决策。人们在决定是否去做一件事情的时候,不仅要看这件事对自己有没有好处,而且也要看过去是不是已经在这件事情上有过投入。从经济学的角度出发,人们在投资决策时应排除沉没成本的干扰。

例如:你花50元买了一张电影票,看了一刻钟之后发现电影很糟糕,在你考虑“是否离开电影院去做别的事情”这个问题的时候,那50元钱就属于沉没成本,不应再被考虑。选择离开电影院,则浪费了钱但获得了空余时间;而选择继续观看电影,则不仅浪费了钱还浪费了时间。

进行投资的一个原则是,一旦发现是一个风险极大的投资,应该立即悬崖勒马,不要因为之前投了很多钱进去而不愿放弃,从而酿成大错。在分析投资项目时,面对沉没成本,可以站在独立的第三方角度去考虑,便可有效避免“明知不可为而为之”,规避不必要的损失。

对情境一的情况,绝大多数人的答案都是要追加投资。他们的想法是,都投了500万元进去了,怎么着也要把这个项目做下去啊,不能让这500万元打了水漂。运气好,说不定还能赚一笔。而对情境二的情况,基本上没有人觉得应该投资,认为明显是个亏本买卖,正常人都不会去干的。

这两种情况的差别就在于沉没成本:前期的500万元投资。因为沉没成本不影响当期决策,因此这两种情况的决策应该完全一样,也就是不应该再投资20万元。情境二其实就是站在第三方角度去看待情境一的情况。

思考题与习题

1. 什么是现金流量？构成现金流量的基本经济要素有哪些？

2. 为什么计算经营成本要从总成本费用中扣除折旧费、摊销费和利息支出？

3. 简述各种固定资产折旧计算方法的现实意义。

4. 简述利息和折旧费对税金的影响。

5. 某项目初期自有资金投资 250 万元，全部形成资产。建成后年营业收入 180 万元，营业税金 6 万元，年经营成本 90 万元，所得税税率为 25%，年平均折旧率为 15%，不考虑残值。试计算该工程项目的年净资本收益率。

6. 某工程形成固定资产 650 万元，若折旧年限为 6 年，残值率为 4%，试分别用平均年限法、双倍余额递减法及年数总和法计算各年的折旧额。

7. 某台机器设备原始价值为 78000 元，残余价值为 2340 元，预计可以使用 9800 h，第 1 年使用的时间为 1200 h，试计算第 1 年应计提的折旧额。

8. 某项目期初投资 2640 万元，建设期为 2 年，投产后每年经营成本 840 万元，销售收入 1400 万元，销售税率为 10%，使用寿命为 12 年，期末残值 80 万元。请画出现金流量图。

答案

3 资金的时间价值与等值计算

内容提要

资金在运动过程中会增值，这个增值就是资金的时间价值。由于资金存在时间价值，因此不同时点上发生的不等额资金可能具有相等的价值，即资金等值。资金等值既可以作为项目投资贷款或还款方式的选择依据，也是项目经济评价或决策的理论基础。

本章是工程经济分析中最重要的基础内容之一，也是正确计算经济评价指标的前提。要求熟悉资金时间价值的概念；掌握名义利率和实际利率的计算；掌握资金等值计算及其应用；掌握各种情况下资金时间的价值计算公式及内在联系。

3.1 资金的时间价值

有一笔5万元的优秀新生奖学金，可以入学时领取，也可以读书期间每年领取一部分或4年后毕业时领取，你将如何选择？很显然，你会选择入学时领取。同样，现在从银行借款5万元，5年后只还银行5万元显然是不够的。如果你认同以上观点，你就已经承认了资金的时间价值。承认资金的时间价值，对投资方案的比较与选择是非常重要的。

资金的时间价值是客观存在的经济范畴，越来越多的企业在生产经营决策中将其作为一个重要的因素来考虑。在企业的长期投资决策中，由于企业的收支在不同的时点上发生，且时间较长，如果不考虑资金的时间价值，就无法对决策的收支、盈亏做出正确、恰当的分析评价。

3.1.1 资金的时间价值的概念

资金的时间价值又称为货币时间价值，是资金随着时间的推移而产生的增值。资金的时间价值可以从下面两方面来理解：

①资金的时间价值是资金作为生产要素，在技术创新、社会化大生产、资金流通等过程中，随时间的变化而产生的增值。如果没有市场需求，或离开了生产过程和流通领域，资金是不可能实现增值的。资金时间价值的实质是资金周转使用后带来的利润或实现的增值。如果我们将资金锁在柜子里，则无论如何资金也不会增值。

②资金的时间价值是使用稀缺资源——资金的一种机会成本，是使用货币的利息，是使用土地的租金，是使用技术要素的付费，是投资者的资金在生产与交换活动中带来的利润，是消费者放弃现期消费带来损失的一种补偿。

资金在运动过程中产生了价值，所以，资金在不同的时点上，其价值是不同的，无法直接加以比较。因此，要通过一系列的换算，在同一时点上进行对比，才符合客观实际。例如今天的100元和一年后的100元是不等值的。今天将100元存入银行，在银行年利率为10%

的情况下，一年以后会得到110元，多出的10元利息就是100元经过一年时间的投资所增加了的价值，即资金的时间价值。显然，在这种情况下，今天的100元与一年后的110元价值相等。相同的资金在不同的时间其价值不同，所以，在进行价值大小对比时，必须将不同时间的资金折算为同一时间后才能进行大小的比较。

资金的时间价值受许多因素的影响：

① 投资额。投资的资金越大，资金的时间价值就越大。如银行存款年利率为10%时，100元1年的时间价值是10元，1000元1年的时间价值是100元。

② 利率。在其他条件不变的情况下，利率越高，资金的时间价值就越大。如银行存款年利率为10%时，100元1年的时间价值是10元；银行存款年利率为5%时，100元1年的时间价值是5元。

③ 时间。在其他条件不变的情况下，时间越长，资金的时间价值就越大。如银行存款年利率为10%时，100元2年的时间价值是20元，比1年的时间价值大。

④ 通货膨胀因素。如果出现通货膨胀，会使资金贬值，贬值则会减少资金的时间价值。

⑤ 风险因素。投资是一项充满风险的活动，项目投资以后，其寿命期、每年的收益、利率等都可能发生变化，既可能使项目遭受损失，也可能使项目获得意外的收益，这就是风险的影响。不过，风险往往同收益成比例，风险越大的项目，一旦经营成功，其收益也就越大。

由于资金的时间价值受到上述多种因素的影响，因此，在对项目进行投资分析时一定要从以上几个方面认真考虑，谨慎选择。

3.1.2 利息与利率

资金的时间价值可以用利息或利率来表示。

在经济社会里，货币或资金本身就是一种商品。利息(Interest)是使用资金的代价，或是放弃资金的使用所获得的补偿，其数量取决于：①使用的资金量；②使用资金的时间长短；③利率。

利息是根据利率来计算的，可以按年、季度、月、日等周期计算，这种计算利息的时间单位称为计息周期。利率(Interest Rate)是货币或资金的价格，指单位本金在单位时间(一个计息周期)产生的利息。利率一般用百分比来表示，设 P(Present)为原始本金，I 为一个计息周期内的利息，则利率 i 为：

$$i=\frac{I}{P}\times 100\% \tag{3.1}$$

3.1.2.1 单利与复利

利息的计算分单利法和复利法两种。

(1) 单利(Simple Interest)

单利是指只对本金计算利息，利息部分不再计算利息。设 F(Future)代表未来本利和，n 代表计息期数(如年数、月数)，I_n代表总的利息。则按照单利计算，n 期内的总利息 I_n为：

$$I_n=P\cdot n\cdot i \tag{3.2}$$

n 期后的本利和 F_n 应为：

$$F_n=P+I_n=P(1+n\cdot i) \tag{3.3}$$

根据式(3.2)和式(3.3)可知，单利计息时本金不变，利息、本利和则随时间的变化成正比例变化。单利法本利和计算见表3.1。

表3.1 单利法本利和计算表

计息期数	期初本金	本期利息	期末本利和
1	P	Pi	$F=P+Pi=P(1+i)$
2	P	Pi	$F=P(1+i)+Pi=P(1+2i)$
3	P	Pi	$F=P(1+2i)+Pi=P(1+3i)$
⋮	⋮	⋮	⋮
n	P	Pi	$F=P[1+(n-1)i]+Pi=P(1+ni)$

【例3.1】 某人存入银行1000元，年存款利率为6%，存期5年，试用单利法计算5年后能从银行取出多少钱？

【解】 5年后本利和 $F=1000(1+5\times6\%)=1300$(元)，即5年后能从银行取出1300元。

(2) 复利(Compound Interest)

复利指当期利息计入下期本金一同计息，即每期不仅要对本金计算利息，还要对利息计算利息，也即通常所说的“利滚利”。复利法本利和计算见表3.2。则按照复利计算，n 期后的本利和应为：

$$F_n=P\,(1+i)^n \tag{3.4}$$

表3.2 复利法本利和计算表

计息期数	期初本金	本期利息	期末本利和
1	P	Pi	$F=P+Pi=P(1+i)$
2	$P(1+i)$	$P(1+i)i$	$F=P(1+i)+P(1+i)i=P(1+i)^2$
3	$P(1+i)^2$	$P(1+i)^2i$	$F=P(1+i)^2+P(1+i)^2i=P(1+i)^3$
⋮	⋮	⋮	⋮
n	$P(1+i)^{n-1}$	$P(1+i)^{n-1}i$	$F=P\,(1+i)^{n-1}+P(1+i)^{n-1}i=P(1+i)^n$

【例3.2】 某人存入银行1000元，年存款利率为6%，存期5年，试用复利法计算5年后能从银行取出多少钱？

【解】 5年后本利和 $F=1000\times(1+6\%)^5=1338.23$(元)，即5年后能从银行取出1338.23元。

从例3.1和例3.2可以看出，在所有条件相同的情况下，用复利法计算的利息比单利法要多出38.23元，而且利率越高、时间越长，复利利息与单利利息的差别就越大。复利法更能反映实际的资金运用情况。

3.1.2.2 名义利率与实际利率

在前面的利息计算中，都是假定利息按每年支付一次的，因为在这样的假设下，最容易理解资金的时间价值。但在实际理财中，常出现计息期以半年、季度、月，甚至以天为期限的计息期，相应复利计息次数为每年 2 次、4 次、12 次、360 次。如贷款买房按月计息，每年计息次数为 12 次。

当利率的时间单位与计息周期不一致时，若采用复利计息，会产生名义利率（Nominal Interest Rate）与实际利率（Real Interest Rate）不一致的问题。

在工程经济分析计算中，如果不特别说明，通常说的年利率一般都是指名义利率，如果后面不对计息期加以说明，则表示 1 年计息一次，此时的年利率也就是年实际利率。

设年初本金为 P，年利率为 r，1 年内计息次数为 m，则根据式（3.4）可知年末本利和为：

$$F=P\left(1+\frac{r}{m}\right)^{m}$$

利息为：

$$I=F-P=P\left(1+\frac{r}{m}\right)^{m}-P$$

因此，实际利率为：

$$i=\frac{I}{P}=\frac{P\left(1+\frac{r}{m}\right)^{m}-P}{P}=\left(1+\frac{r}{m}\right)^{m}-1$$

即

$$i=\left(1+\frac{r}{m}\right)^{m}-1 \tag{3.5}$$

名义利率为 1 年内计息次数 m 与计息周期利率 r/m 的乘积，而实际利率 i 是指实际计算利息的利率。在单利计息条件下，名义利率＝实际利率。在复利计算条件下：

①当 $m=1$ 时，$i=r$，即实际利率＝名义利率；

②当 $m>1$ 时，$i>r$，即实际利率>名义利率，且 m 越大，即 1 年内计算复利的有限次数越多，则实际利率相对于名义利率就越高。

在进行分析计算时，对名义利率一般有两种处理方法：①将其换算为实际利率后，再进行计算；②直接按计息周期利率来计算，但计息期数要作相应调整。

【例 3.3】 假定某人年初向银行借款 1000 元，年利率为 12%，借款期限 1 年，要求按月计算利息。试问：此人年末应归还银行多少钱？年实际利率是多少？

【解】 每月计息一次，1 年后本利和为：

$$F=1000\times\left(1+\frac{0.12}{12}\right)^{12}=1126.8（元）$$

计算年实际利率：

$$i=\frac{1126.8-1000}{1000}\times 100\%=12.68\%$$

或

$$i=\left(1+\frac{0.12}{12}\right)^{12}-1=0.1268（即\ 12.68\%）$$

为了进一步说明名义利率和实际利率之间的区别与联系，以名义利率 12% 为例，分别按不同计息周期计算实际利率，其相应的实际利率见表 3.3。

表 3.3 名义利率和实际利率

计息周期	1 年内计息次数 m	计息周期利率 r/m	年实际利率 i
年	1	12%	12%
半年	2	6%	12.36%
季度	4	3%	12.551%
月	12	1%	12.683%
日	360	0.03333%	12.747%

3.2 现金流量

工程项目投资决策是指对各种方案的投资支出和投资收益进行比较分析，以选择投资效果最佳的方案。为便于说明现金流量的概念，通常把投资项目看作一个系统，这个系统有一个寿命周期，即从项目发生第一笔资金开始一直到项目终结报废为止。在不同的项目之间进行比较时，不一定都用项目的寿命周期进行比较，因此，在投资决策的前期，需事先估计一个投资周期，这个预估的投资周期叫作计算期或研究期。计算期的长短取决于项目的性质，或根据产品的寿命周期、主要生产设备的经济寿命或合作年限进行预估，一般最长不超过 20 年。

3.2.1 现金流量的概念

在项目的整个计算期内，各个时刻点都会有现金交易活动，使现金流进或流出，这个现金流进、流出就称为现金流量(Cash Flow)。这里的"现金"是广义的，指各种货币资金、存款和现金等价物。

为方便分析，通常人为地将整个计算期划分为若干个周期(计息周期，详见第 3 章)，并假定现金的流入、流出发生在每期末。习惯上通常以 1 年为一个周期，即把 1 年内产生的所有现金流入和流出累积到年末。

现金流量包括现金流入量(Cash Income)、现金流出量(Cash Output)和净现金流量(Net Cash Flow)三个概念。

(1) 现金流入量(CI)

现金流入量是指在项目的整个计算期内所发生的实际流入项目系统的资金，如销售收入、捐赠收入、补贴收入、期末固定资产回收收入和回收的流动资金等。

(2) 现金流出量(CO)

现金流出量是指在项目的整个计算期内所发生的实际流出项目系统的资金，如企业投入的自有资金、上缴的销售税金及附加、借款本金和利息的偿还、上缴的罚款、购买原材料等的支出、支付工人的工资等，都属于现金流出。

(3) 净现金流量(NCF)

净现金流量是指在项目的整个计算期内每个时间点的现金流入量与现金流出量之差。

当现金流入量大于现金流出量时，净现金流量为正；反之为负。

$$净现金流量=现金流入量-现金流出量 \tag{3.6}$$

3.2.2 现金流量图

一个项目的实施往往要延续很长一段时间，在这个时间内，各种现金流入和现金流出的发生时间不同、大小各异。因此，为了便于分析，现金流量一般以计息周期（年、季、月等）为时间量的单位，用现金流量图（Cash Flow Diagram）或现金流量表（Statement of Cash Flow）来表示。

现金流量的三要素为现金流量的大小、现金流量的方向（流向）和现金流量发生的时间点。现金流量图是用坐标轴、箭线、时间点及数字等来表示的图。具体地讲，现金流量图是描述工程项目整个计算期内各时间点上的现金流入和现金流出的序列图。某项目现金流量表见表 3.4，其对应的现金流量图如图 3.1 所示。

表 3.4　某项目现金流量表

年份	0	1	2	3	4	5	6
现金流量（元）	−1000	300	−400	500	−500	−500	800

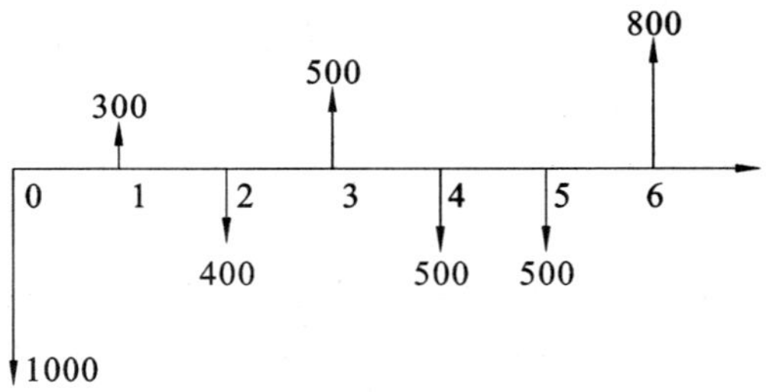

图 3.1　某项目现金流量图（单位：元）

现金流量图中的横轴是时间轴，向右延伸表示时间的延续。轴线等分成若干个间隔，每一个间隔代表了一个时间单位（计息周期），通常是“年”。时间轴上的点称为时点，表示该年的年末，同时也是下一年的年初。零点即为第 1 年开始的时点。

纵轴是现金流量轴，代表流入或流出项目的现金流量。垂直于时间轴的箭线的长度根据该时点上的现金流量的大小按比例画出。箭头向上表示现金流入；箭头向下表示现金流出。现金流量图上还应标出每一笔现金流量的数额。如图 3.1 中，第 1 期初（第 0 年）现金流出 1000 元，第 1 期末现金流入 300 元，第 2 期末现金流出 400 元，第 3 期末现金流入 500 元，第 4 期末现金流出 500 元，第 5 期末现金流出 500 元，第 6 期末现金流入 800 元。

现金流量图是工程经济分析的工具。通过绘制工程项目或投资项目整个计算期内的现金流量图，可以厘清分析人员的思路，使项目的现金流入和现金流出一目了然，不仅便于计算，而且不容易出现遗漏。因此，学习工程经济学的首要任务就是要学会绘制项目的现金流量图。绘制现金流量图时应注意以下几点：

① 现金流量图时间轴所标的时刻表示所标时间（本期）的期末或下一个时期的期初。

② 认真分析并确定项目的现金流入和现金流出，现金流入箭头向上，现金流出箭头向下。

③ 投资一般发生在期初。

④ 应从项目的整个计算期（或寿命周期）来考察。

⑤ 反复检查，不要有遗漏。

【例 3.4】 有两个投资方案 A 和 B，初始投资均为 1000 万元，寿命期均为 5 年，年运营成本均为 200 万元，A 方案的年收益分别为 500 万元、600 万元、700 万元、800 万元、900 万元，B 方案的年收益分别为 900 万元、800 万元、700 万元、600 万元、500 万元，期末均回收资产残值 300 万元，试绘制两个方案的现金流量图。

【解】 A、B 两个方案的现金流量图如图 3.2 和图 3.3 所示。

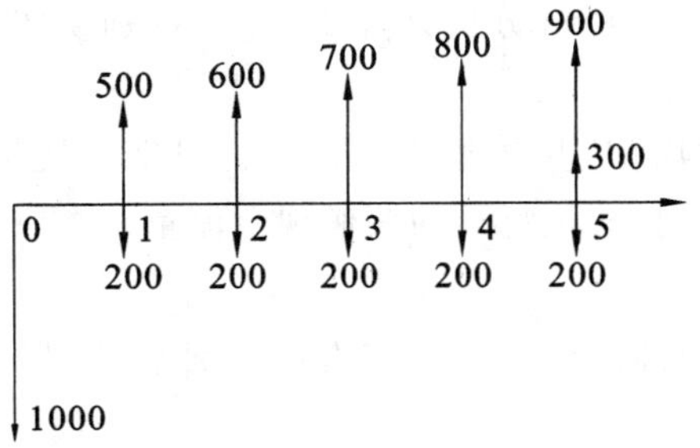

图 3.2　A 方案现金流量图（单位：万元）

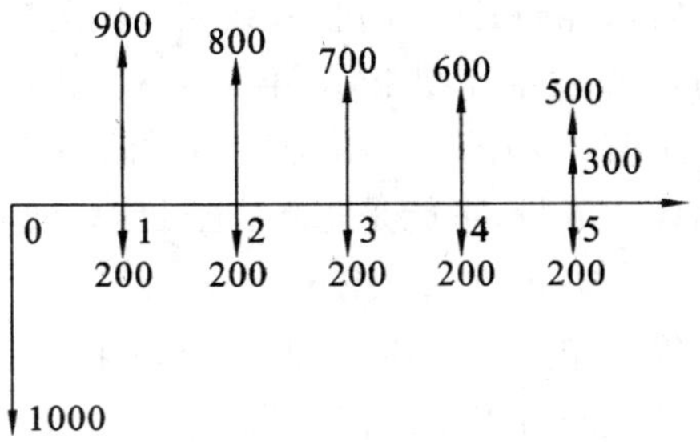

图 3.3　B 方案现金流量图（单位：万元）

3.3　资金等值计算

3.3.1　资金等值的概念

在企业的长期投资决策中，为了正确地计算和评价投资项目的经济效益，必须计算项目整个寿命期内各个时期发生的现金流量的真实价值。但由于资金具有时间价值，在不同时点付出或得到的同样数额的资金，其经济价值是不同的。因此，在项目的整个寿命期内，各个时点发生的现金流量是不能直接相加的。为了计算项目各个时期的真实价值，必须将各时点上发生的不同的现金流量转换成某个时点的等值资金，然后再进行计算和比较分析。资金的时间价值计算核心就是进行资金的等值计算。下面先介绍几个基本概念或参数：

(1) 现值 P(Present Value)

它表示资金发生在某个特定的时间序列的起始时刻的现金流量，是指对未来现金流量以恰当的折现率进行折现后的价值。它发生在特定起始时刻点以后所有时刻的现金流量的最前面。在工程经济分析计算中，一般约定 P 发生在起始时刻点的初期，如投资发生在第 0 年（亦第 1 年年初）。

把将来某一时点的资金金额换算成现在时点（基准时点）的等值金额就是求现值。求现值的过程也叫作折现（或贴现，Discount）。折算时使用的利率称为折现率。

(2) 终值 F(Final Value)

终值又称为未来值，它表示资金发生在某个特定的时间序列的终点时刻的现金流量，是指现在一定量的资金在未来某一时点上的价值。它发生在特定时刻终点以前所有时刻的现金流量的最后面。在工程经济分析计算中，一般约定 F 发生在期末，如第 1 年末、第 n 年末等。

将之前某一时点上的资金金额折算到终点时刻上的等值金额就叫求终值。求资金的终值也就是求资金的本利和。

现值和终值是相对的，两时点上的等值资金，前时点相对于后时点，为现值；后时点相对于前时点，为终值。如某项目在第 5 年的值相对于前面 1—4 年的值来说，它是终值；而相对于第 5 年以后的值来说，它又是现值。

(3) 年值 A(Annual Value)

年值是表示与某笔现值或终值相等的，发生在每年的等额现金流量，即在某个特定时间序列内，每隔相同时间收入或支出的等额资金。在工程经济分析计算中，如无特别说明，一般约定 A 发生在期末，如第 1 年末、第 n 年末等。

年值 A 中的“年”并非特指时间单位年，年值在实际应用中通常指每一计息期末发生的等额现金流量，可能是每年，也可能是每季、每月、每周，甚至每天的等额现金流量。

(4) 等值(Equivalence)

等值相对于现值、终值和年值来说是一个抽象的概念，它只是资金的一种转换计算过程。等值既可以是现值、终值，也可以是年值。

资金等值指的是在资金时间价值的作用下，不同时点发生的、绝对值不等的资金具有相等的经济价值。例如：今天拟用于购买手机的 1000 元，与放弃购买去投资一个年收益率为 6%的项目(如余额宝等货币基金)，在 1 年后获得的 1060 元相比，两者具有相同的经济价值。决定资金等值的三个要素为：①资金数额；②资金发生的时刻；③利率(收益率)。

利用等值的概念，把一个时点发生的资金金额换算成另一个时点的等值金额的过程，称为资金的等值计算。等值计算是“时间可比”的基础。

3.3.2 资金等值计算公式

每个投资项目的现金流量的发生是不尽相同的：有的项目一次投资，多次收益；有的项目多次投资，多次收益；有的项目多次投资，一次收益；也有的项目一次投资，一次收益。针对以上各种类型的投资项目经济计算分析，资金等值计算有图 3.4 所示的几种类型。

- 资金的等值计算
  - 一次支付
    - 一次支付终值
    - 一次支付现值
  - 多次支付
    - 等额分付
      - 等额分付终值
      - 等额分付偿债基金
      - 等额分付现值
      - 等额分付资本回收
    - 不等额分付
      - 等差序列现金流等值计算
      - 等比序列现金流等值计算

图 3.4 资金等值计算的类型

3.3.2.1　一次支付等值计算

一次支付又称为整付，是指项目在整个寿命期内，其现金流量无论是流入还是流出都只发生一次(图 3.5)。一般有两种情况：一种是发生在期初，一种是发生在期末。

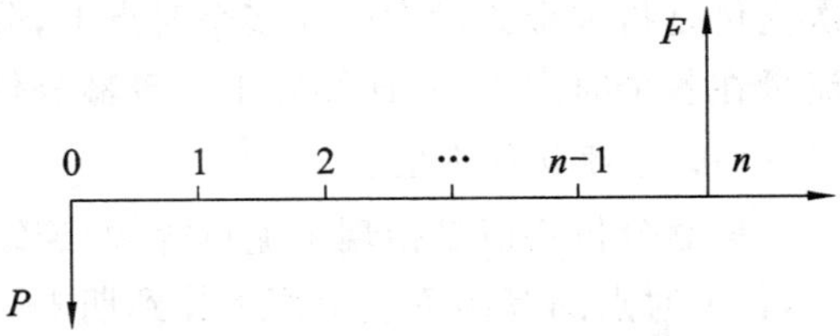

图 3.5　一次支付现金流量图

(1) 整付终值计算

已知项目期初投资为 P，计息周期利率为 i，求第 n 个计息周期末收回的终值 F。这个问题与复利本利和计算相同，因此，整付终值公式为：

$$F=P(1+i)^n \tag{3.7}$$

为计算方便，工程经济中常用系数来表示，把系数 $(1+i)^n$ 称为整付终值系数，用符号 $(F/P,i,n)$ 来表示，使用时直接查附录 A 复利系数表即可，即

$$F=P(1+i)^n=P(F/P,i,n)$$

在查阅附录 A 复利系数表时，先找到 $(F/P,i,n)$ 系数，然后根据已知的 i、n 查 $(F/P,i,n)$ 的值。

【例 3.5】　某人把 1000 元存入银行，存款期限为 5 年，设银行存款年利率为 3%，问：5 年后能从银行取多少元？

【解】　此题属于一次支付中的整付终值计算。

$$F=P(1+i)^n=1000\times(1+3\%)^5=1159.27(\text{元})$$

也可查附录 A 中的 $(F/P,i,n)$ 系数，得 $(F/P,3\%,5)=1.1593$，则有：

$$F=1000\times(F/P,3\%,5)=1000\times1.1593=1159.3(\text{元})$$

(2) 整付现值计算

已知未来第 n 个计息周期末将需要(或获得)资金 F，计息周期利率为 i，求期初所需投入的资金 P。整付现值计算是整付终值的逆运算，因此，整付现值的计算公式为：

$$P=F(1+i)^{-n} \tag{3.8}$$

同样，把系数 $(1+i)^{-n}$ 称为整付现值系数，用符号 $(P/F,i,n)$ 来表示，使用时直接查附录 A 复利系数表即可，即

$$P=F(1+i)^{-n}=F(P/F,i,n)$$

在查阅本书附录 A 复利系数表时，先找到 $(P/F,i,n)$ 系数，然后根据已知的 i、n 查 $(P/F,i,n)$ 的值。

【例 3.6】　某人准备大学毕业参加工作后尽快成家立业，初步预计 5 年后需要资金 100 万元，设年利率为 10%，复利计算，问：现在需要存入银行多少资金？

【解】　此题属于一次支付中的整付现值计算。

$$P=F(1+i)^{-n}=100\times(1+10\%)^{-5}=62.09(\text{万元})$$

也可查附录 A 中的 $(P/F,i,n)$ 系数，得 $(P/F,10\%,5)=0.6209$，则有：

$$P=100\times(P/F,10\%,5)=100\times0.6209=62.09(\text{万元})$$

3.3.2.2　等额分付等值计算

除了像前面两种支付那样只集中发生在期初或期末的一次支付外，还有多次支付。多

次支付是指现金流量发生在多个时点上，分为等额分付和不等额分付。等额分付是指现金流量在各个时点等额、连续发生。等额分付有以下几个计算公式。

（1）等额分付终值

等额分付终值是指现金流量等额、连续发生在各个时点上，在考虑资金时间价值的情况下，各个时点的等额资金全部折算到期末，需要多少资金来与之等值。等额分付的现金流量图如图 3.6 所示。

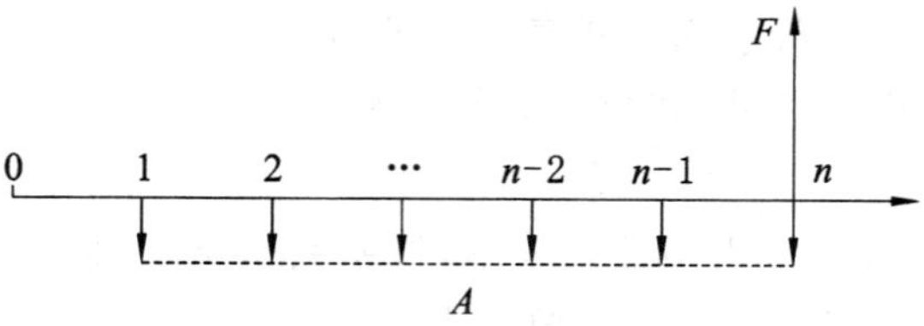

图 3.6　等额分付终值现金流量图

等额分付终值计算简化为：已知一个投资项目在每期期末有年值 A 发生，设收益率为 i，求折算到第 n 年末的总收益 F。可以利用整付终值的计算公式来求 F 值，图 3.6 中的每个 A 都相当于整付终值中的一个 P，这样就把每个 A 折算成第 n 年末的终值，然后再把所有的终值相加，即可得等额分付的终值，即

$$F=A(1+i)^{n-1}+A(1+i)^{n-2}+\cdots+A(1+i)+A$$

上式两端同时乘以 $(1+i)$，上式变成：

$$F(1+i)=A(1+i)^{n}+A(1+i)^{n-1}+\cdots+A(1+i)^{2}+A(1+i)$$

然后将两式相减，得：

$$Fi=A(1+i)^{n}-A$$

上式简化可得等额分付终值计算公式：

$$F=A\frac{(1+i)^{n}-1}{i} \tag{3.9}$$

把系数 $\frac{(1+i)^{n}-1}{i}$ 称为等额分付终值系数，用符号 $(F/A,i,n)$ 来表示，使用时直接查附录 A 复利系数表即可，即

$$F=A\frac{(1+i)^{n}-1}{i}=A(F/A,i,n)$$

在查阅附录 A 复利系数表时，先找到 $(F/A,i,n)$ 系数，然后根据已知的 i、n 查 $(F/A,i,n)$ 的值。

【例 3.7】 某人准备大学毕业后在母校设立奖学金，现每年年末存入银行 2 万元，若存款利率为 3%，问：第 5 年末银行存款总额有多少？

【解】 此题属于等额分付中的等额分付终值计算。

$$F=A\frac{(1+i)^{n}-1}{i}=2\times\frac{(1+3\%)^{5}-1}{3\%}=10.6183(\text{万元})$$

也可查附录 A 中的 $(F/A,i,n)$ 系数，得 $(F/A,3\%,5)=5.3091$，则有：

$$F=A(F/A,3\%,5)=2\times5.3091=10.6182(\text{万元})$$

(2) 等额分付偿债基金

等额分付偿债基金是指期末一次性支付一笔终值，用每个时点上等额、连续发生的现金流量来偿还，需要多少资金才能偿还 F。或者说，已知终值 F，设利率为 i，求与之等值的年值 A，这是等额分付终值公式的逆运算，因此，等额分付偿债基金的计算公式为：

$$A=F\frac{i}{(1+i)^n-1}=F(A/F,i,n) \tag{3.10}$$

式中的系数$\frac{i}{(1+i)^n-1}$称为等额分付偿债基金系数，可用符号$(A/F,i,n)$来表示。可以查附录A给出的等额分付偿债基金系数$(A/F,i,n)$来计算。

【例3.8】 李某家里欲积累一笔资金，用于3年后李某大学毕业时的创业资金。预计届时创业需投资200万元，设年利率为5%，问：李某家每年末至少要存多少相等数额的现金到银行？

【解】 此题属于等额分付中的等额分付偿债基金计算。

$$A=F\frac{i}{(1+i)^n-1}=200\times\frac{5\%}{(1+5\%)^3-1}=200\times0.3172=63.44(\text{万元})$$

也可查附录A中$(A/F,i,n)$系数，得$(A/F,5\%,3)=0.3172$，则有：

$$A=F(A/F,5\%,3)=200\times0.3172=63.44(\text{万元})$$

(3) 等额分付现值

等额分付现值是指现金流量等额、连续发生在每个时点上，相当于期初的一次性发生的现金流量是多少。等额分付现值的现金流量图如图3.7所示。

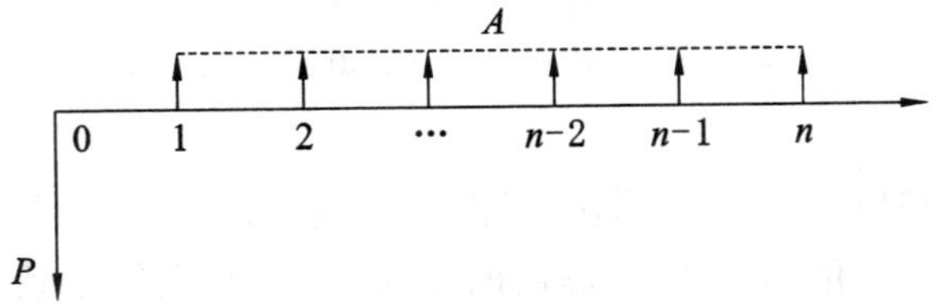

图3.7　等额分付现值的现金流量图

等额分付现值问题可表述为：设投资收益率为 i，问：应投入多大的初始投资 P，才能在未来的 n 年内，在每年末获得相同数额的收益 A？

图3.7中的每个 A 相对于 P 来说都是一个终值，因此，计算等额分付现值时可将每个 A 先折算到期初的现值，然后再求和。

下面给出一个简便的方法。把式(3.9)代入式(3.8)，可得：

$$P=F(1+i)^{-n}=A\frac{(1+i)^n-1}{i}(1+i)^{-n}=A\frac{(1+i)^n-1}{i(1+i)^n} \tag{3.11}$$

式中的系数$\frac{(1+i)^n-1}{i(1+i)^n}$称为等额分付现值系数，可用符号$(P/A,i,n)$来表示，即$P=A(P/A,i,n)$。可以查附录A中给出的等额分付现值系数$(P/A,i,n)$来计算。

【例3.9】 某人欲一次性投入一笔资金，以供其子女考上大学后的4年大学生活所有开销。预计大学期间每年需花费2万元，第一笔开销在1年后支取，以后每隔1年支取一次。设年利率为3%，问：现在应存多少钱到银行？

【解】 此题属于等额分付中的等额分付现值计算。

$$P=A\frac{(1+i)^n-1}{i(1+i)^n}=2\times\frac{(1+3\%)^4-1}{3\%(1+3\%)^4}=7.4342(\text{万元})$$

也可查附录A中的$(P/A,i,n)$系数，得$(P/A,3\%,4)=3.7171$，则有：

$$P=A(P/A,3\%,4)=2\times3.7171=7.4342(\text{万元})$$

(4) 等额分付资本回收

等额分付资本回收是指期初一次性发生1笔投资，用每个计息期等额、连续发生的年值来回收，所需要的等额年值是多少。这就相当于等额分付现值公式中，已知现值P求等额年值A，为等额分付现值的逆运算，由式(3.11)可知：

$$A=P\frac{i(1+i)^n}{(1+i)^n-1} \tag{3.12}$$

式中的系数$\frac{i(1+i)^n}{(1+i)^n-1}$称为等额分付资本回收系数，可用符号$(A/P,i,n)$来表示，即$A=P(A/P,i,n)$。可以查附录A中给出的等额分付现值系数$(A/P,i,n)$来计算。

【例3.10】 某人准备投资20万元购买商铺出租，希望在5年内等额收回全部投资，预计投资收益率为15%，问：每年租金至少应收多少？

【解】 此题属于等额分付中的等额分付资本回收计算。

$$A=P\frac{i(1+i)^n}{(1+i)^n-1}=20\times\frac{15\%(1+15\%)^5}{(1+15\%)^5-1}=5.9663(\text{万元})$$

也可查附录A中$(A/P,i,n)$系数，得$(A/P,15\%,5)=0.2983$，则有：

$$A=P(A/P,15\%,5)=20\times0.2983=5.966(\text{万元})$$

(5) 疑似等额分付

前述几种类型中，现值P发生在期初，终值F发生在期末，等额年值A发生在每期的期末。在有些情况下，等额年值A发生在每期的期初，如大学缴纳学费等。通常把等额年值A发生在每期的期初支付称为疑似等额分付，其现金流量图如图3.8所示。

若等额分付的年值A发生在每年年初，不能直接套用前述等额分付计算公式，需将年初值折算为当年的年末值后(图3.9)，再运用等额分付公式计算。

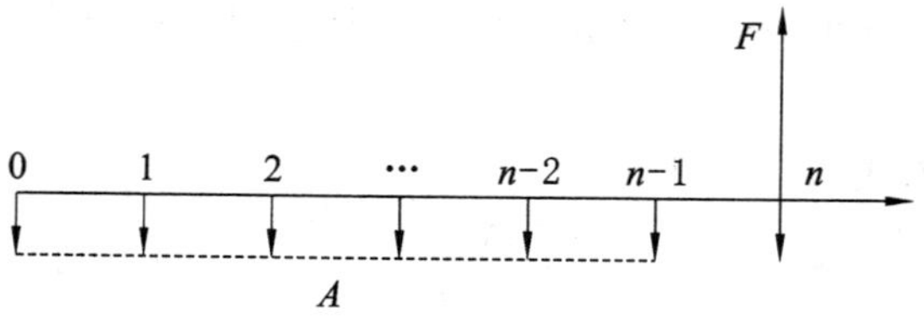

图3.8 疑似等额分付现金流量图(单位：元)

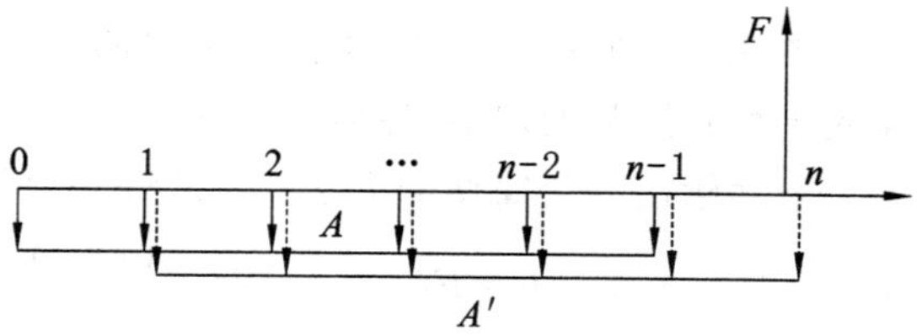

图3.9 疑似等额分付换算图

在图3.9中，$A'=A(1+i)$，因此，有：

$$F=A'\frac{(1+i)^n-1}{i}=A(1+i)\frac{(1+i)^n-1}{i} \tag{3.13}$$

即$F=A(1+i)(F/A,i,n)$。

【例 3.11】 某大学生家境困难，需贷款上学，每学年初从银行贷款 6000 元，年利率为 4%，4 年后毕业时共计欠银行本利和多少钱？

【解】 此题属于等额分付类型中的疑似等额分付终值计算。

$$\begin{aligned} F &= A(1+i)(F/A,i,n) \\ &= 6000(1+4\%)(F/A,4\%,4) \\ &= 6000\times1.04\times4.2465 \\ &= 26498.16(\text{元}) \end{aligned}$$

(6) 永久年金

在大多数情况下，年金都是在有限时期内发生的。但实际上，有些年金是无限的，如公司的经营就具有连续性，可认为有无限寿命。

永久年金就是无限期的等额分付现值(资本回收)计算。根据式(3.11)，有：

$$P = A\,\frac{(1+i)^n-1}{i(1+i)^n}$$

当 $n\rightarrow\infty$ 时，$\lim\limits_{n\rightarrow\infty}\dfrac{(1+i)^n-1}{i(1+i)^n}=\dfrac{1}{i}$，即

$$P=\frac{A}{i} \tag{3.14a}$$

或

$$A=Pi \tag{3.14b}$$

【例 3.12】 某人准备在母校设立奖学金，每年颁发 10 万元，在银行存款利率为 5% 的情况下，需要向银行存入多少钱？

【解】
$$P=\frac{A}{i}=\frac{10}{5\%}=200(\text{万元})$$

【例 3.13】 某人准备出资 10 万元在母校设立奖学金，在银行存款利率为 5% 的情况下，每年可颁发的奖学金金额是多少？

【解】
$$A=P\times i=10\times5\%=0.5(\text{万元})$$

3.3.2.3　特殊变额分付等值计算

通常情况下，现金流量连续发生在多个时点上，但各个时点发生的现金流量不完全相等。为了推导通用的公式，除前述等额分付等值计算外，本书接下来讨论每个计息期发生的现金流量成等差和等比序列的情况。

(1) 等差序列现金流的等值计算

等差序列现金流是指各期发生的现金流量成等差序列。假定第 1 个计息期末的现金流量为 A_1，以后每期递增 G，即第 2 个计息期末的现金流量为 A_1+G，第 3 个计息期末的现金流量为 A_1+2G，…，第 n 个计息期末的现金流量为 $A_1+(n-1)G$。现金流量图如图 3.10 所示。

图 3.10 中的现金流量 A_1、$A_1+(n-1)G$、时间轴和连接各现金流量的箭头的虚线正好组成一个梯形。因此，等差序列现金流的等值计算公式在一些书上叫作均匀梯度系列公式。由图 3.10 可以看出，等差序列现金流由等额分付现金流和 A_1 为 0 的等比序列现金流两部分组成，如图 3.11 所示。

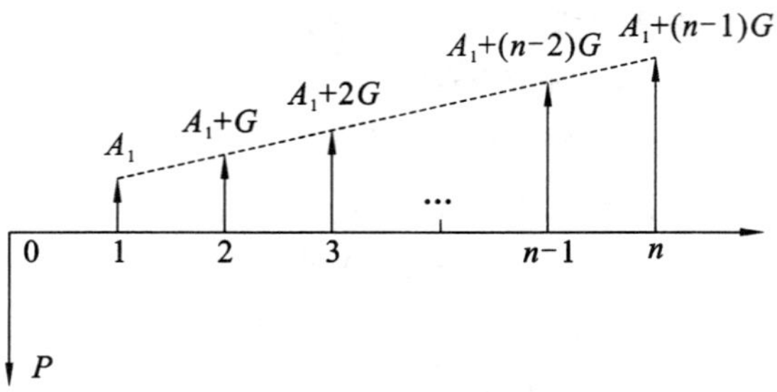

图 3.10 等差序列现金流量图(单位:元)

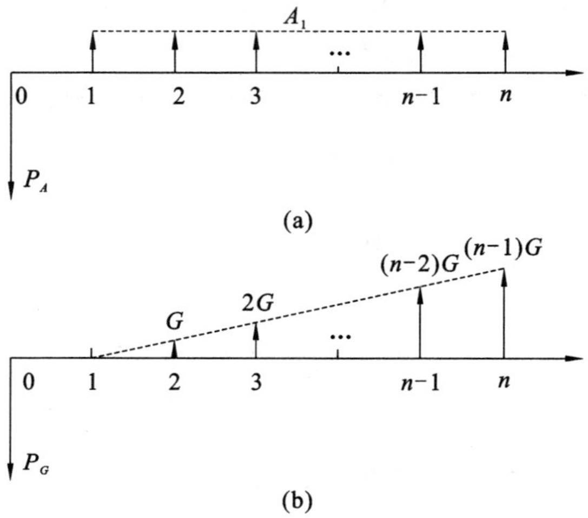

图 3.11 等差序列现金流的构成

(a)等额分付现金流;(b)A_1 为 0 的等比序列现金流

因为 $P=P_A+P_G$

又 $P_A=A_1(P/A,i,n)$

$$P_G=G\left[\frac{1}{(1+i)^2}+\frac{2}{(1+i)^3}+\cdots+\frac{n-1}{(1+i)^n}\right] \tag{a}$$

(a)式两边同乘$(1+i)$,得:

$$P_G(1+i)=G\left[\frac{1}{(1+i)}+\frac{2}{(1+i)^2}+\cdots+\frac{n-1}{(1+i)^{n-1}}\right] \tag{b}$$

(b)式－(a)式,得:

$$\begin{aligned}P_G\cdot i&=G\left[\frac{1}{(1+i)}+\frac{1}{(1+i)^2}+\cdots+\frac{1}{(1+i)^{n-1}}-\frac{n-1}{(1+i)^n}\right]\\&=G\left[\frac{1}{(1+i)}+\frac{1}{(1+i)^2}+\cdots+\frac{1}{(1+i)^{n-1}}+\frac{1}{(1+i)^n}\right]-\frac{G\cdot n}{(1+i)^n}\\&=G\left[\frac{(1+i)^n-1}{i\cdot(1+i)^n}\right]-\frac{G\cdot n}{(1+i)^n}\end{aligned}$$

即

$$P_G=G\left\{\frac{1}{i}\left[\frac{(1+i)^n-1}{i\cdot(1+i)^n}-\frac{n}{(1+i)^n}\right]\right\}=G(P/G,i,n) \tag{3.15}$$

注意:由于差值 G 从第 2 年开始,因此,其现值位于 G 开始的前两年。

又因
$$F=P(F/P,i,n)=P(1+i)^n$$

则有
$$F_G=G\left\{\frac{1}{i}\left[\frac{(1+i)^n-1}{i}-n\right]\right\}=G(F/G,i,n) \tag{3.16}$$

又因
$$A=P(A/P,i,n)=P\,\frac{i(1+i)^n}{(1+i)^n-1}$$

则有
$$A_G=G\left[\frac{1}{i}-\frac{n}{(1+i)^n-1}\right]=G(A/G,i,n) \tag{3.17}$$

故等差序列现金流的现值：　$P=A_1(P/A,i,n)+G(P/G,i,n)$

等差序列现金流的终值：　$F=A_1(F/A,i,n)+G(F/G,i,n)$

等差序列现金流的年值：　$A=A_1+G(A/G,i,n)$

【例 3.14】 某公司发行的股票面值为 120 元，第 1 年股息 10%，预计以后每年股息增加 1.8 元，10 年后股票以面值一半回购。若 10 年内希望达到 12%的投资收益率，试问：目前投资购进该股票是否合算？

【解】 根据题意可知 $A_1=120\times10\%=12$ 元，$G=1.8$ 元，$n=10$ 年，$F=120\times\frac{1}{2}=60$ 元

目前购进股票在 12%收益下未来 10 年的收益现值为：

$$\begin{aligned}P&=12(P/A,12\%,10)+1.8(P_G/G,12\%,10)+60(P/F,12\%,10)\\&=12\times5.6502+1.8\times20.2541+60\times0.3220\\&=123.58(\text{元})\end{aligned}$$

投资收益现值大于投入成本，因此合算。

(2) 等比序列现金流的等值计算

等比序列现金流是指各期发生的现金流量成等比序列。假定第 1 个计息期末的现金流量为 A_1，以后每期按百分比 h 递增。即第 2 个计息期末的现金流量为 $A_1(1+h)$，第 3 个计息期末的现金流量为 $A_1(1+h)^2$，…，第 n 个计息期末的现金流量为 $A_1(1+h)^{n-1}$。现金流量图如图 3.12 所示。

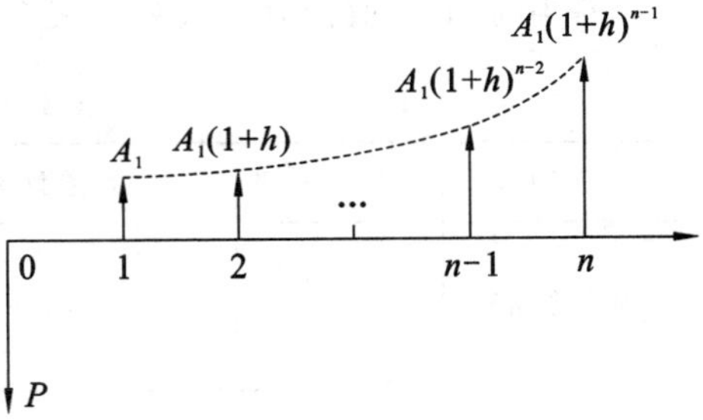

图 3.12　等比序列现金流量图(单位：元)

由图 3.12 可知：

$$P=A_1(1+i)^{-1}+A_1(1+h)(1+i)^{-2}+A_1(1+h)^2(1+i)^{-3}+\cdots+A_1(1+h)^{n-1}(1+i)^{-n}$$

当 $i\neq h$ 时

$$P=\frac{A_1}{i-h}\left[1-\left(\frac{1+h}{1+i}\right)^n\right] \tag{3.18a}$$

当 $i=h$ 时

$$P=\frac{A_1}{1+i}\times n \tag{3.18b}$$

其中，$\frac{1}{i-h}\left[1-\left(\frac{1+h}{1+i}\right)^n\right]$为等比序列现金流现值系数，可用$(P/A_1,i,h,n)$来表示，则式(3.18a)可表示为：

$$P=A_1(P/A_1,i,h,n)$$

根据 $F=P(F/P,i,n)=P(1+i)^n$ 可知，等比序列现金流终值系数为：

$$(F/A_1,i,h,n)=(P/A_1,i,h,n)(1+i)^n=\frac{(1+i)^n-(1+h)^n}{i-h} \tag{3.19}$$

【例 3.15】 某企业需要在租赁和购买仓库之间做一个决策。如果租赁某仓库，目前年租金为 5000 元，预计租金在今后 20 年内每年上涨 6%。如果购买该仓库，需一次性支付 70000 元，预计 20 年后能以原价 2 倍出售。若企业要求的投资收益率为 15%，试问：企业该租赁还是购买该仓库？

【解】 租赁仓库，20 年内全部租金的现值为：

$$\begin{aligned}P_{租}&=A_1(P/A_1,i,h,n)\\&=5000\times(P/A_1,15\%,6\%,20)\\&=5000\times8.9338\\&=44669(元)\end{aligned}$$

购买仓库，全部费用的现值为：

$$\begin{aligned}P_{购}&=70000-140000(P/F,15\%,20)\\&=70000-140000\times0.0611\\&=61446(元)\end{aligned}$$

因此，应选择租赁该厂房。

3.3.2.4 常用资金等值计算公式小结

常用资金等值计算公式列于表 3.5 中。

表 3.5 常用资金等值计算公式

类型	已知	未知	系数计算公式	符号	现金流量图
整付终值	P	F	$(1+i)^n$	$(F/P,i,n)$	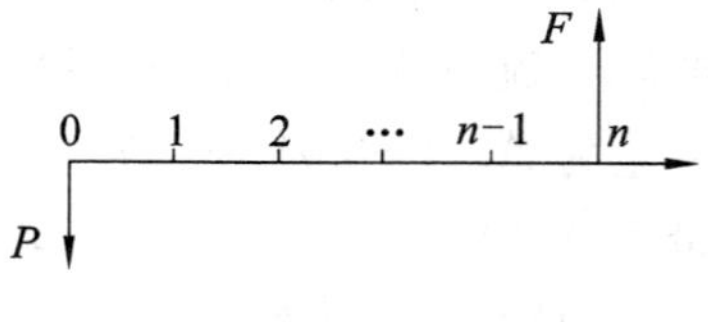
整付现值	F	P	$(1+i)^{-n}$	$(P/F,i,n)$	
等额分付终值	A	F	$\frac{(1+i)^n-1}{i}$	$(F/A,i,n)$	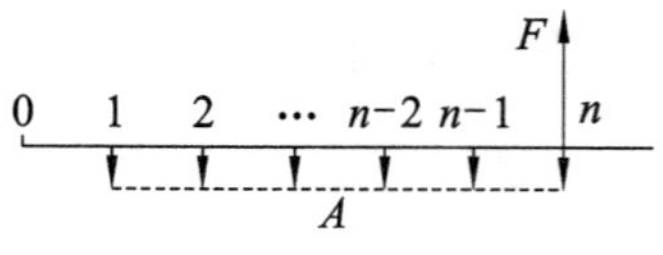
等额分付偿债基金	F	A	$\frac{i}{(1+i)^n-1}$	$(A/F,i,n)$	
等额分付现值	A	P	$\frac{(1+i)^n-1}{i(1+i)^n}$	$(P/A,i,n)$	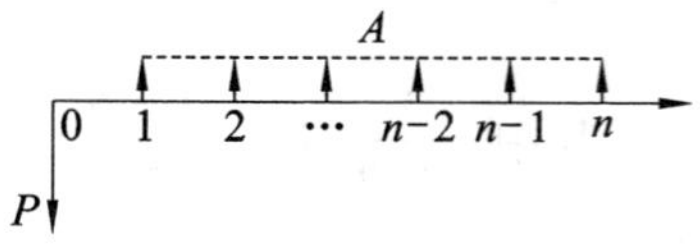
等额分付资本回收	P	A	$\frac{i(1+i)^n}{(1+i)^n-1}$	$(A/P,i,n)$	

续表 3.5

类型	已知	未知	系数计算公式	符号	现金流量图
等差序列终值	G	F	$\frac{1}{i}\left[\frac{(1+i)^n-1}{i}-n\right]$	$(F/G,i,n)$	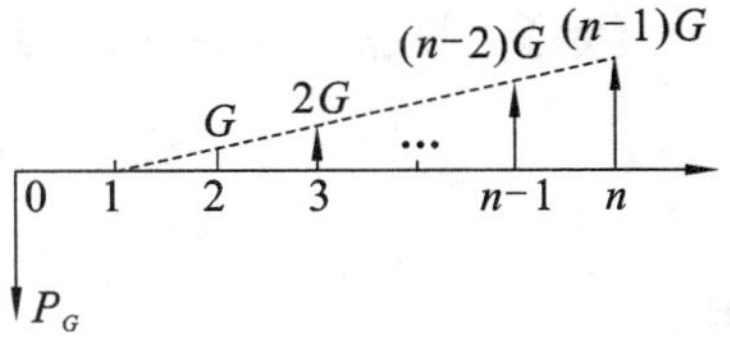
等差序列现值	G	P	$\frac{1}{i}\left[\frac{(1+i)^n-1}{i\cdot(1+i)^n}-\frac{n}{(1+i)^n}\right]$	$(P/G,i,n)$	
等差序列年值	G	A	$\frac{1}{i}-\frac{n}{(1+i)^n-1}$	$(A/G,i,n)$	

由表 3.5 可知三组互为倒数的公式：

$$(P/F,i,n)=\frac{1}{(F/P,i,n)}$$

$$(A/F,i,n)=\frac{1}{(F/A,i,n)}$$

$$(A/P,i,n)=\frac{1}{(P/A,i,n)}$$

同时可知：

$$(A/P,i,n)=(A/F,i,n)+i$$

因为

$$(A/P,i,n)=\frac{i\,(1+i)^n}{(1+i)^n-1}=\frac{i+i\,(1+i)^n-i}{(1+i)^n-1}=\frac{i}{(1+i)^n-1}+i=(A/F,i,n)+i$$

3.4 等值计算实例

为便于理解，这里以利息和利率来说明等值计算的不同方法和过程。现主要根据计息周期与名义利率时间单位的关系划分为三种等值计算。

3.4.1 计息期与支付期相同的计算

【例 3.16】 设年利率 12%，每季计息 1 次，从现在起 3 年内每季末以 200 元等额值支出，问：与其等值的终值是多少？

【解】 根据已知条件，每季度（计息周期）的利率为：

$$i=\frac{r}{m}=\frac{0.12}{4}=0.03$$

计息期数为 $n=4\times3=12$（次），其现金流量图如图 3.13 所示，则有：

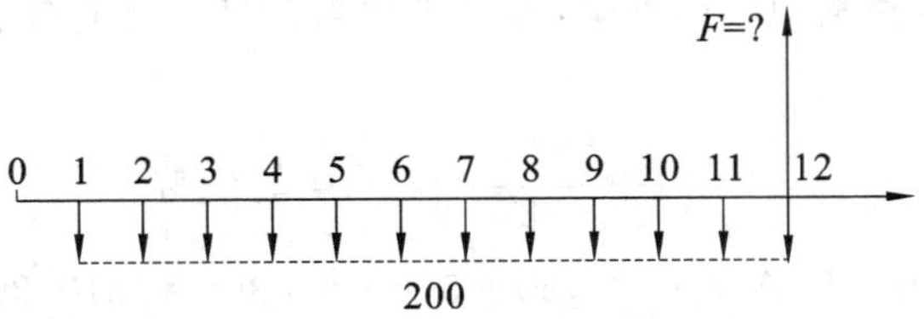

图 3.13 例 3.16 的现金流量图（单位：元）

$$F=A(F/A,i,n)=200(F/A,0.03,12)=2838.4(元)$$

【例 3.17】 某人分期付款购买价值 2000 元的手机，在 2 年内分 24 次偿还。每月偿还 99.80 元，复利按月计算，试求月实际利率、年名义利率和年实际利率。

【解】 根据已知条件，由关系式 $99.80=2000(A/P,i,24)$，得：

$$(A/P,i,24)=\frac{99.80}{2000}=0.0499$$

即

$$\frac{i_c(1+i_c)^{24}}{(1+i_c)^{24}-1}=0.0499$$

解得月实际利率

$$i_c=1.5\%$$

则年名义利率为

$$r=i_c\times 12=18\%$$

年实际利率为

$$i=\left(1+\frac{r}{12}\right)^{12}-1=\left(1+\frac{0.18}{12}\right)^{12}-1=19.56\%$$

3.4.2 计息期短于支付期的计算

【例 3.18】 某人每半年存入银行 500 元，共 3 年，年利率 8%，每季度计息 1 次，试问：3 年后他的账户金额是多少？

【解】 **方法一** 先求计息期实际利率，再进行等值计算。

每季度复利 1 次，则每季度（计息周期）实际利率为：

$$i_{季}=\frac{8\%}{4}=2\%$$

计息周期总数为 12 次，有：

$$\begin{aligned}F&=500(F/P,2\%,10)+500(F/P,2\%,8)+500(F/P,2\%,6)\\&\quad+500(F/P,2\%,4)+500(F/P,2\%,2)+500\\&=500\times1.2190+500\times1.1717+500\times1.1262+500\times1.0824+500\times1.0404+500\\&=3319.90(元)\end{aligned}$$

方法二 把每个支付周期期末发生的现金流换算为以计息期为基础的等额系列，再进行等值计算。其现金流量图如图 3.14 所示。

$$A_{季}=500(A/F,2\%,2)=500\times0.4950=247.5(元)$$

$$F=247.50(F/A,2\%,12)=247.50\times13.4121=3319.49(元)$$

方法三 先求支付周期的实际利率，再以支付期为基础进行等值计算。其现金流量图如图 3.15 所示。

$$i=\left(1+\frac{2\%\times2}{2}\right)^{2}-1=4.04\%$$

$$F=500(F/A,4.04\%,6)=500\times6.6396=3319.80(元)$$

三种方法的计算结果相同（计算过程中稍有误差）。

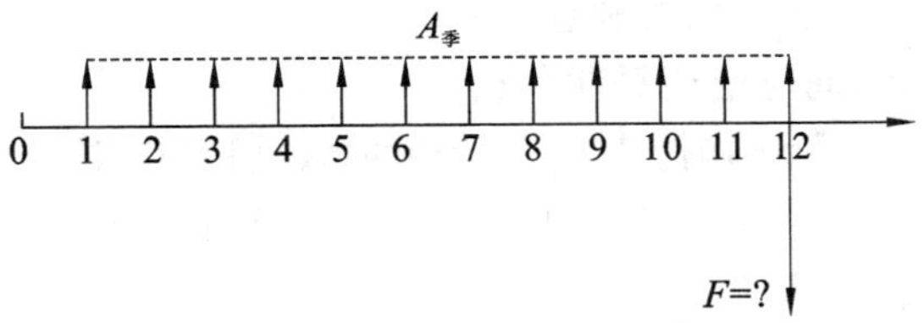

图 3.14 例 3.18 按季计息现金流量图(单位:元)

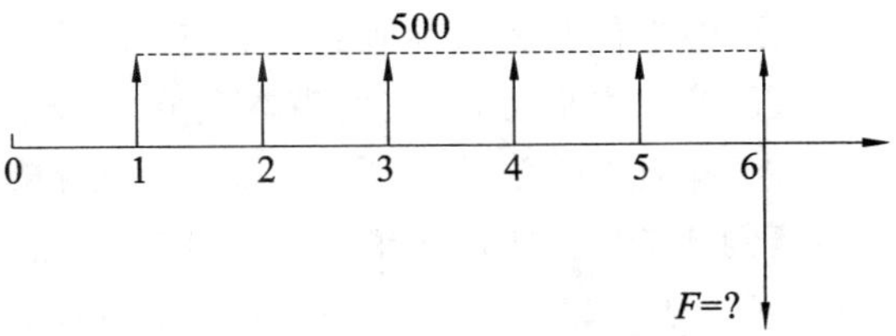

图 3.15 例 3.18 按半年计息现金流量图(单位:元)

3.4.3 计息期长于支付期的计算

当计息期长于支付期时,一般情况是将计息期内发生的现金流量进行合并,使其与计息期的时间长度相等。按照惯例,存款必须存满整个计息期时才计算利息,而借款或贷款没有满一个计息期也计算利息。这就是说,在计息期间存入的款项在该计息期不计算利息,要到下一个计息期才计算利息;在计息期间的借款或贷款,在该计息期计算利息。因此,在对现金流量进行合并时,计息期间的存款应放在期末,而在计息期间的借款或贷款应放在期初。

【例 3.19】 某账户现金流量图如图 3.16 所示,每季度计息一次,年利率 8%,求年底账户总额。

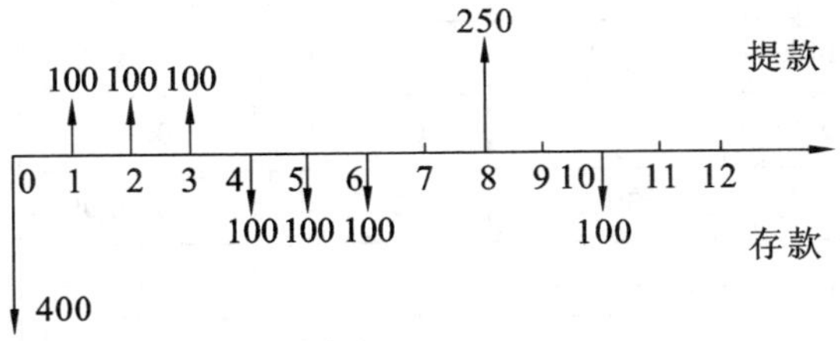

图 3.16 例 3.19 实际现金流量图(单位:元)

【解】 按上述原则,现金流量图可改画为图 3.17 所示,则有:

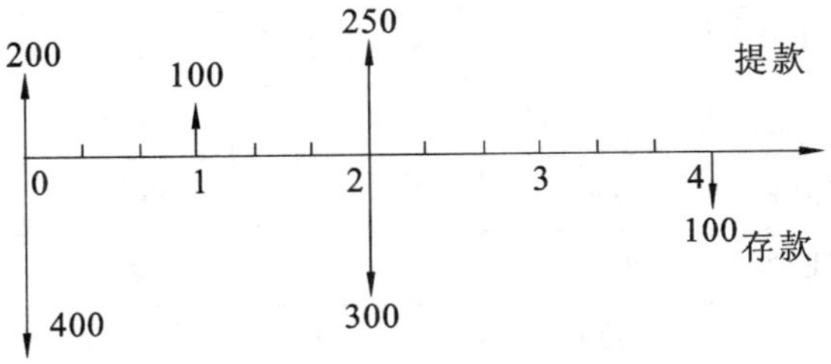

图 3.17 例 3.19 计算现金流量图(单位:元)

$$F=(400-200)(F/P,2\%,4)-100(F/P,2\%,3)+(300-250)(F/P,2\%,2)+100$$
$$=200\times1.0824-100\times1.0612+50\times1.0404+100$$
$$=262.38(元)$$

3.4.4 几种还款方式的等值计算

目前常见的银行贷款还款方式主要有以下四种:

① 一次性还本付息,中途不做任何还款。

② 中途仅归还每期利息，到期时归还本金和最后一期的利息。

③ 等额本金法，即将所借本金分期均匀偿还，同时偿还每期利息。

④ 等额本息法，即将所欠本金和利息分摊到每年做等额偿还，每年偿还的本金加利息相等。

【例 3.20】 某人从银行贷款 10000 元，在 5 年内以年利率 5%还清全部本金和利息。分别用上述四种还款方式计算出每年还款明细。

【解】 上述四种还款方式的每年还款明细见表 3.6。

表 3.6 不同还款方式的每年还款明细 （单位：元）

还款方式		年份				
		1	2	3	4	5
一次性还本付息	年初欠款	10000.00	10500.00	11025.00	11576.25	12155.06
	当年利息	500.00	525.00	551.25	578.81	607.71
	年末欠款	10500.00	11025.00	11576.25	12155.06	12762.81
	当年还本	0.00	0.00	0.00	0.00	10000.00
	当年付息	0.00	0.00	0.00	0.00	2762.82
	还本付息	0.00	0.00	0.00	0.00	12762.82
中途仅归还每期利息，到期时归还本金和最后一期的利息	年初欠款	10000.00	10000.00	10000.00	10000.00	10000.00
	当年利息	500.00	500.00	500.00	500.00	500.00
	年末欠款	10000.00	10000.00	10000.00	10000.00	10000.00
	当年还本	0.00	0.00	0.00	0.00	10000.00
	当年付息	500.00	500.00	500.00	500.00	500.00
	还本付息	500.00	500.00	500.00	500.00	10500.00
等额本金法	年初欠款	10000.00	8000.00	6000.00	4000.00	2000.00
	当年利息	500.00	400.00	300.00	200.00	100.00
	年末欠款	8000.00	6000.00	4000.00	2000.00	0.00
	当年还本	2000.00	2000.00	2000.00	2000.00	2000.00
	当年付息	500.00	400.00	300.00	200.00	100.00
	还本付息	2500.00	2400.00	2300.00	2200.00	2100.00
等额本息法	年初欠款	10000.00	8190.25	6290.01	4294.76	2199.75
	当年利息	500.00	409.51	314.50	214.74	110.00
	年末欠款	8190.25	6290.01	4294.76	2199.75	0.00
	当年还本	1809.75	1900.24	1995.25	2095.01	2199.75
	当年付息	500.00	409.51	314.50	214.74	110.00
	还本付息	2309.75	2309.75	2309.75	2309.75	2309.75

由表 3.6 可见，等额本金还款法前期还款总额大，还款压力大，随着时间的推移，每期还款额递减，总利息支出较少。每月还款额中的本金不变、利息逐月递减。

等额本息还款法每期还款金额固定，操作相对简单，总利息相对等额本金还款法多。每月还款额中的本金逐月递增、利息逐月递减。

虽然各种还款方式的总还款金额大小不一，但根据资金等值计算原理，还款现金流量的现值必定和借款额相等。

常见的有关房贷还款方式选择的讨论中，对等额本息还款法存在一个误区，片面强调总体利息支出较多这一现象，实际上等额本息还款法占用银行贷款的数量更多、占用的时间更长，同时它还便于借款人合理安排每月的生活和进行理财，对于精通投资、擅长于“以钱生钱”的人来说，无疑是最好的选择。

阅读材料一　24 美元买下曼哈顿

1626 年，彼得·米努依特(Peter Minuit)根据荷兰新印度公司的指示，花了大约 24 美元从印第安人卡纳西(Canarsie)手中买下了曼哈顿岛。而到 2000 年 1 月 1 日，曼哈顿岛的价值已经达到了约 2.5 万亿美元。

以 24 美元买下曼哈顿岛，Peter Minuit 看似占了一个天大的便宜。但是，如果转换一下思路，Peter Minuit 也许并没有占到便宜。如果当时 Peter Minuit 拿着这 24 美元去投资，按照 11%(美国近 70 年股市的平均投资收益率)的投资收益计算，到 2000 年，这 24 美元将变成 238 万亿美元，远远高于曼哈顿岛的价值 2.5 万亿美元。如此看来，Peter Minuit 吃了一个大亏。

阅读材料二　72 法则

你想要知道自己的投资项目在几年之内可以增长一倍吗？下面是一个简单的计算公式，也就是金融界常提到的“72 法则”(Rule 72)：

资产增长一倍所需时间(年)＝72÷年均收益率(%)

所谓的“72 法则”，就是以 1%的复利来计息，经过 72 年以后，你的本金就会变成原来的一倍。这个公式好用的地方在于它能以一推十，例如：利用 5%年收益率的投资手段，经过 14.4 年(72/5)本金就变成一倍；利用 12%年收益率的投资手段，则需要 6 年左右(72/12)，才能让 1 块钱变成 2 块钱。用“72 法则”计算的不同投资收益率下资产增长一倍所需时间见表 3.7。

表 3.7　用“72 法则”计算的不同投资收益率下资产增长一倍所需时间

年均收益率	0.5%	1%	2%	4%	6%	8%	9%	10%	12%	15%	20%	30%
资产增长一倍年限	144	72	36	18	12	9	8	7.2	6	4.8	3.6	2.4

虽然利用“72 法则”不像查表计算那么精确，但也已经十分接近了，因此，当你手中少了

一份复利表时,记住简单的“72 法则”,或许能够帮不少的忙。

思考题与习题

1. 某项目期初投资 2640 万元,建设期 2 年,投产后每年经营成本 840 万元,销售收入 1400 万元,销售税率为 10%,使用寿命 12 年,期末残值 80 万元。请画出现金流量图。

2. 某人每年年初存入银行 0.5 万元,年利率为 10%(复利计息),问:8 年后的本利和是多少?

3. 某公司租赁一仓库,租期 5 年,每年年初需付租金 1.5 万元,假设折现率为 8%,问:该公司现在应筹集多少资金?

4. 设利率为 10%,现存入多少资金才能正好从第 4 年到第 8 年的每年年末等额提取 2 万元?

5. 某地方政府拟投资 5000 万元建一条地方公路,预计公路年维护费为 150 万元,折现率为 10%,求现在该地方政府应一次性投入多少资金?

6. 每半年存款 1000 元,年利率 8%,每季计息一次,复利计息。问:5 年末存款总额为多少?

7. 以按揭贷款方式购房,贷款 10 万元,假定年利率 6%,15 年内按每月等额本息分期付款,每月应付多少?

8. 某公司购买了一台供水设备,原始成本为 12000 元,估计能使用 20 年,20 年末的残值为 2000 元。运行费用固定为每年 800 元。试求该设备的等值年费用。(利率为 12%)

9. 假设你购车急需 5 万元,如果向银行贷款,年利率是 6%,到第 2 年末需偿还本利共计 56180 元。现汽车经销商愿意为你提供分期付款服务,年利率是 4%,按单利计息,2 年共需支付利息 4000 元。分 24 个月偿还本利,每月底还款为 54000÷24=2250 元。你认为可以接受吗?这笔贷款的实际利率是多少?

10. 某人拟购商品房,开发商提出两个方案:方案一是现在一次性付 80 万元;方案二是 5 年后付 100 万元。若目前银行贷款利率为 7%,试计算比较哪个付款方案较为有利。

11. 某公司决定将其一宗物业挂牌出售,甲公司称,如果该公司获得该物业,将从获得该物业的第 1 年开始,每年末向公司交纳 1000 万元的费用,直到第 10 年结束。乙公司表示,该公司在获得该物业时,直接付款 4000 万元,8 年后再付 6000 万元。如果要求的年投资回报率达到 15%,问:应接受哪个公司?

12. 某投资者 5 年前以 200 万元买入一房产,过去 5 年内每年的出租获得的净现金收益 25 万元,现在该房以 250 万元出售。若投资者要求的年收益率为 20%,问:此投资能否达到?

13. 某企业拟购买一设备,预计设备的使用寿命为 5 年,在寿命期内每年生产可获得的纯收益为 6.5 万元,若该企业期望的投资收益率为 15%,问:该企业可接受的设备价格是多少?

14. 某债券是 1 年前发行的,面额为 500 元,年限 5 年,年利率 10%,每年支付利息,到期还本,若投资者要求在余下的 4 年中的年收益率为 8%,问:该债券现在的价格低于多少,投资者才会买?

15. 名词解释：资金的时间价值，资金等值，现值，年值，终值，名义利率，实际利率。

答案

4 工程项目经济效益评价基本方法

内容提要

工程经济分析的基本原理就是对技术方案的经济效益进行分析、计算和评价，从中选出最优方案。这就需要通过一套完整的指标体系来进行参考。工程项目经济效益评价的基本方法有静态评价方法和动态评价方法。静态评价方法主要包括静态投资回收期、总投资收益率等指标，动态评价方法主要包括动态投资回收期、净现值、净年值、内部收益率等指标。

通过本章的学习，要求掌握工程项目经济效益评价的两类方法、三类指标及几种常用评价指标的计算与应用。

4.1 经济效益评价的基本原理

工程经济分析的基本原理就是对工程技术方案的经济效益进行分析、计算和评价，从中选出最优方案。这就需要通过一套完整的指标体系来进行参考。

4.1.1 经济效益评价的概念

(1) 经济效益的概念

工程项目的经济效益是指工程项目方案的“所得”同“所费”的比较，或者是“产出”同“投入”的比较。一般有两种表达形式：

经济效益＝有用成果÷劳动耗费（相对值）

经济效益＝有用成果－劳动耗费（绝对值）

其中，有用成果就是生产活动中消耗与占用劳动后创造出来的对社会有用的成果。劳动耗费指生产过程中消耗和占用的活劳动和物化劳动。活劳动消耗是人的脑力和体力消耗，物化劳动是指原材料、燃料等一次性消耗和厂房、设备等的渐损消耗。物化劳动占用就是原材料等使用前的储备；劳动力占用就是一定生产周期内所占用的全部劳动力数量，以工资、奖金和福利的形式体现。

经济效益通常具有定量计算的特点。人们对某一社会实践活动经济效益进行评价时，只有通过定量的计算，才能确切地指明经济效益的大小程度。

(2) 经济效益评价的概念

经济效益评价是指在对影响项目的各项经济、技术因素预测、分析及计算的基础上，评价投资项目的直接经济效益和间接经济效益，为决策者提供依据的活动。

项目经济效益评价按评价角度的不同，可以分为财务评价和国民经济评价；按所处理的时间阶段不同，可分为投资前期评价、投资期评价和投资运行期评价。

4.1.2　经济效益评价的指标体系

评价指标是工程项目经济效益或投资效果的定量化及其直观的表现形式，它通常是通过对投资项目所涉及的费用和效益的量化及比较来确定的。在工程经济分析中，经济效益评价的评价指标多种多样，它们可以从不同的角度反映项目的经济性。只有选取了正确的评价指标，项目经济效益评价的结果才能与客观实际情况相吻合，才有应用价值。

(1) 按是否考虑资金的时间价值分

按计算时是否考虑资金的时间价值，评价指标可分为静态评价指标和动态评价指标(图4.1)。

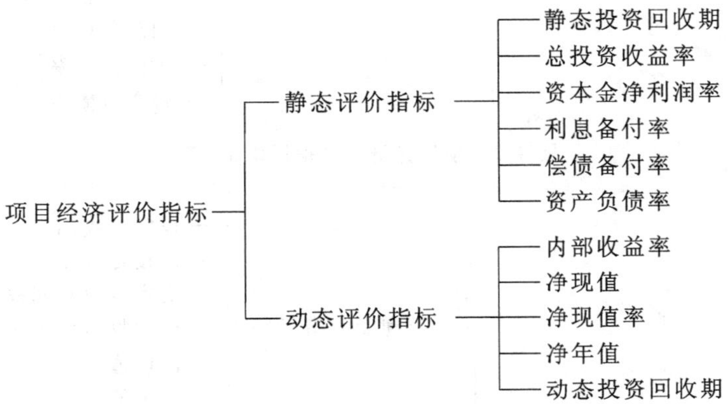

图 4.1　项目经济评价指标体系(一)

静态评价指标是在不考虑时间因素对资金价值影响的情况下，直接通过现金流量计算出来的经济评价指标。在进行项目的经济评价时，静态评价方法由于其操作简单，常被用于短期投资项目的评价或对长期投资项目进行初始阶段的粗略评价。

动态评价指标是在分析项目或方案经济效益时，对发生在不同时间的效益、费用，计算其资金时间价值，将现金流量进行等值化处理后计算的评价指标。动态评价指标能较全面地反映投资方案整个计算期的经济效果，适用于详细可行性研究、对项目整体效益评价的融资前分析，或对计算期较长以及处在终评阶段的技术方案进行评价与选择，为投资决策作准备。

(2) 按评价指标的量纲分

按评价指标的量纲进行分类，项目经济评价指标可分为价值性评价指标、时间性评价指标和比率性评价指标，如图4.2所示。价值性评价指标是以货币为量纲的指标；时间性评价指标是以时间为量纲的指标；比率性评价指标是无量纲的指标。

(3) 按评价指标的性质分

按评价指标的性质不同，可将项目的经济评价指标分为盈利能力指标、清偿能力指标和财务生存能力指标，如图4.3所示。

在对工程项目方案进行经济评价时，应根据评价深度的要求、可获取资料的多少以及工程项目方案本身所处的条件，选用多个指标，从不同的角度及不同的侧面反映项目的经济效果。

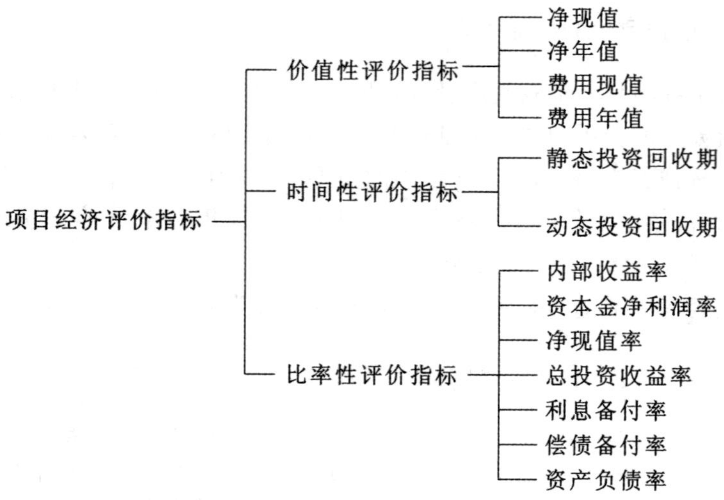

图 4.2　项目经济评价指标体系(二)

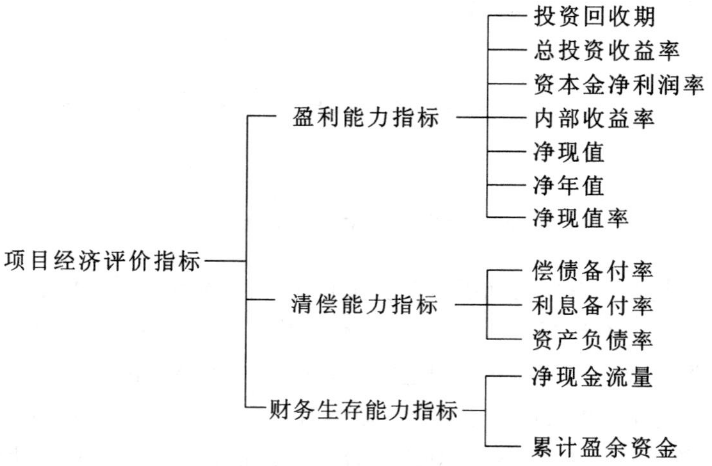

图 4.3　项目经济评价指标体系(三)

4.1.3　经济效益的评价原则

利用工程经济分析方法进行投资项目经济效益评价时,应遵循以下原则:

① 技术与经济相结合的原则;

② 定性分析与定量分析相结合的原则;

③ 财务评价与国民经济评价相结合的原则;

④ 可比性原则:

a. 满足需要上的可比(产品品种可比、产量可比、质量可比);

b. 消耗费用的可比;

c. 时间的可比(分析期、货币的时间价值等);

d. 价格的可比。

4.2 经济效益评价的静态指标

对项目的投资效益进行评价时，若不考虑资金的时间价值，则称为静态评估，其评价指标称为静态指标。常用的静态指标有静态投资回收期、投资收益率等。

静态评价方法是一种在世界范围内被广泛应用的方法，它的最大优点是简便、直观，主要适用于方案的粗略评价。

4.2.1 静态投资回收期

投资者通常期望所投入的资金能够在较短的时间内足额收回。用于衡量投资项目初始投资回收速度的评估指标称为投资回收期，亦称投资返本期或投资偿还期。静态投资回收期(Static Payback Period)是指在不考虑资金的时间价值的情况下，以项目的净收益抵偿全部初始投资所需要的时间。投资回收期一般以年为计算单位，从投资开始年算起。若从项目的投产开始年计算，应予以特别注明。其表达式为：

$$\sum_{t=0}^{P_t}(CI-CO)_t=0 \tag{4.1}$$

式中 P_t——静态投资回收期；

CI——现金流入量；

CO——现金流出量；

$(CI-CO)_t$——第 t 年的净现金流量。

(1) 计算

投资回收期可根据现金流量表(全部投资)中累计净现金流量计算求得。项目投资现金流量表中累计净现金流量由负变为零的时间点，就是项目的静态投资回收期。其计算公式为：

$$P_t=\begin{bmatrix}\text{累计净现金流量开始}\\\text{出现正值的年份数}\end{bmatrix}-1+\left[\frac{\text{上年累计净现金流量的绝对值}}{\text{当年净现金流量}}\right] \tag{4.2}$$

特别地，如果项目投资开始后各年的净现金流量相同，则静态投资回收期的计算公式为：

$$P_t=\frac{I}{A} \tag{4.3}$$

式中 I——项目的全部投资；

A——每年的净现金流量。

(2) 评价准则

静态投资回收期越短，表明项目投资回收得越快，项目抵抗风险的能力越强。将计算出的投资回收期 P_t 与行业的基准投资回收期 P_c 进行比较：

当 $P_t \leqslant P_c$ 时，表明项目投资能在期望的时间内收回，经济效果好，项目在经济上可以考虑接受。

当 $P_t > P_c$ 时，表明项目投资在期望的时间不能收回，经济效果差，项目在经济上不可接受。

【例 4.1】 某投资方案建设期为 2 年，建设期内每年年末发生的投资额及运营期每年年末净收益见表 4.1。设基准投资回收期为 6 年，初步判断投资方案的可行性。

表 4.1 项目各年净现金流量表 （单位：万元）

年份	1	2	3	4	5	6	7	8～
净现金流量	－1000	－1200	800	900	950	1000	1100	1200

【解】 计算各年的累计净现金流量，计算结果见表 4.2。

表 4.2 各年的累计净现金流量 （单位：万元）

年份	1	2	3	4	5	6	7	8～
净现金流量	－1000	－1200	800	900	950	1000	1100	1200
累计净现金流量	－1000	－2200	－1400	－500	450	1450	2550	3750

根据式(4.2)计算投资方案的静态投资回收期为：$P_t=5-1+\frac{500}{950}=4.53$(年)

因 $P_t<P_c=6$，故该投资方案是可行的。

(3) 优缺点

投资回收期法的主要优点在于：①使用简单、方便。即评估指标计算较为简单，采用该方法只需要确定投资项目前几年的净现金流量，而不必确定投资项目寿命期所有年份各年净现金流量；不用确定贴现率。②投资回收期的经济意义易于理解。③在一定意义上考虑了投资风险因素。正是由于投资回收期法具有以上优点，所以对小投资项目评估时，经常采用该方法，即使在对大型项目评估时，也经常将此法与其他动态指标结合使用。

投资回收期法的主要缺点有：①没有考虑资金的时间价值，这一点体现在将不同年份的现金流量直接相加。②不考虑投资回收期以外各年净现金流量，所以不利于对投资项目进行整体评估。③投资回收期标准的确定主要依赖决策者对风险的态度。

4.2.2 投资收益率

投资收益率(Investment Rate of Return)是指项目达到设计生产能力后的一个正常生产年份的年利润总额与项目总投资的比率，也称投资效果系数，是考察项目单位投资盈利能力的静态指标。

(1) 投资收益率的计算与评价

投资收益率表明项目正常生产年份中，单位投资每年所创造的年净收益额。对生产期内各年的利润总额变化幅度较大的项目，应计算生产期年平均利润总额与项目总投资的比率。其计算公式为：

$$\text{投资收益率}(R)=\frac{\text{项目年利润总额或年平均利润总额}}{\text{项目总投资}}\times 100\% \tag{4.4}$$

项目投资收益率 R 越高，表明项目经济效益越好，否则表明效益欠佳。在利用投资收益率进行评估时，首先要确定一个基准投资收益率标准 R_b(如 20%)，当投资方案的投资收益率高于此标准时则接受该投资方案,否则就拒绝该投资方案。如果要从多个可接受的互斥方案中进行选择,应该选投资收益率最高的方案。

【例 4.2】 某项目现金流量如表 4.3 所示,假定全部投资中没有借款,已知基准投资收益率为 15%,试判断该方案的可行性。

表 4.3 某项目现金流量 (单位:万元)

年份	0	1	2	3	4	5	6	7	8	9
现金流量	−180	−240	−330	100	150	200	200	200	200	200

【解】 根据表 4.3 的数据可知,项目总投资为 750 万元,正常生产年份年利润为 200 万元,则有:

$$R=\frac{200}{750}\times 100\%=26.7\%>15\%=R_b$$

因此该项目可行。

(2) 优缺点

投资收益率指标的优点在于经济意义明确、直观,计算简便,在一定程度上反映了投资的经济效果,可适用于各种投资规模。

但投资收益率指标没有考虑资金的时间价值,忽略了资金具有时间价值的重要性。此外,正常生产年份的选择与确定比较困难,从而导致指标的计算有太强的主观随机性。因此,投资收益率一般不作为主要指标进行项目经济效果评价。

4.2.3 资本金净利润率

资本金净利润率 ROE(Return On Equity)是指项目达到设计生产能力后正常年份的年净利润或运营期内年平均净利润与项目资本金的比值,表示项目资本金的盈利水平。

其计算公式为:

$$ROE=\frac{NP}{EC}\times 100\% \tag{4.5}$$

式中 ROE——项目资本金净利润率;

NP——项目正常年份的年净利润或运营期内年平均净利润;

EC——项目资本金。

其中,年净利润=年销售收入−年销售税金及附加−年经营成本−年折旧、摊销−利息支出−所得税

=年息税前利润−利息支出−所得税

资本金净利润率通常分年计算,或以计算期内的平均值计算,如果资本金净利润率高于同行业的利润率参考值,则表明项目满足盈利能力要求;否则,表明不能满足盈利能力要求。

4.2.4 利息备付率

利息备付率 ICR(Interest Coverage Ratio)也称已获利息倍数,是指项目在借款偿还期内各年可用于支付利息的税息前利润与当期应付利息费用的比值。

利息备付率从付息资金的充裕性角度反映了项目偿付债务利息的保障，其计算公式为：

$$ICR = EBIT \div PI \times 100\% \tag{4.6}$$

式中 $EBIT$——利润总额与计入总成本费用的利息费用之和，即税息前利润；

PI——计入总成本费用的应付利息；

ICR——利息备付率。

正常情况下，$ICR \geqslant 1$ 时，表示企业有偿还利息的能力；$ICR < 1$ 时，表示企业没有足够的资金支付利息，偿债风险很大。利息备付率应分年计算，利息备付率高，表明利息偿付的保障程度高。对于正常经营的企业，其利息备付率应当大于 2，否则就认为其付息能力的保障程度不足。

4.2.5 偿债备付率

偿债备付率 $DSCR$(Debt Service Coverage Ratio)又称偿债覆盖率，是指项目在借款偿还期内，各年可用于还本付息的资金与当期应还本付息金额的比值。其表达式为：

$$DSCR = (EBITDA - T_{ax}) \div PD \times 100\% \tag{4.7}$$

式中 $EBITDA$——息税前利润加折旧和摊销；

T_{ax}——企业所得税；

PD——当期应还本付息利息，包括当期应还贷款本金及计入成本费用的利息，融资租赁费用可视同借款偿还；

$DSCR$——偿债备付率。

偿债备付率应分年计算，偿债备付率高，表明还本付息的资金的保障程度高。偿债备付率应当大于 1，表明项目的还本付息能力有保障。若 $DSCR \leqslant 1$，则项目的还本付息能力保障程度不高。

对于正常经营的企业，其偿债备付率应大于 1.3，否则就认为其还本付息能力的保障程度不高。

4.2.6 资产负债率

资产负债率 $LOAR$ 是指项目经营期内，在各期末企业负债总额同企业资产总额的比率。它说明企业总资产中债权人提供资金所占的比重，以及企业资产对债权人权益的保障程度。其计算公式为：

$$\text{资产负债率}(LOAR) = \frac{\text{期末企业负债总额}(TL)}{\text{期末企业资产总额}(AT)} \times 100\% \tag{4.8}$$

适度的资产负债率表明企业经营安全、稳健，具有较强的筹资能力，表明企业和债权人的风险较小。对该指标的分析，应结合国家宏观经济状况、行业发展趋势、企业所处竞争环境等条件具体判定。项目财务分析中，在长期债务还清后，可不再计算资产负债率。

4.3 经济效益评价的动态指标

对项目的投资效益进行评估时，考虑资金时间价值的方法称为动态评价方法，相应的计算指标称为动态评价指标。动态评价指标比较全面地反映了开发项目投资活动有效期的经济效益，因而比静态评价指标更为科学、全面，其应用更为广泛。

由于动态评价指标在计算及评价时要考虑资金的时间价值，因而需要确定折现率。用于计算动态评价指标及判别项目可行性的折现率称为基准收益率，一般用 i_c 表示。

基准收益率反映的是投资者对项目占用资金的时间价值判断，是投资者可接受的最低收益率。政府作为一类特殊的投资者，它的基准收益率由国家规定；其他投资者应根据资金成本和风险收益自行决定基准收益率，或参照国家规定确定基准收益率。

常用的动态评估指标有动态投资回收期、净现值、内部收益率等。

4.3.1 动态投资回收期

(1) 定义

动态投资回收期(Dynamic Payback Period)是考虑了资金时间价值的回收期。实际上，动态投资回收期就是把项目各年的净现金流量按基准收益率折成现值来推算的投资回收期。

动态投资回收期通常以年为单位，并宜从项目投资开始年算起，其定义式为：

$$\sum_{t=0}^{P_d}(CI-CO)_t(1+i_c)^{-t}=0 \tag{4.9}$$

式中 i_c——基准收益率；

P_d——动态投资回收期；

其他符号意义同前。

(2) 计算

实际计算时，动态投资回收期可借助项目投资现金流量表计算。项目投资现金流量表中累计折现净现金流量由负变为零的时间点，就是项目的动态投资回收期。

$$P_d=\text{累计开始出现正值的年份}-1+\frac{\text{上年累计净现金流量的绝对值}}{\text{当年的净现金流量现值}} \tag{4.10}$$

(3) 评价准则

动态投资回收期越短，表明项目投资回收得越快，项目抵抗风险的能力越强。计算出动态投资回收期 P_d 后，与行业基准动态投资回收期 P_c 进行比较：

若 $P_d \leqslant P_c$，则表明项目投资能在规定时间内收回，项目在经济上可以接受；

若 $P_d > P_c$，则表明项目在经济上是不可行的。

(4) 优缺点

动态投资回收期的优点在于经济意义明确、直观，计算较简便；同时，它考虑了资金的时间价值，较静态投资回收期更优。

动态投资回收期的缺点主要有：只考虑投资回收之前的效果，未反映回收之后的情况，无法准确衡量项目在整个计算期内的经济效果。

【例 4.3】 若投资方案的净现金流量同例 4.1，基准收益率 i_c 为 10%，行业基准动态投资回收期 P_c 为 6 年，计算项目的动态投资回收期，并判断项目的可行性。

【解】 各年累计净现金流量现值的计算结果见表 4.4。

表 4.4　各年累计净现金流量的现值　　（单位：万元）

年份	1	2	3	4	5	6	7	8～
净现金流量	－1000	－1200	800	900	950	1000	1100	1200
折现系数（i_c＝10％）	0.909	0.826	0.751	0.683	0.621	0.564	0.513	0.467
折现净现金流量	－909.0	－991.2	600.8	614.7	589.95	564.0	564.3	560.4
累计折现净现金流量	－909.0	－1900.2	－1299.4	－684.7	－94.75	469.25	1033.55	1593.95

根据式(4.10)计算动态投资回收期：

$$P_d = 6 - 1 + \frac{94.75}{564.0} = 5.17(\text{年})$$

由于动态投资回收期小于 6 年，该方案可行。

4.3.2　净现值

净现值电算方法

净现值 NPV(Net Present Value)是指开发项目在计算期内的净现金流量，按预先规定的贴现率或基准收益率，折算到开发项目实施开始的基准年的代数和。用净现值评估项目投资效益的方法称为净现值法。其计算公式为：

$$NPV = \sum_{t=0}^{n} (CI - CO)_t (1 + i_c)^{-t} \tag{4.11}$$

式中　NPV——净现值；

CI——现金流入量；

CO——现金流出量；

$(CI-CO)_t$——第 t 个时间点的净现金流量；

n——项目计算期；

i_c——贴现率或基准收益率。

在利用净现值评估项目时，若 $NPV>0$，表示开发项目方案的收益率不仅可以达到基准收益率或贴现率所预定的投资收益水平，而且有盈余；若 $NPV<0$，则说明方案的收益率达不到基准收益率或贴现率所预定的投资收益水平；若 $NPV=0$，则表示开发项目方案的收益率恰好等于基准收益率或贴现率所预定的投资收益水平。所以，只有 $NPV\geqslant 0$ 时，该方案在经济上才是可取的；反之，则不可取。

在利用净现值指标进行多方案比选时，在 $NPV>0$ 的可行方案中，净现值最大的即为最优方案。

净现值法的主要问题是如何确定贴现率：一种办法是根据资本成本来确定，但是资本成本的计算比较困难；另一种办法是根据企业要求的最低资金利润率来确定，比较容易计算。

【例 4.4】　甲、乙两个互斥投资方案各年净现金流量如表 4.5 所示，已知基准收益率为 10％。试利用净现值法判断甲、乙两个方案的可行性，如果都可行，应该选择哪一个？

表 4.5 甲、乙两个方案各年净现金流量 （单位：万元）

年份	0	1	2	3	4	5
甲方案净现金流量	−1000	300	300	300	300	300
乙方案净现金流量	−1000	100	200	300	400	500

【解】 根据式(4.11)计算各方案的净现值：

甲方案的净现值为：

$$NPV_{甲}=\frac{300}{(1+10\%)}+\frac{300}{(1+10\%)^2}+\frac{300}{(1+10\%)^3}+\frac{300}{(1+10\%)^4}+\frac{300}{(1+10\%)^5}-1000$$
$$=137.24(万元)$$

乙方案的净现值为：

$$NPV_{乙}=\frac{100}{(1+10\%)}+\frac{200}{(1+10\%)^2}+\frac{300}{(1+10\%)^3}+\frac{400}{(1+10\%)^4}+\frac{500}{(1+10\%)^5}-1000$$
$$=65.26(万元)$$

由于甲、乙两个方案的净现值都大于0，因此，这两个方案都可以接受。但甲方案的净现值大于乙方案的净现值，甲方案优于乙方案，应该选择甲方案。

由此可以看出，净现值法的基本思想是投入与产出相对比，只有当后者大于前者时，投资才是有益的。为了便于考虑资金的时间价值，将不同时点上发生的现金流量统一折算为同一时点（项目实施的开始时点），未来各年净现金流量的现值之和就是进行投资的“产出”，而初始投资就是“投入”。

【例 4.5】 甲、乙两个投资方案所需初始投资都是1000万元，若基准收益率为10%，甲、乙两个投资方案各年净现金流量如表4.6所示。

表 4.6 两个方案各年净现金流量 （单位：万元）

年份	0	1	2	3
甲方案净现金流量	−1000	400	400	407
乙方案净现金流量	−1000	300	300	300

【解】 甲方案的净现值为：

$$NPV_{甲}=\frac{400}{(1+10\%)}+\frac{400}{(1+10\%)^2}+\frac{407}{(1+10\%)^3}-1000=0$$

乙方案的净现值为：

$NPV_{乙}=300\times(P/A,10\%,3)-1000=300\times2.4869-1000=-253.93$（万元）

甲方案的净现值等于0，恰好满足所预定的投资收益水平，该方案可以接受。乙方案的净现值出现负值，说明投资该项目不能获得预期的投资效益，反而导致亏本，故该方案不能被接受。

不难看出，净现值法主要具有以下优点：①净现值的计算考虑了资金的时间价值。②净现值能明确反映出项目的获利（或亏本）数额大小。正由于此，人们通常认为净现值法是投资评估方法中最好的一个，并被广泛使用。

它也有不足之处:①净现值的计算依赖于贴现率数值的大小,贴现率越大则所计算出来的净现值越小,而贴现率的大小主要由筹资成本所决定。也就是说,一项投资机会的获利能力大小并不能由净现值指标直接反映出来,一项获利很高的投资机会可能由于筹资成本较高而使得该项目的净现值较低。②净现值指标不能反映投资效率的高低。一项投资规模大、投资收益率低的项目可能具有较大的净现值,而一项投资规模较小、投资收益率较高的项目可能具有较小的净现值。

4.3.3 净年值

净年值 NAV(Net Annual Value)是指按设定的折现率将项目计算期内净现金流量等值计算得到的等额年值。其计算公式为:

$$NAV = \left[\sum_{t=1}^{n}(CI-CO)_t(1+i_c)^{-t}\right](A/P,i_c,n) = NPV(A/P,i_c,n) \quad (4.12)$$

净年值也是表明项目盈利能力的绝对指标。当 $NAV \geqslant 0$ 时,表明项目能够满足基准收益率要求的盈利水平,在经济上可行。当 $NAV<0$ 时,表明项目不能满足基准收益率要求的盈利水平,在经济上不可行。

【例 4.6】 已知某项目各年净现金流量如图 4.4 所示,设项目的基准收益率为 10%,试求净现值、净年值,并判别此项目的可行性。

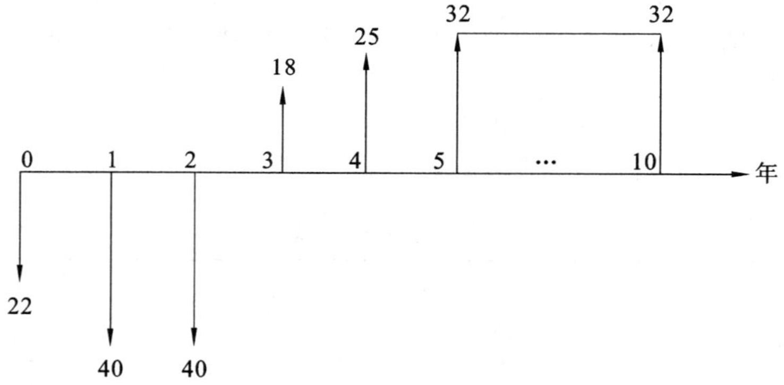

图 4.4 项目各年净现金流量图(单位:万元)

【解】

$$\begin{aligned}NPV &= -22-40\times(P/A,10\%,2)+18\times(P/F,10\%,3)+25\times(P/F,10\%,4)+\\&\quad 32\times(P/A,10\%,6)\times(P/F,10\%,4)\\&= -22-40\times1.7355+18\times0.7513+25\times0.6830+32\times4.3553\times0.6830\\&= 34.37(\text{万元})\end{aligned}$$

由于 $NPV=34.37$ 万元>0,故该项目在经济上是可行的。

$NAV=NPV(A/P,i_c,n)=34.37\times(A/P,10\%,10)=34.37\times0.1627=5.59$(万元)

由于 $NAV=5.59$ 万元>0,故该项目在经济上是可行的。

净年值 NAV 与净现值 NPV 都是在给定基准收益率的基础上进行计算的评价指标,其评价准则也基本一致,而且两者对同一项目的评价结论总是一致的。因此,一般在项目绝对经济效果评价时，很少用净年值指标，但是在进行项目相对效果评价时，如果寿命周期不同，则净年值就能显现其应用价值和优越性。

需要指出的是，当不考虑项目的收益或收益相同时，仅需计算项目的投入，相应的现值和年值分别称为费用现值(Present Cost，PC)和费用年值(Annul Cost，AC)，其计算公式分别为：

$$PC = \sum_{t=1}^{n} (CO)_t (1+i_c)^{-t} = \sum_{t=1}^{n} (CO)_t (P/F, i_c, t) \tag{4.13}$$

$$AC = \left[\sum_{t=1}^{n} (CO)_t (1+i_c)^{-t}\right](A/P, i_c, n) \tag{4.14}$$

4.3.4　内部收益率

内部收益率 IRR(Internal Rate of Return)是指项目在整个计算期内各年净现金流量的现值累计等于零(或净年值等于零)时的折现率。内部收益率是效率型指标，它反映了项目所占用资金的盈利率，是考察项目资金使用效率的重要指标。

内部收益率电算法

其计算公式如下：

$$NPV = \sum_{t=0}^{n} (CI - CO)_t (1 + IRR)^{-t} = 0 \tag{4.15}$$

应用净现值等于零求内部收益率时，可以将净现值 NPV 看作是关于 i 的一元高次幂函数。先假定一个 i 值，如果求得的 NPV 为正，则说明 i 值假定得太小；应再假定一个较大的值计算净现值，若求得的净现值为负，则应减小 i 值以使净现值接近于零，当两次假定的值使净现值由正变负或由负变正时，则在两者之间必定存在着使净现值等于零的 i 值，该值即为该方案的内部收益率。其几何解释如图 4.5 所示。

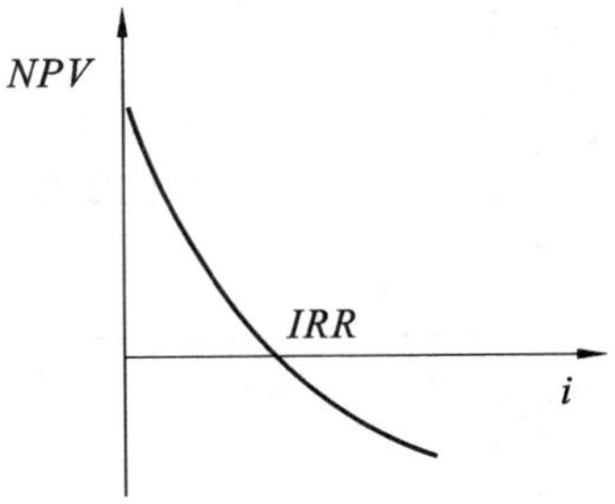

图 4.5　内部收益率的几何解释

在评估时，将求出的全部投资或自有资金(投资者的实际出资)的内部收益率(IRR)与行业的基准收益率或设定的贴现率(i_c)比较，当 $IRR \geq i_c$ 时，则认为其盈利能力已满足最低要求，该方案是可以接受的；当 $IRR < i_c$ 时，则项目在经济上不可行，应予以拒绝。

下面介绍几种内部收益率计算方法。

(1) 试算法

由图 4.5 可以看出，随着贴现率的不断增加，净现值越来越小，当贴现率增加到某一数值时，净现值为零，此时的贴现率即为内部收益率 IRR。此后随着贴现率的继续增加，净现值变为负值。利用这个特点即可以通过试算，求出内部收益率。

【例 4.7】　某投资项目各年净现金流量如表 4.7 所示，求该投资项目的内部收益率。

表 4.7　某投资项目各年净现金流量　(单位：万元)

年份	0	1	2	3	4	5
净现金流量	−100	20	30	30	40	50

【解】 首先选择一个适当的贴现率 i 值，计算相应的净现值。若取 $i=10\%$，其相应的净现值为：

$$NPV=\frac{20}{(1+10\%)}+\frac{30}{(1+10\%)^2}+\frac{30}{(1+10\%)^3}+\frac{40}{(1+10\%)^4}+\frac{50}{(1+10\%)^5}-100$$
$$=23.88(万元)$$

净现值大于零，则所取贴现率偏小，应进一步增加。当取 $i=15\%$ 再次计算得到相应净现值 $NPV=7.53$，仍然大于零，说明还要再增大贴现率 i 值，再取 $i=20\%$ 进行试算，结果相应净现值 $NPV=-5.75$，净现值小于零，表明所取的贴现率过大。重复这种试算过程便可以得到内部收益率。

(2) 插值法

插值法是利用两个直角三角形相似、对应边成比例的特点，求投资项目的内部收益率的近似解，其计算步骤如下：

① 通过试算得两个贴现率 i_1 和 i_2，使之满足：

$$NPV_1=\sum_{t=0}^{n}\frac{NCF_t}{(1+i_1)^t}>0,NPV_2=\sum_{t=0}^{n}\frac{NCF_t}{(1+i_2)^t}<0$$

② 利用下式求近似的内部收益率：

$$IRR\approx i_1+(i_2-i_1)\times\frac{NPV_1}{|NPV_1|+|NPV_2|} \tag{4.16}$$

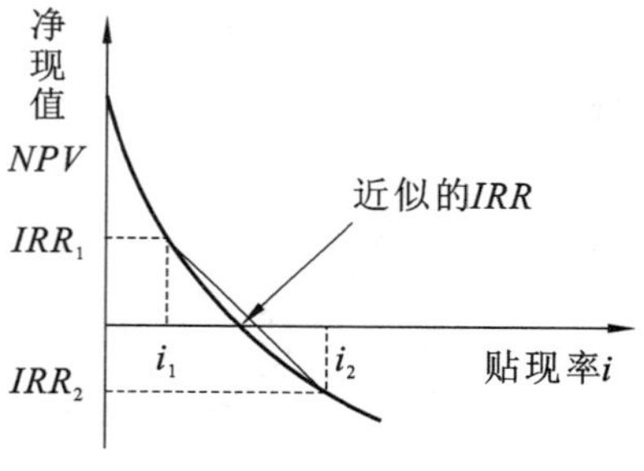

图 4.6 插值法直观解释

求内部收益率采用插值法的直观解释，如图 4.6 所示。

仍以例 4.7 所述的投资项目为例，现利用插值法求近似的 IRR。

对例 4.7 再进行试算可知，当贴现率为 17%时，相应 NPV 为 1.89；当贴现率为 18%时，相应 NPV 为 −0.76，于是取 $i_1=17\%$，$NPV_1=1.89$；$i_2=18\%$，$NPV_2=-0.76$，利用式(4.16)得：

$$IRR\approx 17\%+(18\%-17\%)\times\frac{1.89}{|1.89|+|-0.76|}$$
$$=17.71\%$$

(3) 查表法

除上述两种方法外，还可直接查阅相关经济类书籍中的因素表所列系数，求出内部收益率。

内部收益率是一个重要的动态评价指标，在项目绝对经济效果评价中有着广泛的应用，通常被看作是最主要的经济评价指标。

内部收益率法具有以下主要优点：①内部收益率的计算考虑了资金的时间价值；②内部收益率的计算不需要首先确定所要求的报酬率；③内部收益率表示投资项目内在收益率，所以能在一定程度上反映投资效率的高低。

其缺点主要表现在：①内部收益率不能直观地显示项目投资获利数额的大小；②内部收

益率的计算较为复杂；③当投资项目各年净现金流量不是常规模式时，一个投资项目的内部收益率可能存在多个解或无解，此时内部收益率无明确的经济意义；④内部收益率不适用于只有现金流入或现金流出的项目。

4.3.5　净现值率

净现值率是指按设定的折现率（一般采用基准收益率 i_c）计算项目计算期内净现值与项目全部投资现值的比率，亦称现值比率、获利指数、贴现后收益-成本比率等。

净现值率（$NPVR$）的经济意义是单位投资现值能够带来的净现值大小，是一个考察项目单位投资盈利能力的指标。净现值率是在净现值基础上发展起来的，常作为净现值的一个辅助评价指标。

其计算公式为：

$$NPVR = \frac{NPV}{K_p} = \frac{NPV}{\sum_{t=0}^{m} K_t(P/F, i_c, t)} \tag{4.17}$$

式中　K_p——项目投资现值；

K_t——项目第 t 年投资额；

i_c——设定的折现率（同基准收益率）；

m——项目建设期年数。

若 $NPVR \geqslant 0$，说明贴现后现金流入大于或等于贴现后现金流出，该投资项目的报酬率大于预定的贴现率，项目是可行的；若 $NPVR < 0$，说明贴现后现金流入小于贴现后现金流出，该投资项目的报酬率小于预定的贴现率，项目是不可行的。

净现值只是一个绝对经济效益指标，没有反映资金的利用效益。因此，净现值最大的方案不一定就是经济效益最好的方案。净现值率一般作为净现值的辅助评价指标来使用，多用于资金受限时的项目相对效果评价。

在确定多方案的优先顺序时，如果资金没有限额，只要按净现值的大小排列方案的优先顺序进行选择即可。当资金有限额时，则须将净现值率法与净现值法一起使用。

4.4　几种评价指标的比较

在评估独立项目时，使用 NPV、IRR 和 $NPVR$ 三种方法得出的结论是一致的；而评估互斥项目时，使用这三种方法可能会得出不同的结论。以下详细分析和比较这三种评价标准的联系和区别。

4.4.1　NPV 与 IRR 比较

(1) NPV 和 IRR 评价结果一致的情形

如果投资项目的现金流量为传统型，即在投资有效期内只改变一次符号，而且先有现金流出后有现金流入，投资者只对某一投资项目是否可行单独作判断时，按净现值和按内部收益率标准衡量投资项目的结论是一致的。在这种情况下，NPV 是贴现率（资本成本）的单

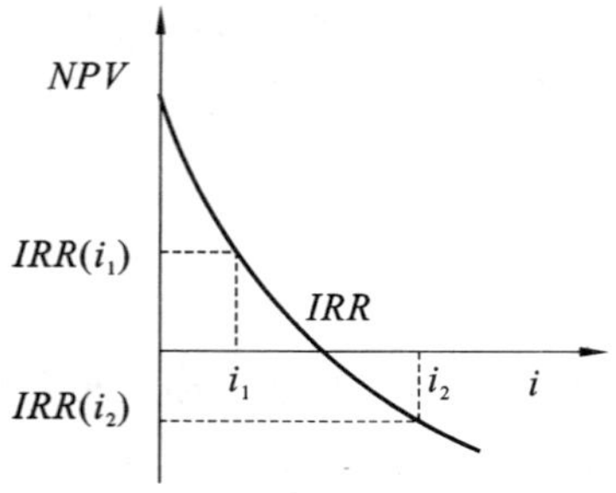

图 4.7　净现值特征线

调递减函数，即随着贴现率 i 的增大，NPV 单调减少，如图 4.7 所示。图 4.7 称为净现值特征线，它反映了净现值与贴现率之间的关系。

图 4.7 中 NPV 曲线与横轴的交点是内部收益率 IRR。显然，在 IRR 点左边的 NPV 均为正数，而在 IRR 点右边的 NPV 均为负数。也就是说，如果 $NPV>0$，IRR 必然大于基准贴现率 i_c；反之，如果 $NPV<0$，IRR 必然小于基准贴现率 i_c。因此，使用这两种判断标准，其结论是一致的。

(2) NPV 和 IRR 评价结果不一致的情形

在评估互斥项目排序时，使用净现值和内部收益率指标进行项目排序，有时会出现排序矛盾。产生这种现象的原因有两个：①项目的投资规模不同；②项目现金流量发生的时间不一致。以下举例说明这种现象。

① 项目投资规模不同的情形。

【例 4.8】　两个投资项目 A 和 B，$i_c=12\%$，其有关资料如表 4.8 所示。试分别用 NPV、IRR 评价标准进行评价。

表 4.8　两个投资项目 A 和 B 的有关资料　（单位：万元）

项目	年份					*IRR*	*NPV*
	0	1	2	3	4		
A	－27000	10000	10000	10000	10000	18%	3473
B	－56000	20000	20000	20000	20000	16%	4746

【解】　A 和 B 两个投资项目的内部收益率均大于 $i_c=12\%$，净现值均大于零，如果可能，两者都应接受。如果两个项目只能选取一个，按内部收益率标准应选择 A 项目，按净现值标准应选择 B 项目，这两种标准的结论是矛盾的。

例 4.8 中按两种标准排序出现矛盾，可进一步考虑项目 A 与 B 的增量现金流量，即 B－A。两个项目的增量现金流量详见表 4.9。

表 4.9　两个投资项目 A 和 B 的增量现金流量　（单位：万元）

项目	年份					*IRR*	*NPV*
	0	1	2	3	4		
B－A	－29000	10000	10000	10000	10000	14%	1373

B－A 相当于在项目 B 的基础上追加投资，其 IRR 为 14%，大于 $i_c=12\%$；其净现值大于零，为 1373 万元。不论按哪种标准，追加投资项目都应接受。因此，在资本无限量的情况下，投资者在接受项目 A 后，还应接受项目 B－A，即选择项目 B[即 A＋(B－A)]。反之，如果 B－A 项目的 $IRR<i_c$，则应放弃 B－A 项目。在考虑追加项目的情况下，净现值与内部收益率所得结论趋于一致。

因此，用内部收益率标准对不同规模投资进行选择时，如果 B－A 项目的 $IRR \geqslant i_c$，则投资规模较大的项目优于投资规模较小的项目；如果 B－A 项目的 $IRR < i_c$，则投资规模较小的项目优于投资规模较大的项目。

② 项目现金流量发生的时间不一致

当两个投资项目的投资额相同，但现金流量发生的时间不一致，也会引起两种评价标准在互斥项目选择上的不一致。

假设有两个投资项目 C 和 D，$i_c = 8\%$，其有关资料详见表 4.10。

表 4.10　两个投资项目 C 和 D 的有关资料　　（单位：万元）

项目	年份				*IRR*	*NPV*
	0	1	2	3		
C	－10000	8000	4000	1000	20%	1631
D	－10000	1000	4500	9700	18%	2484

从表 4.10 可知，根据内部收益率标准，应选择项目 C；而根据净现值标准，则应选择项目 D。造成这一差异的原因是这两个投资项目现金流量的发生时间不同而导致其时间价值不同。项目 C 总的现金流量小于项目 D，但发生的时间早，当投资贴现率较高时，远期现金流量的现值低、影响小，投资收益主要取决于近期现金流量的高低，这时项目 C 具有一定的优势；当投资贴现率较低时，远期现金流量的现值增大，这时项目 D 具有一定的优势。

与上例相同，也可以采用现金流量增量的方法解决这一问题。两个项目的增量现金流量详见表 4.11。

表 4.11　项目 C 和 D 的增量现金流量　　（单位：万元）

项目	年份				*IRR*	*NPV*
	0	1	2	3		
D－C	0	－7000	500	8700	15%	853

从表 4.11 可知，增量现金流量的 $IRR = 15\% > i_c = 8\%$，净现值为 853 万元，因此应接受 D－C 项目。同样，企业应选择项目 D［即 C＋（D－C）］，这样可使投资净现值增加 853 万元。

此外，若一个投资项目的现金流量多次改变符号，现金流入和现金流出是交错型的，即该项目存在多个内部收益率，此时若使用内部收益率指标则明显不合适。如图 4.8 所示，*NPV* 曲线与 i 轴有两个交点，即存在两个内部收益率。此时，很难选择用哪一个 *IRR* 来评价项目。

另外，还存在没有任何实数利率能满足 $NPV = 0$ 的情况，即 *IRR* 无解，这时就无法找到评价投资项目的标准。相比之下，净现值标准采取已知的、确定的资本成本或所要求的最低报酬率作为贴现率，从而避免了这一问题。

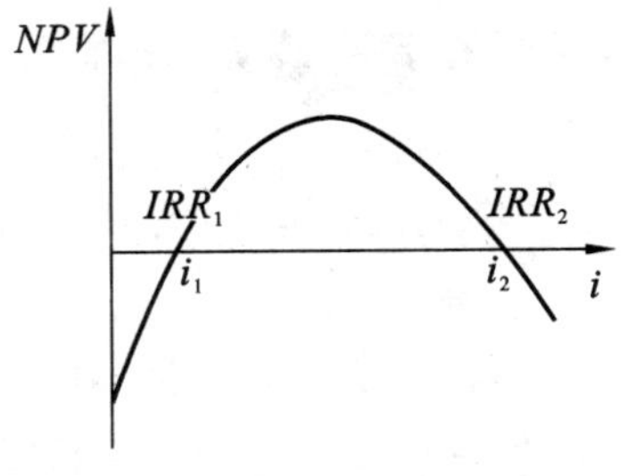

图 4.8　现金流量符号改变两次时的净现值特征线示意图

(3) NPV 与 IRR 排序矛盾的理论分析

NPV 与 IRR 标准产生矛盾的根本原因是这两种标准隐含的再投资利率不同。NPV 假设投资项目在第 t 期流入的现金以资本成本率或投资者要求的收益率进行再投资；IRR 假设再投资利率等于项目本身的 IRR。无论存在投资规模差异还是现金流量的时间差异，企业都将有数量不等的资金进行不等年限的投资，这一点取决于企业到底选择互斥项目中的哪一个。如果选择初始投资较小的项目，那么在 $t=0$ 时，企业将有更多的资金投资到别的方面。同样，对具有相同规模的投资项目来说，具有较多的早期现金流入量的项目就能提供较多的资金再投资于早期年度。因此，项目再投资利率的设定和选择是非常重要的。

假设对各项目产生的现金流入进行再投资(再投资利率为 i)，则项目的 NPV 为：

$$NPV = \sum_{t=0}^{n}\left[\frac{NCF_t}{(1+i)^t} \times \frac{(1+i^*)^{n-t}}{(1+i)^{n-t}}\right] \tag{4.18}$$

这个公式和前面所讲的计算 NPV 的公式的差别就在于此公式存在着$\left[\frac{(1+i^*)^{n-t}}{(1+i)^{n-t}}\right]$这一因子，要使前后两个公式相等，必须使$\left[\frac{(1+i^*)^{n-t}}{(1+i)^{n-t}}\right]=1$。

这一等式表明在 i 和 i^* 之间有一种内在的联系，即 $i=i^*$。换句话说，前述计算 NPV 的公式中包含了这样一种假设：用于项目现金流入再投资的利率 i^* 等于企业资本成本或投资者要求的收益率。

同样，IRR 的计算假设项目产生的现金流量再投资利率就是项目本身的 IRR。

如果 NPV 和 IRR 两个指标采取共同的再投资利率，则排序矛盾就可以消除。

4.4.2 NPV 与 NPVR 比较

NPV 与 NPVR 评价标准之间的关系可表述为：如果 $NPV>0$，则 $NPVR>0$；如果 $NPV=0$，则 $NPVR=0$；如果 $NPV<0$，则 $NPVR<0$。在一般情况下，采用 NPV 和 NPVR 评价投资项目，得出的结论常常是一致的，但在投资规模不同的互斥项目的选择中，则有可能得出相反的结论。如例 4.8 的 A 和 B 两项目，如果按 NPVR 标准评价，则项目 A 优于项目 B；如果按 NPV 标准评价，则项目 B 优于项目 A。在这种情况下同样可考察现金流量增量的 NPVR 方法来进一步分析两个投资项目的可行性。通过计算得到投资现金流量增量 B－A 的 $NPVR>0$，应该接受 B－A 项目。因此，选择项目 B[即 A＋(B－A)]可使企业获得更多的净现值。

阅读材料一　净现值函数

净现值计算式(4.10)可以用下列表达式来表示：

$$NPV=f(NCF,n,i) \tag{4.19}$$

式中，净现金流量 NCF 和计算期 n 由市场因素和技术因素决定。对于某特定的项目，NCF 和 n 可以根据测算确定，则式(4.19)变为：

$$NPV=f(i) \tag{4.20}$$

一般把式(4.19)称之为项目的净现值函数。根据净现值计算式(4.11)可知，对某净现金流量和项目寿命期固定不变的项目，当基准收益率 i_c 上升时，NPV 下降；若 i_c 连续变化时，可得到图 4.9 所示的净现值函数曲线。

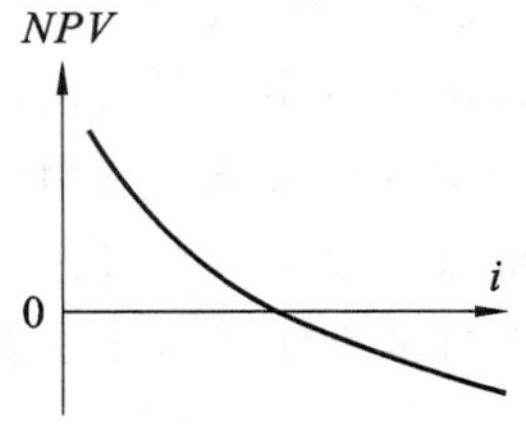

图 4.9　典型的 NPV 函数曲线

根据图 4.9，对任意资金序列，其净现值随 i 的增大而减小，因此，当基准折现率 i_c 增大时，则 NPV 减小甚至变为零或负值，也即可接受方案减少。当 $i=0$ 时，$NPV=\sum NCF$；当 $NPV=0$ 时，$i=IRR$。即净现值函数曲线与纵坐标轴的交点为 $(0,\sum NCF)$，与横坐标轴的交点为 $(IRR,0)$。

对不同投资方案的比选：净现值函数曲线显得更加直观。两个投资方案 A、B 的净现金流量及基准收益率 i_c 分别为 10％和 20％时的净现值如表 4.12 所示。

表 4.12　两个投资方案 A、B 的净现金流量及净现值表　（单位：万元）

方案	年份						NPV(10％)	NPV(20％)
	0	1	2	3	4	5		
A	－230	100	100	100	50	50	83.91	24.81
B	－100	30	30	60	60	60	75.40	33.58

利用净现值法进行投资方案比选：当 $i_c=10\%$，A 方案最优；当 $i_c=20\%$ 时，B 方案最优。不同的基准折现率使得方案的优劣出现相悖的情况，这就是净现值对折现率的敏感问题。通常投资额越大的方案对折现率越敏感。

根据给出的数据可以绘出 A、B 两个投资方案的净现值函数曲线，如图 4.10 所示。由图 4.10 可以判断出如下关系：$10\%<IRR_{A-B}<20\%<IRR_A<IRR_B$；在两条曲线相交点，$i_c=IRR_{A-B}$。当 $i_c<IRR_{A-B}$ 时，应选 A 方案；当 $IRR_{A-B}\leqslant i_c\leqslant IRR_B$ 时，应选 B 方案；当 $i_c>IRR_B$ 时，两个方案均不可行。

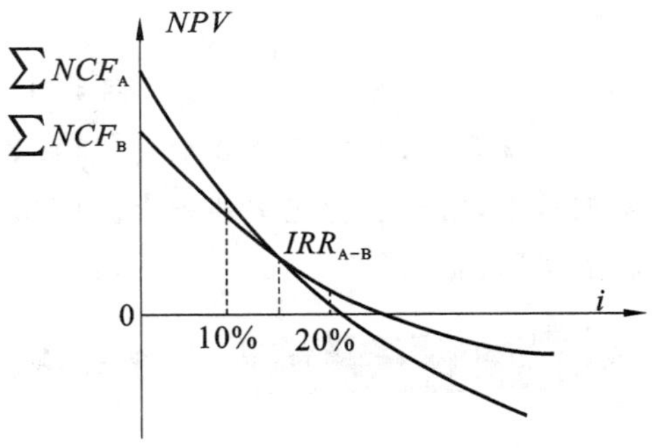

图 4.10　A、B 方案的 NPV 函数曲线

阅读材料二　基准收益率的确定

基准收益率又称标准折现率、基准贴现率、目标收益率、最低期望收益率，是决策者对投资方案资金的时间价值估算的依据，也是工程经济评价中的主要经济参数。影响基准收益率的主要因素有资金费用与投资机会成本 r_1、风险贴现率水平 r_2 和通货膨胀率 r_3 等，其计算公式如下：

$$i_c=(1+r_1)(1+r_2)(1+r_3)-1\approx r_1+r_2+r_3 \tag{4.21}$$

在实际工程中，基准收益率的确定一般以行业的平均收益率为基础，同时综合考虑资金成本、投资风险、通货膨胀以及资金限制等影响因素。

基准收益率定得太高，可能会使许多经济效益好的方案被拒绝；如果定得过低，则可能会使一些经济效益不好的方案被采纳。基准收益率可以在本部门或行业范围内控制资金投向经济效益更好的项目。

基准收益率不同于贷款利率，通常要求基准收益率高于贷款利率。

阅读材料三　内部收益率的经济含义

内部收益率是项目尚未回收的投资余额的年利率。它的大小与项目初始投资和项目在寿命期内各年的净现金流量有关。

在项目的整个寿命期内按利率 $i=IRR$ 计算，始终存在未能收回的投资，而在寿命期结束时，投资恰好被完全收回。例如，某项目的净现金流量如图 4.11(a)所示，其内部收益率 $IRR=10\%$。项目偿付总投资的过程如图 4.11(b)所示，以第 1 年为例进行说明：第 1 年项目偿付能力为 50 万元，其中 10 万元用于偿付初始投资的时间价值，40 万元用于偿付初始投资。

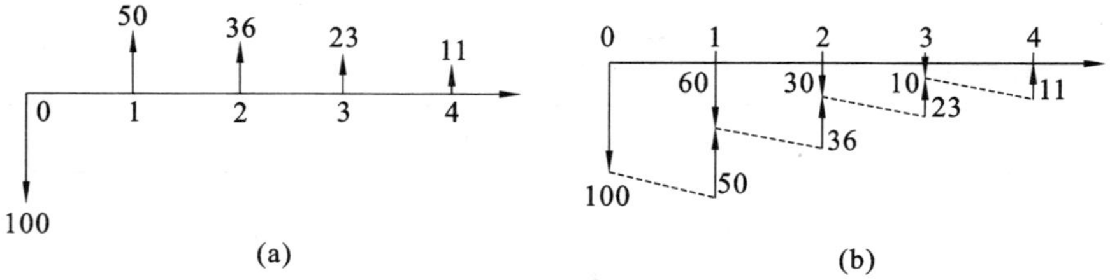

图 4.11　内部收益率的经济含义

也就是说，在项目寿命期内，项目始终处于“偿付”未被收回的投资的状况，直至项目寿命期结束，刚好偿付完全部投资。因此，项目的“偿付”能力完全取决于项目内部，故有“内部收益率”之称谓。

阅读材料四　累计净现金流量和累计折现值曲线

某投资项目累计净现金流量及净现值如表 4.13 所示。

表 4.13　某投资项目累计净现金流量及净现值表　（单位：万元）

年份	0	1	2	3	4	5	6	7	8	9	10
NCF	−1000	−3000	−1000	1500	2500	2500	2500	2500	2500	2500	2500
$\sum NCF$	−1000	−4000	−5000	−3500	−1000	1500	4000	6500	9000	11500	14000
NPV (12%)	−1000	−2679	−797	1068	1589	1419	1267	1131	1010	902	805
$\sum NPV$ (12%)	−1000	−3679	−4476	−3408	−1819	−400	867	1998	3008	3910	4715
$NPV(IRR)$	−1000	−2311	−594	686	881	679	523	403	310	239	184
$\sum NPV(IRR)$	−1000	−3311	−3905	−3219	−2338	−1659	−1136	−733	−423	−184	0

其现金流量图如图 4.12 所示。

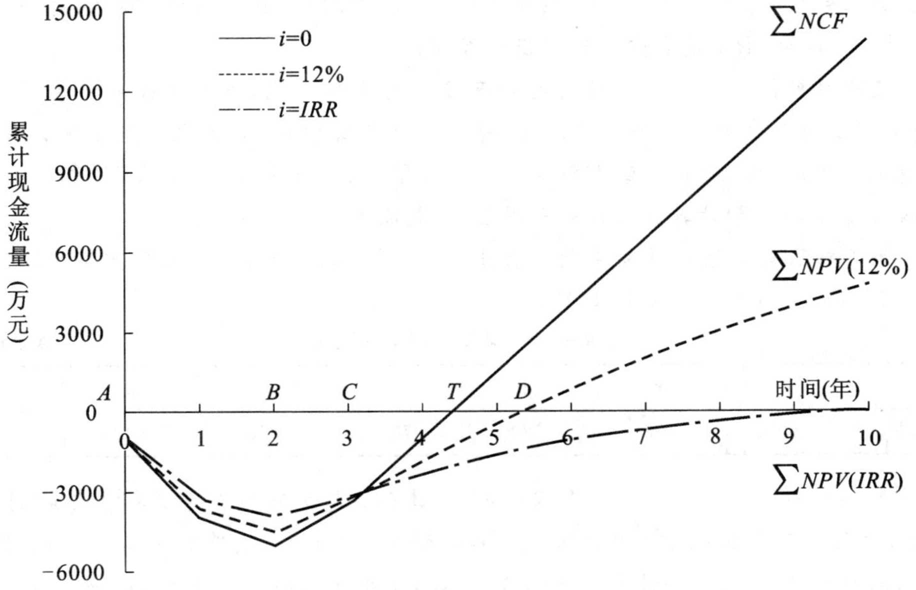

图 4.12　某项目现金流量图

AB—建设期；*BC*—投产期；*T*—静态投资回收期；*D*—动态投资回收期

思考题与习题

1. 列举常见的静态评价指标，其中时间型指标、比率型指标分别有哪几项？

2. 解释资产负债率的含义，根据资产负债率的大小说明其与财务风险的关系。

3. 应该怎样合理选择动态评价方法？

4. “回收期短方案可取，回收期长方案不可取”的说法全面吗？为什么？

5. 净现值为负值时说明企业亏本吗？

6. 投资回收期指标的缺陷有哪些？

7. 什么是内部收益率？在哪种情况下，现金流量的 *IRR* 有唯一确定的解？

8. 在对某项目进行现金流分析时，选定的基准收益率为 10%，经测算，该项目的内部收益率为 12%。若重新设定基准折现率为 13%，则该项目的内部收益率为多少？此时的净现值会有什么变化？

9. 某工程项目各年净现金流量见表 4.14。如果基准折现率为 10%，试计算该项目的静态投资回收期、动态投资回收期。

表 4.14　某项目各年净现金流量表　　（单位：万元）

年份	0	1	2	3	4	5	6
现金流量	−400	80	90	100	100	100	100

10. 某工程总投资 4000 万元，投资后，每年生产支出 600 万元，每年收益额为 1400 万元。产品经济寿命期为 10 年，在第 10 年末，还能回收资金 200 万元，基准折现率为 12%，

求计算期内的净现值、净年值。

11. 某工程投资25000万元，经济寿命期为10年，每年收益3000万元，残值7000万元，$i_c=5\%$，项目的*IRR*是多少？此工程是否可行？

12. 某项目期初（第一年年初）固定资产投资为100万元，投产时投入流动资金20万元，该项目从第3年年初投产并达产运营，每年共需经营费用40万元。若该项目每年可获得销售收入为65万元，项目运营期限为10年，残值为20万元，年利率为10%。(1)做出该项目的现金流量图；(2)计算该项目的净现值，并判断其经济可行性。

13. 某工程项目方案的现金流量如表4.15所示，求：(1)动态投资回收期；(2)净现值；(3)内部收益率。（基本收益率为15%）

表4.15　某项目现金流量表　（单位：万元）

年份	0	1	2	3	4	5	6
现金流量	−2400	460	580	700	750	800	850

14. 某公司投入1000万元对某项目进行建设，建设期为2年，其中形成固定资产800万元，无形资产和其他资产200万元。其融资方案为：投入自有资金700万元，借款300万元。借款利率为8%，半年计息。计划投产后第1年开始还款，3年还清，还款方式为等额本金。项目流动资金为200万元，第3年年初投入。固定资产残值为40万元，无形资产和其他资产不计残值回收，固定资产折旧的计取方式为直线折旧。项目建设期和经营期发生的现金流量情况如表4.16所示。

表4.16　项目建设期和经营期发生的现金流量情况　（单位：万元）

项目	年份							
	0	1	2	3	4	5	6	7
建设投资	800	200						
资本金	500	200						
借款	300							
流动资金			200					
营业收入				500	600	600	600	600
营业税金及附加				51	61	61	61	61
经营成本				100	140	140	140	140

企业所得税率为25%，基准折现率为10%。

(1)试计算净现值和内部收益率，并判断其盈利能力；

(2)试计算利息备付率和偿债备付率，并判断其偿债能力。

答案

5　投资方案的比较与选择

内容提要

多方案的比较和选择是根据实际情况所提出的各个备选方案，通过选择适当的经济评价方法和指标，对各个方案的经济效益进行比较，最终选择出最佳投资方案。

本章在分析方案类型的基础上，介绍了互斥方案、独立方案、混合方案等几种类型的多方案的比较方法。通过本章的学习，要求掌握互斥方案、独立方案和混合方案的比选方法。

5.1　投资方案比选概述

工程经济分析的一个重要方面就是多方案比较和选择。项目方案比较与选择是寻求合理的经济和技术决策的必要手段，也是投资项目评价工作的重要组成部分。一项投资决策大体要经历以下程序：确定拟建项目要达到的目标；根据确定的目标，提出若干个有价值的投资方案；通过方案比选，选出最佳投资方案；最后对最佳投资方案进行评价，以判断其可行程度。投资决策的实质就在于选择最佳方案，使得投资资源得到最优配置，实现投资决策的科学化和民主化，从而取得更好的投资经济效益。

项目方案比选所包含的内容十分广泛，既包括技术水平、建设条件和生产规模等的比选，也包括经济效益和社会效益的比选，同时还包括环境效益的比选。因此，进行投资项目方案比选时，可以按各个投资项目方案的全部因素，进行全面的技术经济对比，也可仅就不同因素，计算比较经济效益，进行局部的对比。

5.1.1　方案的相关性

在一个评价系统之内，参与评价的诸多方案是存在一定相关关系的，这些关系对评价与决策过程的影响极大，应引起决策者的重视。如果一个有确定现金流量模式的项目方案被接受或拒绝，将直接影响到另一个按一定现金流量模式的项目方案被接受或拒绝，这两个方案就是经济相关的。项目方案的经济相关有三种类型：

① 经济互斥性相关。一个方案的接受，将完全排斥其他方案的接受。

② 经济依存性相关。一个方案的接受，将需要其他方案为前提。

③ 经济互补性相关。一个方案的接受，将提高另一个方案的效益或费用。

影响方案相关型的因素：

(1) 资金(资源)的有限性

方案的选择就是要在给定的资源供应量下选择最佳的方案或方案组合。

(2) 技术方案的技术不可分性

一个完整的技术方案作为一项资产，决策时总是完整地被接受或是拒绝，不可能将一个完整的技术方案分成若干个部分来执行和实施。

有些情况下，一个项目由若干个相互关联的子项目组成，如果每个子项目的费用和效益相互独立，那么该项目就具有可分性，每个子项目应被视为一个单独项目。

5.1.2 方案的分类

在进行某项投资决策时，根据项目方案之间的经济关系不同，可将这些方案分为不相关方案和相关方案两大类。

(1) 不相关方案

不相关方案也叫独立方案，是指一组互相独立、互不排斥的方案。在独立方案中，选择某一方案并不排斥选择另一方案。例如，某企业拟进行几项投资活动，这一组投资方案有：扩建某生产车间；购置一辆运输汽车；新建办公楼等。这一组投资方案中各个方案之间没有什么关联、互相独立，并不存在相互比选的问题。企业既可以全部不接受，也可以接受其中一个或多个，或全部接受。

严格地说，在一组独立方案中，仍然存在着比选的问题。对于一组独立方案中的任何一个方案，都存在着“什么也不采用”与“采用”的选择。“什么也不采用”也是一种方案，一般称之为零方案。因此，任何一个独立方案都要与零方案进行比选。对于一组的 N 个独立方案，比选的次数为 N 次 。

(2) 相关方案

相关方案是指若采纳其中某一方案，会影响其他方案的采纳，或会影响其他方案的现金流。

相关方案按其相关关系的不同，又可以分为资金约束下的相关方案、完全互斥方案、从属方案(互补方案)、现金流相关方案、先决方案、不完全互斥方案和混合方案。

① 资金约束下的相关方案。在方案投资中，决策者经常会拥有很多各自独立的方案，但由于资金有限，不能实施其中的全部可行方案，使独立方案之间存在一定的排他性。

② 完全互斥方案是指互相关联、互相排斥的方案，即一组方案中的各个方案彼此可以相互代替，采纳方案组中的某一方案，就会自动排斥这组方案中的其他方案。

③ 从属方案(互补方案)是指在一组方案中，某一方案的接受有助于其他方案的接受，方案之间存在着相互依存的关系。例如，建造一座建筑物(方案 A)和增加一座空调系统(方案 B)，增加空调系统后，使建筑物的功能更完善了，故方案 B 的接受，有助于方案 A 被接受。

④ 现金流相关方案是指在一组方案中，方案之间既不是完全排斥的关系，也不是完全独立的关系，但某一方案的取舍会导致其他方案现金流的变化。

⑤ 先决方案是指在一组方案中，接受某一方案的同时，就要求接受另一方案。例如，兴建一座水库(方案 B)的同时，必须修一条公路(方案 A)，但修一条公路(方案 A)不一定完全是为了兴建水库(方案 B)，此时，修公路的投资方案就是兴建这座水库投资方案的先决方案。

⑥ 不完全互斥方案是指在一组投资方案中，若接受了某一方案之后，其他方案就成为可有可无的方案。

⑦ 混合方案是独立型与互斥型的混合结构，具体来说，是在一定条件(如资金条件)制约下，有若干个相互独立的方案，在这些独立方案中又分别包含着几个互斥型的方案。但由

于资金有限，需要选择能使资金得到充分运用的方案，这时就面临着混合方案的选择问题。

本章主要介绍互斥方案、独立方案、混合方案等几种类型的多方案的比选方法。

5.2 互斥方案的比选

互斥方案是指相互关联、相互排斥的方案。在一组方案中，采用某一方案则完全排斥其他方案。互斥方案的决策分析就是指在两个或两个以上互相排斥的待选方案中选择其中之一的决策分析。

5.2.1 互斥方案的比选原则

如果互斥方案的产出和费用能够利用货币单位统一度量，则可以利用下述原则对方案进行比选：

① 可比性原则。互斥方案必须在功能、产出数量、质量和时间指标上具有可比性。根据方案在时间上是否具有可比性，分为两种情况：a. 各方案的寿命期相等，可以利用直接指标、差额指标和最小费用指标等方法进行方案比选；b. 各方案的寿命期不完全相等，必须采用一定的方法，如净年值法、最小公倍数法、研究期法等对方案的寿命期进行转换，以确保各方案具有相同的比较时间。

② 增量分析原则。对于参与评选的方案，首先，评价各个方案自身的经济效果，判断方案是否可行，排除不可行的方案。其次，对于经济上可行的方案，进行相对效果的检验，即比较分析增量效益是否超过增量费用，从而优选方案。

③ 环比原则，即互斥方案的选择，必须将各方案投资从小到大排序，依次比较，而不是将各个方案和投资最小的方案进行比较。

④ 比较基准原则，即相对于某一给定的基准收益率而言，看一看投资大的方案比投资小的方案所增加的投资是否值得，即衡量差额投资所增加的收益率是否在基准收益率之上。

5.2.2 寿命期相同的互斥方案的比较与选择

对寿命期相等的互斥方案，通常将方案的寿命期设定为共同的分析期，在利用资金等值原理进行经济效果分析时，使各方案满足在时间上的可比性。在对寿命期相等的方案进行比选时，一般采用直接比较法、差额分析法和最小费用法等方法来选择最佳方案。

5.2.2.1 直接比较法

这里，直接比较法是指对方案的绝对或相对经济效益进行计算，并选择最佳方案的方法，常见的有净现值法和费用现值法。

(1) 净现值法(NPV)

净现值法就是通过计算各个备选方案的净现值并比较其大小来判断方案的优劣，是多个方案比选中最常用的一种方法。

净现值法的基本步骤如下：

① 分别计算各个方案的净现值，并用判别准则加以检验，剔除 $NPV<0$ 的方案；

② 对所有 $NPV \geqslant 0$ 的方案比较其净现值；

③ 根据净现值最大准则，选择净现值最大的方案为最佳方案。

【例 5.1】 现有 A、B、C 三个互斥方案，其寿命期均为 10 年，各方案的净现金流量如表 5.1 所示，试用净现值法选择出最佳方案(已知 $i_c = 15\%$)。

表 5.1 投资方案 A、B、C 的净现金流量表 (单位：元)

方案	初始投资	年净收益	寿命(年)
A	10000	2800	10
B	16000	3800	10
C	20000	5000	10

【解】 (1)计算各方案的绝对效果并检验：

方案 A：$NPV_A = -10000 + 2800(P/A, 15\%, 10) = -10000 + 2800 \times 5.0188 = 4052.64$(元)

方案 B：$NPV_B = -16000 + 3800(P/A, 15\%, 10) = -16000 + 3800 \times 5.0188 = 3071.44$(元)

方案 C：$NPV_C = -20000 + 5000(P/A, 15\%, 10) = -20000 + 5000 \times 5.0188 = 5094$(元)

(2) 由于 NPV_A，NPV_B，NPV_C 均大于零，故三个方案均通过了绝对经济效果核验。即三个方案均可行。

(3) 根据净现值最大准则，C 方案净现值最大，故 C 方案为最优方案。

从例 5.1 可以看到，只有通过绝对效果检验的最优方案才是唯一应被接受的方案；对于净现值法而言，可表达为净现值大于或等于零且净现值最大的方案是最优可行的方案。

如果用净年值来评价，则其判别准则是净年值大于或等于零且净年值最大的方案是最优可行的方案。

(2) 费用现值法(PC)

在工程经济中经常会遇到这样一类问题，两个或多个互斥方案其产出的效果相同或基本相同，但却难以进行具体估算。比如一些环保、国防、教育等项目，其所产生的效益无法或者很难用货币直接计量。由于得不到其现金流量情况，也就无法采用诸如净现值法、差额内部收益率法等方法来对此类项目进行经济评价。在这种情况下，只能假定各方案的收益是相等的，对各方案的费用进行比较。

费用现值法实际上是净现值法的一个特例，费用现值的含义是指利用此方法所计算出的净现值只包括费用部分。

由于无法估算各个方案的收益情况，只计算各备选方案的费用现值来进行对比，以费用现值较低的方案为最佳。其表达式为：

$$PC = \sum_{t=0}^{n} CO_t (1 + i_c)^{-t} = \sum_{t=0}^{n} CO(P/F, i_c, t) \tag{5.1}$$

式中 PC——费用现值；

CO_t——第 t 年的现金流出；

i_c——基准收益率；

n——方案寿命期。

5.2.2.2 差额分析法

对不同方案的差额净现金流量进行分析的方法称为差额分析法。差额现金流量是指两个方案在投资、年收益、残值及经营费用等方面的差异量，构成新的现金流量即差额现金流量。对于应用差额分析法评价的互斥方案，应根据不同方案的现金流量之差额，采用差额净现值、差额内部收益率、差额投资回收期等指标进行比选。

当对多个方案进行比较时，各方案除了与“0”方案相比外，各方案之间还应该进行横向的两两比较。N 个互斥方案两两比较的可能性一共有 $N(N-1)/2$ 种。在方案的实际比较中，可以采用环比法减少比较的次数。环比法比选互斥方案的步骤如下：

① 按项目方案的投资额从小到大将方案进行排序；

② 以投资额最低的方案为临时最优方案，计算其绝对经济效果指标并判别方案的可行性；

③ 依次计算各方案的相对经济效果，通过判别找出最优方案。其实质是投资大的方案相对于投资小的方案多投入的资金（即增量投资）能否带来满意的增量收益。如果增量投资能够带来满意的增量收益，则投资大的方案更优；反之，则投资小的方案更优。

(1) 差额净现值法

差额净现值法是利用两个互斥方案相同时点的现金流量之差，计算差额现金流量的净现值指标并进行方案比选。计算公式为：

$$\Delta NPV = \sum_{t=0}^{n} (NB_A - NB_B)_t (1 + i_c)^{-t} \tag{5.2}$$

式中 NB_A，NB_B——方案 A、B 的净现金流量，$NB_A = CI_A - CO_A$，$NB_B = CI_B - CO_B$；

CI——现金流入；

CO——现金流出；

n——两个比较方案的寿命周期；

i_c——基准折现率。

一般用 A 代表投资额大的方案，用 B 代表投资额小的方案。

比选标准：$\Delta NPV \geqslant 0$ 时，投资额大的方案优于投资额小的方案；$\Delta NPV < 0$ 时，投资额小的方案优于投资额大的方案。

ΔNPV 的经济含义是：

① 当 $\Delta NPV = 0$ 时，表明投资额大的方案比投资额小的方案多投入的资金可以通过前者比后者多的净收益回收并恰好取得既定的收益（基准收益率）；

② 当 $\Delta NPV > 0$ 时，表明投资额大的方案比投资额小的方案多投入的资金可以通过前者比后者多的净收益回收并取得超过既定的收益率（基准收益率）的收益，其超额收益的现值为 ΔNPV；

③ 当 $\Delta NPV < 0$ 时，表明投资额大的方案比投资额小的方案多的净收益与多投入的资金相比达不到既定的收益率，甚至不能通过多的收益收回多投入的资金。

在实际工作中，通常直接用 $\max\{NPV_j \geqslant 0\}$ 来选择最优方案。

(2) 差额内部收益率法

差额内部收益率是指两个方案各年净现金流量差额的现值之和等于零时的折现率，或者说，两个方案净现值(或净年值)相等时的折现率，也称为增量内部收益率。差额内部收益率的表达式为：

$$\Delta NPV = \sum_{t=0}^{n} (NB_A - NB_B)_t (1 + \Delta IRR)^{-t} = 0 \tag{5.3}$$

式中 ΔIRR——差额内部收益率；

NB_A，NB_B——方案A、B的净现金流量，$NB_A = CI_A - CO_A$，$NB_B = CI_B - CO_B$；

n——两个比较方案的寿命周期。

一般用A代表投资额大的方案，用B代表投资额小的方案。

其计算与内部收益率的计算方法相同，也采用线性插值法求得。其计算公式为：

$$\Delta IRR = i_1 + (i_2 - i_1) \times \frac{\Delta NPV_1}{\Delta NPV_1 + |\Delta NPV_2|} \tag{5.4}$$

判断准则：当差额内部收益率大于或等于基准收益率或折现率时，则认为投资规模大的方案优于投资规模小的方案，增量投资是有效的；反之，投资规模小的方案优。

ΔIRR 的经济含义是：

① 当 $\Delta IRR = i_c$ 时，表明投资额大的方案比投资额小的方案多投入的资金所取得的收益恰好等于既定的收益(基准收益率)；

② 当 $\Delta IRR > i_c$ 时，表明投资额大的方案比投资额小的方案多投入的资金所取得的收益大于既定的收益；

③ 当 $\Delta IRR < i_c$ 时，表明投资额大的方案比投资额小的方案多投入的资金所取得的收益未能达到既定的收益。

【例5.2】 某投资项目有互斥的备选方案A、B、C，其现金流量如表5.2所示，设 $i_c = 10\%$，试用差额内部收益率指标进行方案选优。

表5.2 各方案的现金流量 (单位：万元)

年份	方案A	方案B	方案C
0	−170	−260	−300
1～10	44	59	68

【解】 由于三个方案的 IRR 均大于 i_c，将它们按投资额大小排列为：A、B、C。先对方案A和B进行比较。根据差额内部收益率的计算公式有：

$-260+170+(59-44)(P/A,\Delta IRR_{B-A},10)=0$，可求出 $\Delta IRR_{B-A}=10.43\% > i_c = 10\%$；

故方案B优于方案A，保留方案B，继续进行比较。

将方案B和方案C进行比较：

$-300+260+(68-59)(P/A,\Delta IRR_{C-B},10)=0$，可以求出 $\Delta IRR_{C-B}=18.68\% > i_c = 10\%$；

故方案C优于方案B。

则最后可得出结论：方案C为最佳方案。

5.2.3 寿命期不同的互斥方案的比较与选择

对于互斥方案，如果其寿命期不同，那么就不能直接采用净现值法等评价方法来对方案进行比选。因为此时寿命期长的方案的净现值与寿命期短的方案的净现值不具有可比性。因此,为了满足时间可比的要求,就需要对各备选方案的计算期和计算公式进行适当的处理,使各个方案在相同的条件下进行比较,才能得出合理的结论。

为满足时间可比条件而进行处理的方法有很多,常用的有年值法、最小公倍数法、研究期法等。

5.2.3.1 年值法

利用年值法进行寿命期不等的互斥方案经济效果评价,使得寿命期不等的互斥方案间具有可比性,成为不同计算期互斥方案评价的最简单方法,尤其是参加比较的方案数目众多时,其优势更为突出。年值法又分为净年值(NAV)法和费用年值(AC)法。

(1)净年值(NAV)法

采用净年值法需要满足的假设条件为:各备选方案在其寿命结束时,均可按原方案重复实施或以与原方案经济效果水平相同的方案接续。

它通过分别计算各备选方案净现金流量的等额年值进行比较,以 $NAV \geqslant 0$ 且最大的方案为最优方案。其表达式为:

$$NAV = \sum_{t=0}^{n} (CI - CO)_t (P/F, i_c, n)(A/P, i_c, n) \tag{5.5}$$

【例 5.3】 试对表 5.3 中三项寿命期不相等的互斥投资方案用净年值法进行比选(基准收益率 $i_c = 15\%$)。

表 5.3 方案 A、B、C 的现金流量表 (单位:万元)

方案	初始投资	年收入	年支出	期末残值	寿命期(年)
A	6000	3000	1000	0	3
B	7000	4000	1000	200	4
C	9000	4500	1500	300	6

【解】 方案 A:

$$NAV_A = -6000(A/P, 15\%, 3) + 3000 - 1000 = -6000 \times 0.4380 + 3000 - 1000$$
$$= -628(万元)$$

方案 B:

$$NAV_B = -7000(A/P, 15\%, 4) + 4000 - 1000 + 200(A/F, 15\%, 4)$$
$$= -7000 \times 0.3503 + 4000 - 1000 + 200 \times 0.2003$$
$$= 587.96(万元)$$

方案 C:

$$NAV_C = -9000(A/P, 15\%, 6) + 4500 - 1500 + 300(A/F, 15\%, 6)$$
$$= -9000 \times 0.2642 + 4500 - 1500 + 300 \times 0.1142$$
$$= 656.46(万元)$$

由于 $NAV_C > NAV_B > NAV_A$,故方案 C 最优,与净现值法结论一致。

(2)费用年值(AC)法

费用年值法是通过计算各备选方案的等额年费用来进行比较,以年费用较低的方案为最佳方案的一种方法。其表达式为：

$$AC = \sum_{t=0}^{n} CO_t(P/F, i_c, n)(A/P, i_c, n) \tag{5.6}$$

式中　AC——费用年值。

5.2.3.2　最小公倍数法

最小公倍数法又称为方案重复法，是以各备选方案寿命期的最小公倍数作为共同的计算期，并假设各个方案均在这样一个共同的计算期内重复进行，对各个方案计算期各年的净现金流量进行重复计算，以重复计算后的累计净现金流量最大者为最优。

例如，有 A、B 两个互斥方案，A 方案计算期为 6 年，B 方案计算期为 8 年，则其共同的计算期即为 24 年（6 和 8 的最小公倍数），然后假设 A 方案将重复实施 4 次，B 方案将重复实施 3 次，分别对其净现金流量进行重复计算，在此共同的计算期内对方案进行比选。

最小公倍数法是基于重复型更新假设理论之上的。重复型更新假设理论包括下面两个方面：

① 在较长时间内，方案可以连续地以同种方案进行重复更新，直到多方案的最小公倍数寿命期或无限寿命期；

② 替代更新方案与原方案现金流量完全相同，延长寿命后的方案现金流量以原方案寿命为周期重复变化。

【例 5.4】 根据例 5.3 的数据，试用最小公倍数法对方案进行比选。

【解】 三个方案的寿命期不等，最小公倍数为 12 年，在此期间 A 方案重复更新 4 次，B 方案重复更新 3 次，C 方案重复更新 2 次，现金流量如图 5.2 所示。

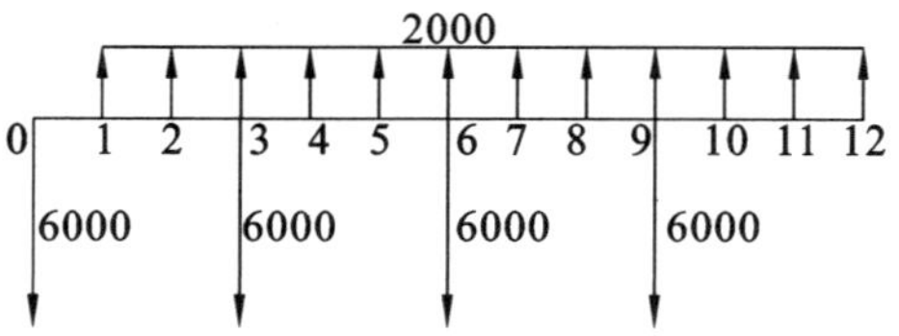

(a)A方案现金流量图

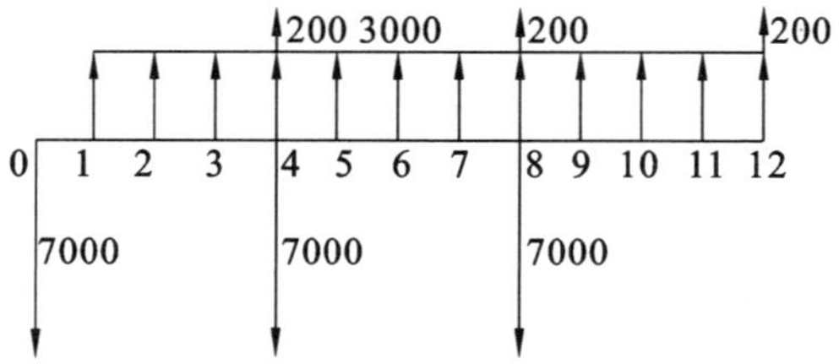

(b)B方案现金流量图

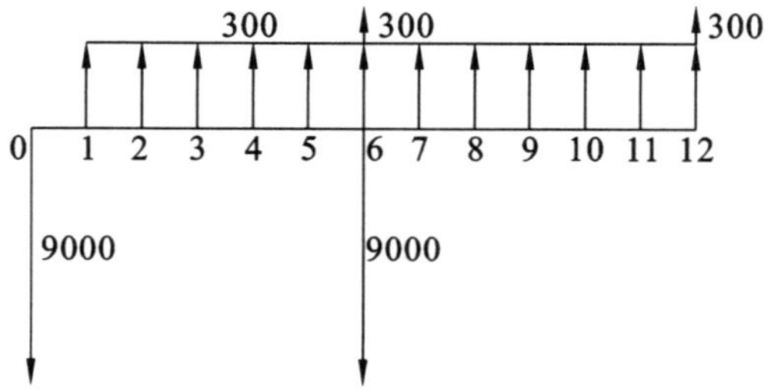

(c)C方案现金流量图

图 5.1　现金流量图（单位：万元）

方案 A：

$$NPV_A = -6000 \times [1 + (P/F, 15\%, 3) + (P/F, 15\%, 6) + (P/F, 15\%, 9)]$$
$$+ (3000 - 1000) \times (P/A, 15\%, 12)$$

$=-6000\times(1+0.6575+0.4323+0.2843)+2000\times5.4206$

$=-3403.4$(万元)

方案 B：

$NPV_B=-7000\times[1+(P/F,15\%,4)+(P/F,15\%,8)]+(4000-1000)\times(P/A,15\%,12)+200\times(P/F,15\%,4)+200\times(P/F,15\%,8)+200\times(P/F,15\%,12)$

$=-7000\times(1+0.5718+0.3269)+3000\times5.4206+200\times0.5718+200\times0.3269+200\times0.1869$

$=3188.02$(万元)

方案 C：

$NPV_C=-9000\times[1+(P/F,15\%,6)]+(4500-1500)\times(P/A,15\%,12)+300\times(P/F,15\%,6)+300\times(P/F,15\%,12)$

$=-9000\times(1+0.4323)+3000\times5.4206+300\times0.4323+300\times0.1869$

$=3556.86$(万元)

由于 $NPV_C>NPV_B>NPV_A$，故选取 C 方案。

5.2.3.3 研究期法

在用最小公倍数法对互斥方案进行比选时，如果诸方案的最小公倍数比较大，则需对计算期较短的方案进行多次重复计算，而这与实际显然不相符合。因为技术在不断地进步，一个完全相同的方案在一个较长的时期内反复实施的可能性不大，因此，用最小公倍数法得出的方案评价结论就不太令人信服，这时可以采用一种称为研究期法的评价方法进行评价。

所谓研究期法，就是针对寿命期不相等的互斥方案，直接选取一个适当的分析期作为各个方案共同的计算期，通过比较各个方案在该研究期内的净现值来对方案进行比选，以净现值最大的方案作为最佳方案。这样不同计算期的方案就转换成了计算期相同的方案。为了得到正确合理的评价结论，应用研究期法的三个前提：①研究期的确定合理；②对于在研究期内提前达到寿命期的方案，合理确定其更替方案及现金流量；③对于在研究期末尚未达到寿命期的方案或更替方案，合理确定其未使用价值(残值)。

研究期的确定要综合考虑各种因素，通常有三种情况：①以寿命最短方案的寿命期为各方案共同的服务年限(研究期)，令寿命长的方案在研究期末保留一定的残值；②以寿命最长方案的寿命期为共同的研究期，令寿命短的方案在寿命终止时，以更替方案更替，在研究期末令更替方案保留一定的残值；③统一规定方案的计划服务年限，在此期限内有的方案可能需要更替，服务期满后，有的方案可能存在残值。

对于在达到共同服务年限之前先达到其寿命期的方案，可以根据技术进步的快慢合理地预测未来的更替方案及其现金流量。一般有两种处理情况：①采用同种固定资产进行更替，即原型更新；②采用可以预测到的其他新型固定资产进行更替，即新型更新。

采用研究期法涉及研究期末方案未使用价值的处理问题，处理的方案有三种：①完全承认未使用价值，即将方案的未使用价值全部折算到研究期末；②完全不承认未使用价值，研究期后的方案未使用价值均忽略不计；③对研究期末的方案未使用价值进行客观地估计，将估计值计在研究期末。

【例 5.5】 设有 A、B 两个互斥方案，其现金流量及寿命期见表 5.4，基准收益率为 10%，以 A 方案的寿命期(4 年)为研究期，针对以下三种情况，分别比较方案的优劣：

(1) 完全承认研究期末未使用价值；

(2) 完全不承认研究期末未使用价值；

(3) 估计研究期末未使用价值(本题假设期末残值为 1500 万元)。

表 5.4 方案 A、B 的现金流量 (单位：万元)

方案	年份			
	0	1～4	5	6
A	−5000	3000	—	—
B	−4000	2000	2000	2000

【解】 (1)完全承认研究期末未使用价值

$NPV_A = -5000 + 3000(P/A, 10\%, 4) = -5000 + 3000 \times 3.1699 = 4509.7$(万元)

$NPV_B = -4000(A/P, 10\%, 6)(P/A, 10\%, 4) + 2000(P/A, 10\%, 4)$

$= -4000 \times 0.2296 \times 3.1699 + 2000 \times 3.1699$

$= 3428.6$(万元)

由于 $NPV_A > NPV_B$，故 A 方案优。

(2) 完全不承认研究期末未使用价值

$NPV_A = -5000 + 3000(P/A, 10\%, 4) = -5000 + 3000 \times 3.1699 = 4509.7$(万元)

$NPV_B = -4000 + 2000(P/A, 10\%, 4) = -4000 + 2000 \times 3.1699 = 2339.8$(万元)

显然，A 方案优。

(3) 估计研究期末未使用价值

$NPV_A = -5000 + 3000(P/A, 10\%, 4) = 4509.7$(万元)

$NPV_B = -4000 + 2000(P/A, 10\%, 4) + 1500(P/F, 10\%, 4)$

$= -4000 + 2000 \times 3.1699 + 1500 \times 0.6830$

$= 3364.3$(万元)

显然，A 方案优。

5.2.4 无限寿命期的互斥方案的比较与选择

通常情况下，项目各备选方案的计算期都是有限的。但是有些项目建成后只要给予适当的维修保养，就可以无限期运行。为了计算方便，我们认为这样的项目寿命期是无限的，例如水坝、运河、桥梁、隧道等项目。由于这种类型项目的经济分析对未来遥远的现金流反应并不敏感，所以对于永久项目的等额年费用可以通过资金化成本来计算。所谓资金化成本，是指在无限长计算期内等额年费用的折现值，用 CW 表示，即

$$CW = A \lim_{n \to \infty} \frac{(1+i_c)^n - 1}{i_c(1+i_c)^n} = \frac{A}{i_c} \tag{5.7}$$

【例 5.6】 某永久工程有两个方案可供选择，方案 A 期初投资 300 万元，每年可获得收益 3 万元，每隔 10 年需大修一次，每次大修费用 15 万元；方案 B 期初投资 250 万元，每年可获得

收益 1.7 万元，每隔 5 年需大修一次，每次大修费用 8 万元，折现率 8%，试进行方案选择。

【解】

方案 A：

$AC_A=300\times8\%-3+15(A/F,8\%,10)=24-3+15\times0.0690=22.04$（万元）

方案 B：

$AC_B=250\times8\%-1.7+8(A/F,8\%,5)=20-1.7+8\times0.1705=19.67$（万元）

由于 $AC_A>AC_B$，故应该选择方案 B。

5.3 独立方案的比选

独立方案是指一组相互独立、互不排斥的方案。在独立方案中，选择某一方案并不排斥选择另一方案。独立方案的决策是指特定投资方案采纳与否的决策，这种决策可以不考虑任何其他方案是否得到采纳或实施。这种投资的收益和成本也不会因为其他方案的采纳或否决而受影响。即方案的取舍只取决于方案本身的经济价值。从财务的角度看，两种独立性投资所引起的现金流量是不相关的。

对于独立方案的决策分析，可运用净现值、内部收益率以及投资回收期等任何一个合理的标准进行分析，决定方案的取舍。只要运用得当，一般能够作出正确的决策。

5.3.1 独立方案的比选原则

通常独立方案的选择有下面两种情况：

① 无资金限制的情况。如果独立方案之间共享的资源足够多，那么其比选的方法与单个项目的检验方法是基本一致的，即只要项目本身的 $NPV\geqslant0$ 或 $IRR\geqslant i_c$，则项目就可采纳并实施。

② 有资金限制的情况。如果独立方案之间共享的资源是有限的，不能满足所有方案的需要，则在这种不超出资源限额的条件下，独立方案的选择有多种方法，其中较为常见的方法有：a. 方案组合法；b. 比率指标排序法（内部收益率排序法）或净现值率排序法。

5.3.2 完全不相关的独立方案的判断

独立方案的采用与否，只取决于方案自身的经济性，因此，多个独立方案与单一方案的评价方法是相同的。

【例 5.7】 三个独立方案 A、B、C 其现金流量如表 5.5 所示，试判断其经济可行性（已知 $i_c=15\%$）。

表 5.5 方案 A、B、C 的现金流量　　（单位：万元）

方案	初始投资	年销售收入	年总成本费用	寿命期(年)
A	5000	2400	1000	10
B	8000	3100	1200	10
C	10000	4000	1500	10

【解】 (1) 利用净现值法判断各独立方案的可行性

$NPV_A=-5000+(2400-1000)(P/A,15\%,10)=-5000+1400\times5.0188=2026.3$(万元)

$NPV_B=-8000+(3100-1200)(P/A,15\%,10)=-8000+1900\times5.0188=1535.7$(万元)

$NPV_C=-10000+(4000-1500)(P/A,15\%,10)=-10000+2500\times5.0188=2547.0$(万元)

由于 $NPV_A>0$、$NPV_B>0$、$NPV_C>0$,故 A、B、C 三个独立方案均可接受。

(2) 利用净年值法判断各独立方案的可行性

$NAV_A=-5000(A/P,15\%,10)+2400-1000=-5000\times0.1993+2400-1000=403.5$(万元)

$NAV_B=-8000(A/P,15\%,10)+3100-1200=-8000\times0.1993+3100-1200=305.6$(万元)

$NAV_C=-10000(A/P,15\%,10)+4000-1500=-10000\times0.1993+4000-1500=507$(万元)

由于 $NAV_A>0$、$NAV_B>0$、$NAV_C>0$,故 A、B、C 三个独立方案均可接受。

(3) 利用内部收益率法判断各独立方案的可行性

令 $NPV_A=-5000+(2400-1000)(P/A,IRR,10)=0$,可得 $IRR_A=25\%$

令 $NPV_B=-8000+(3100-1200)(P/A,IRR,10)=0$,可得 $IRR_B=30\%$

令 $NPV_C=-10000+(4000-1500)(P/A,IRR,10)=0$,可得 $IRR_C=22\%$

由于 IRR_A、IRR_B、IRR_C 均大于 $i_c=15\%$,故 A、B、C 三个独立方案均可接受。

从上例可见,对于独立方案,不论采用净现值、净年值和内部收益率中的哪种评价指标,评价结论都是一样的。

5.3.3 有投资限额的独立方案的选择

有投资限额的独立方案是最常见的独立方案存在方式。其常用的比选方法有:独立方案互斥化法、比率指标排序法(内部收益率排序法)、净现值率排序法等。

5.3.3.1 独立方案互斥化法

所谓独立方案互斥化法,是指在有资金限制的情况下,将相互独立的方案组合成总投资额不超过限额的组合方案,这样各个组合方案之间的关系就变成了互斥关系,那么我们就可利用互斥方案的比选方法(如净现值法等)进行方案比选,从中选出最佳方案。

用独立方案互斥化法进行选择,其步骤如下:①列出不超过总投资限额的所有投资组合方案,这些投资组合方案之间就是互斥关系。②将各投资组合方案按投资额由小到大的顺序排列,分别计算各组合方案之间的净现值,以净现值最大的组合方案为最优方案。

【例 5.8】 有 A、B、C 三个方案,其净现金流量如表 5.6 所示。已知总投资限额为 800 万元,$i_c=10\%$,试作出最佳投资决策。

表 5.6 方案 A、B、C 的净现金流量 (单位:万元)

年份	1	2～10	11
A	−350	62	80
B	−200	39	51
C	−420	76	97

【解】 首先计算三个方案的净现值

$NPV_A = -350\times(P/F,10\%,1)+62\times(P/A,10\%,9)\times(P/F,10\%,1)+80\times(P/F,10\%,11)$
$= -350\times0.9091+62\times5.7590\times0.9091+80\times0.3505$
$= 34.46$(万元)

$NPV_B = -200\times(P/F,10\%,1)+39\times(P/A,10\%,9)\times(P/F,10\%,1)+51\times(P/F,10\%,11)$
$= -200\times0.9091+39\times5.7590\times0.9091+51\times0.3505$
$= 40.24$(万元)

$NPV_C = -420\times(P/F,10\%,1)+76\times(P/A,10\%,9)\times(P/F,10\%,1)+97\times(P/F,10\%,11)$
$= -420\times0.9091+76\times5.7590\times0.9091+97\times0.3505$
$= 50.08$(万元)

然后进行方案组合(互斥化)。在总投资限额为 800 万元的条件下,共有 6 种可行的投资组合,见表 5.7。

表 5.7 方案组合表 (单位:万元)

序号	组合方案	总投资额	净现值
1	B	200	40.24
2	A	350	34.46
3	C	420	50.08
4	A+B	550	74.70
5	B+C	620	90.32
6	A+C	770	84.54

根据互斥方案必选方法,由表 5.7 可知,方案 B、C 组合为最优组合。

当项目个数较少时这种方法简便实用,独立项目数增加时,其组合方案数将成倍增加。因为每个项目都有 2 种可能:选择或拒绝,故 m 个独立项目可以构成 2^m 个互斥组合方案。由此可见,当项目数较大时使用这种方法是相当麻烦的。但是,这种方法可以保证得到已知条件下最优的项目组合。

5.3.3.2 比率指标排序法

比率指标排序法是日本学者千住重雄、伏见多美和中村善太郎开创的双向比率指标排序法,首先根据资源效率指标的大小确定独立项目的优先顺序,然后根据资源约束条件确定最优项目组合,这种方法是对工程经济学的互斥化解法的有效改进。

此独立型投资项目优化组合方法选择了内部收益率指标,其比选规程如图 5.2 所示。

具体解法步骤如下:①计算各投资项目的 IRR,由大到小排序并绘出图形;②标注资金限制条件和基准收益率限值;③选择 $IRR\geqslant i_c$ 且资金约束条件允许的项目组合。

【例 5.9】 某公司现有 6 个互不相关的投资方案,假定各方案的寿命年限很长。其投资额及年净收益见表 5.8。

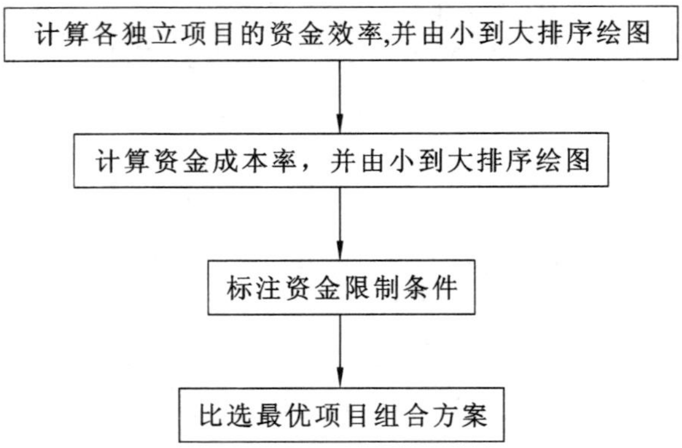

图 5.2　独立型项目综合比选框架图

表 5.8　各方案的投资额及年净收益　　(单位:万元)

方案	A	B	C	D	E	F
初始投资	5	7	4	7.5	9	8.5
年净收益	1.71	2.28	1.5	1.67	2.35	1.59

(1) 若资金预算分别为 25 万元、31 万元、32 万元,基准收益率为 12%,试采用比率指标排序法分别选择方案。

(2) 若基准贴现率随投资额增加而变化,设投资额在 6 万元以内基准收益率为 12%,以后投资额每增加 3 万元,基准收益率将增加 2%,在此种条件下试做出正确选择。

【解】 (1) 先计算所有方案的内部收益率,结果如表 5.9 所示。

表 5.9　内部收益率计算结果

方案	A	B	C	D	E	F
初始投资(万元)	5	7	4	7.5	9	8.5
年净收益(万元)	1.71	2.28	1.5	1.67	2.35	1.59
内部收益率(%)	34.2	32.6	37.5	22.3	26.1	18.7

再将所有方案的内部收益率从高到低排序,结果如图 5.3 所示。

则当 I_{max}＝25 万元时,可依次选项目(C、A、B、E);当 I_{max}＝31 万元时,可依次选项目(C、A、B、E),投资额为 31 万元,剩余 6 万元资金不够项目 D 投资之用,由于项目的不可分割性,D 项目不能被选中,但下一项目 F 可被选中,且投资为 6 万元,资金恰好全部用完,因此,最终的优选项目组合投资方案为(C、A、B、E、F);当 I_{max}＝32 万元时,可依次选项目(C、A、B、E),投资额为 32 万元,剩余 7 万元资金不够项目 D 投资之用,由于项目的不可分割性,D 项目不能被选中,但下一项目 F 可被选中,且投资额为 6 万元,并且有 1 万元的剩余资金,所剩资金应投资于任何能够达到基准收益率的项目,因此,最终的优选项目组合投资方案为(C、A、B、E、F)。

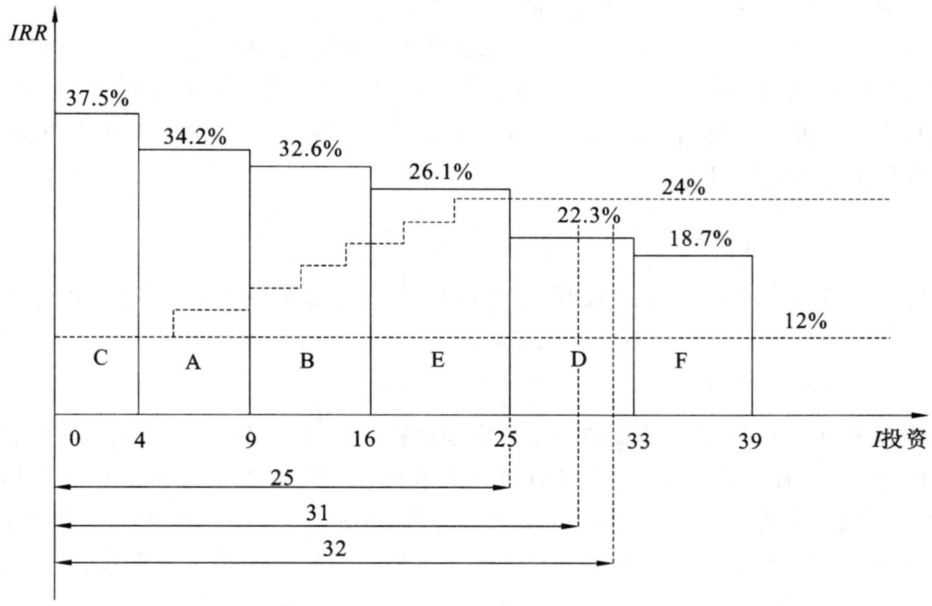

图 5.3 项目优劣顺序

(2) 如图 5.3 所示，根据基准贴现率随投资额的变化规律，当投资额为 25 万元时，基准贴现率将增加为：$i=12\%+(25-6)\div3\times2\%=24.67\%$，此时 $IRR_E>i$，所以，E 方案可行。而 $IRR_D<i$，所以 D 方案不可行。综上所述，在没有资金约束的情况下，应选择(C、A、B、E)组合方案。

5.4 其他多方案经济评价

5.4.1 混合方案的比选

混合方案是上述互斥方案与独立方案的混合结构，具体来说，是在一定条件(如资金条件)制约下，有若干个相互独立的方案，在这些独立方案中又分别包含着几个互斥型的方案。例如，某公司欲开发几个项目，而每个项目分别有几个方案，如 A 项目、B 项目、C 项目等互斥方案。由于资金有限，需要选择能使资金得到充分运用的方案，这时就面临混合方案的选择问题。

混合方案的选择和独立型方案的选择一样，可以分为资金无限制和资金有限制两类。如果资金无限制，只要从各独立项目中选择互斥型方案中净现值(净年值)最大且不小于零的方案加以组合即可。当资金有限制时，选择方法比较复杂，主要有混合型项目方案群的互斥化方法、净现值排序法。

5.4.1.1 混合型项目方案群的互斥化方法

此处所说的混合方案是指在一组独立的多方案中，每一个独立方案下又有若干个互斥方案的情形。例如：A、B 两个方案是相互独立的，A 方案下有三个互斥方案 A_1、A_2、A_3，B

方案下有两个互斥方案 B_1、B_2，如何选择最佳方案呢？

这种类型的混合方案采用的基本方法和过程与有资金限制的独立方案的选择方法相同，不同的是方案组合的构成上，其组合方案的数目也比独立方案的组合方案数目少。如果 m 代表相互独立的方案数，n_j 代表第 j 个独立方案下的互斥方案数，则这一组合方案可以组合成互斥的组合方案数目为：

$$N=\prod_{j=1}^{m}(n_j+1)=(n_1+1)(n_2+1)(n_3+1)\cdots(n_m+1)$$

所有组合方案形成互斥关系，按互斥方案的比较方法确定最优组合方案，最优组合方案中被组合的方案即为该混合方案的最佳方案。

5.4.1.2　净现值排序法

所谓净现值排序法，是在计算各方案的净现值指标基础上，找出在资金限制条件下的较优互斥组合，从中选择最优者。在此计算过程中用到基础方案，基础方案即不投资方案。

【例 5.10】 某集团有下属的 A、B、C 三个分厂，提出了表 5.10 所示的技术改造方案。各分厂之间相互独立，而各分厂内部的技术改造方案是互斥的。若各方案的寿命均为 10 年（不考虑建设期），基准收益率为 10%。试问：当企业的投资额在 6000 万元以内时，从整个企业的角度出发，最有利的选择是什么？若资金限额增加 1500 万元或减少 1500 万元时，又该怎样选择？

表 5.10　A、B、C 各分厂技术改造方案　　（单位：万元）

分厂	投资方案	期初投资（I_j）	年净收益（R_j）	净现值 NPV_j
A	A_1	1000	200	67.0
	A_2	2000	600	1201.0
B	B_1	2000	450	400.8
	B_2	3000	700	734.5
	B_3	4000	900	801.5
C	C_1	1500	250	−1663
	C_2	2500	550	434.3
	C_3	3000	800	1268.0
	C_4	4000	950	1068.3

【解】 (1) 计算各分厂互斥方案的净现值并进行排序，剔除不合格方案（即 $NPV<0$ 的方案）。

$$NPV_j=-I_j+R_j(P/A,10\%,10)\text{（}j\text{ 表示各技术改造方案）}$$

计算结果见表 5.10，其中 C_1 方案的净现值小于 0，应予以剔除。

(2) 选择最优方案（设组内 A_0、B_0、C_0 为基础方案）。

若资金限额为 4500 万元，则较优互斥组合方案及各组合方案的净现值和累计投资见表 5.11。

表 5.11 各互斥组合方案计算结果(一) (单位:万元)

项目组合	累计投资	累计净现值
A_2, B_1, C_0	4000	1601.8
A_2, B_0, C_2	4500	1635.3
A_0, B_1, C_2	4500	835.1
A_1, B_0, C_3	4000	1335.0

结果表明,组合 A_2、B_0、C_2 为最优组合。

若资金限额为 6000 万元,则较优互斥组合方案及各组合方案的净现值和累计投资见表 5.12。

表 5.12 各互斥组合方案计算结果(二) (单位:万元)

项目组合	累计投资	累计净现值
A_2, B_3, C_0	6000	2002.5
A_2, B_0, C_3	5000	2469.0
A_0, B_2, C_3	6000	2002.5

结果表明,组合 A_2、B_0、C_3 为最优组合。

若资金限额为 7500 万元,则较优互斥组合方案只有一个,其组合方案的净现值和累计投资见表 5.13。

表 5.13 各互斥组合方案计算结果(三) (单位:万元)

项目组合	累计投资	累计净现值
A_2, B_1, C_3	7000	2869.8

结果表明,组合 A_2、B_1、C_3 为最优组合。

5.4.2 互补型方案经济评价

经济上互补而又对称的方案可以结合在一起作为一个"综合体"来考虑;经济上互补而又不对称的方案(如建筑物 A 和空调 B),则可以把问题转化为对有空调的建筑物 C 和没有空调的建筑物 D 这两个互斥方案的经济比较。

5.4.3 现金流相关型方案经济评价

对现金流相关型方案,不能简单地按照独立方案或互斥方案的评价方法来分析,而应当先确定方案之间的相关性,对其现金流量之间的相互影响做出准确的估计;再根据方案之间的关系,把方案组合成互斥的组合方案;最后按照互斥方案的评价方法对组合方案进行比选。

思考题与习题

1. 多个方案组合的类型有哪些？完全独立方案具备的条件有哪些？

2. 什么是混合方案？列出具体实例。

3. 什么情况下用互斥化法？并分别列出其计算步骤。

4. 三个互斥型方案的初始投资和年净收益如表5.14所示，各方案寿命期均为5年，折现率为10%，请用净现值法选择最优方案。

表5.14 互斥方案的初始投资和年净收益 （单位：万元）

方案	初始投资	年净收益
A	－130	40
B	－150	50
C	－100	35

5. 某公司拟采购一套设备，有甲、乙两种型号可供选择，其投资及收益的现金流如表5.15所示，若基准收益率为10%，分别用最小公倍数法、年值法选择出一台经济上有利的设备。

表5.15 投资方案的现金流量表 （单位：万元）

方案	投资	每年收益	寿命期(年)
甲	6	4.8	2
乙	15	7	3

6. 有三个互斥方案，寿命期均为10年，$i_c=10\%$，各方案的初始投资和年净收益见表5.16。试分别用净现值法、净年值法、差额净现值法及差额内部收益率法选择最优方案。

表5.16 投资方案的初始投资和年净收益 （单位：万元）

方案	A	B	C
初始投资	49	60	70
年净收益	10	12	13

7. 有三个独立方案，甲、乙和丙，寿命期都为10年，现金流量如表5.17所示。基准收益率为10%，投资资金限制为7000万元，试选出最佳组合方案。

表5.17 各方案的投资及净收益表 （单位：万元）

建设方案	初始投资	年净收益
甲	2600	500
乙	3300	620
丙	3600	780

8. A、B两种设备生产同样的产品，但投资不同，设备的生产能力及经营成本也不同，已知基准贴现率为15%，试利用表5.18的资料，采用现值法和年值法选择方案（采用重复更新假设）。

表5.18　各方案的现金流量表　　（单位：万元）

方案	初始投资	年收入	年经营成本	净残值	项目计算期(年)
A	20000	150000	138000	2000	10
B	25000	180000	170000	0	8

9. 某公司在暑假期间拟雇用临时工以增加利润，每位临时工工资为1800元/月，雇用不同人数的临时工给公司带来的利润数据如表5.19所示。该公司应雇用几位临时工？

表5.19　雇用人数与增加利润的关系

方案	人数	增加利润(元/月)
A_1	1	6000
A_2	2	8500
A_3	3	10000

10. 某公司在生产旺季因某种设备不足而影响生产，拟租入几台该种设备。经测算，租入该种设备的数量与其引起的收益增加额关系如表5.20所示，每台设备的月租金为3600元，公司的月基准收益率为4%，应租入多少台设备？

表5.20　租入设备数与收入和支出的关系表

设备租入数量(台)	1	2	3
增加收入(元/月)	5960	11280	16300
增加运营费用(元/月)	2000	3500	4800

11. 某项目有三个投资方案，计算期为5年，其现金流如表5.21所示，设最低基准收益率为10%，根据下列条件选择方案。

表5.21　各方案投资与年净收入情况　　（单位：万元）

方案	投资	年净现金流	残值
A	6.5	1.8	1.2
B	5.8	1.5	1
C	9.3	2.3	1.5

问题：

(1)若三个方案是独立方案，且没有资金限制，试判断各方案的可行性。

(2)若三个方案是独立方案，资金限制是16万元，试选择最佳方案组合。

(3)若三个方案是互斥方案，用差额净现值法和差额内部收益率法选择最佳方案。

答案

6 投资项目可行性研究

内容提要

可行性研究是通过对项目的主要内容和配套条件，如市场需求、资源供应、建设规模、工艺路线、设备选型、环境影响、资金筹措、盈利能力等，从技术、经济、工程等方面进行调查研究和分析比较，并对项目建成以后可能取得的经济效益及对社会环境影响进行预测，提出该项目是否值得投资和如何进行建设的咨询意见，从而为项目决策提供依据的一种综合性的系统分析方法。

本章要求掌握可行性研究的意义、内容和方法。

6.1 项目与投资项目

项目是一个特殊的将被完成的有限任务。它是在一定时间内，满足一系列特定指标的多项相关工作的总称。项目是一项有待完成的任务，有特定的环境与要求。它有一定的组织机构，利用有限资源，在规定的时间内完成任务。其任务要满足一定性能、质量、数量、技术指标等要求。

投资是指经济主体（包括法人和自然人）为未来获得收益而于现在投入生产要素（资金或资本），以形成资产的一种经济活动。投资是由投资主体、投资目标、投资要素、投资形式、投资领域、投资行为、投入与产出关系等因素按照一定规律和方式有机结合而成的一个大的系统。投资有三大特征：收益性、风险性和长期性。

投资项目是指投入一定资金以获取预期效益的一整套投资活动，是在规定期限内为完成某项开发指标而规划投资，实施政策措施，组建机构，以及包括其他活动在内的独立的整体。一个投资项目一般包括以下因素或其中的几个因素：

① 具有能用于土建工程和（或）机器设备及其安装等投资的资金；

② 具备提供有关工程设计、技术方案、实施施工监督、改进操作和维修等服务的能力；

③ 拥有一个按集中统一原则组织起来的，能协调各方面关系，促进各类要素合理配置，高效、精干的组织机构；

④ 改进与项目有关的价格、补贴、税收和成本回收等方面的政策，使项目能与所属部门和整个国民经济的发展目标协调一致，并提高项目自身的经济效益；

⑤ 拟订明确的项目目标以及项目的具体实施计划。

本书的投资项目主要是指用固定投资兴建的工程建设项目（包括新建项目与更新改造项目），它必须按照规划、决策、设计、施工、投产、经营等一系列规范程序，在规定的建设工期、投资预算、质量标准的条件下，以形成固定资产为明确目标。

作为投资者，都希望以最少的投入获得最大的产出（效益）。因此，就必须对投资项目进行科学的项目评估和投资决策，以正确选择和确定投资方案。

6.2 项目周期与投资决策程序

6.2.1 项目周期

项目周期是指一个投资项目从提出设想开始，通过立项、决策、开发、建设、施工等活动，直至项目竣工投产为止，所进行的生产活动和总结评价的全过程。项目周期的过程从投资的角度可以分为三个时期，即投资前期、投资时期和生产时期。图 6.1 表明了项目建设全过程中各个时期开展的工作及其相互关系。

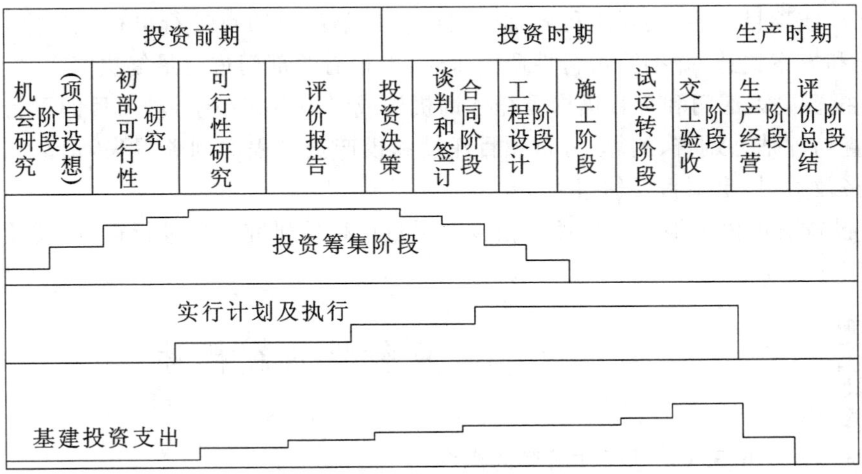

图 6.1 项目进展周期示意图(一)

一个完整的投资项目周期从项目开始规划到项目完成，一般需要经过七个工作阶段(图 6.2)，即项目设想阶段、项目选定阶段、项目准备阶段、项目评估与决策阶段、项目实施阶段、项目投产与经营阶段和项目评价与总结阶段。这些阶段相互联系并遵循一定的逻辑程序不断渐进，各阶段的工作都是相互衔接、相互制约的，上一阶段工作是下一阶段工作的基础和先导，下一阶段工作又是上一阶段工作的延续和发展，一个项目的结束，又会促使一个新项目的开始。

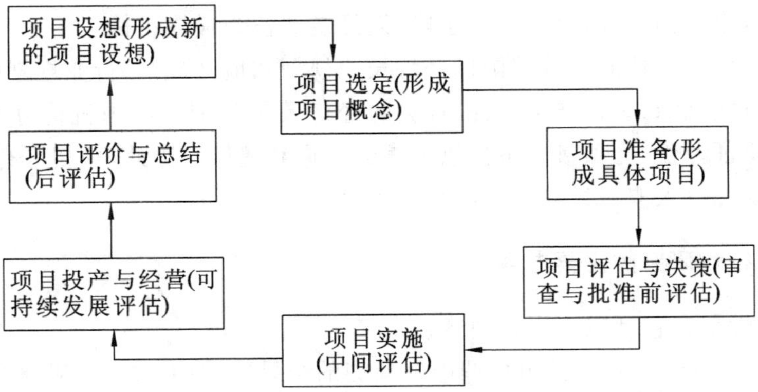

图 6.2 项目进展周期示意图(二)

6.2.2 项目投资决策程序

项目投资决策是指在可行性研究与项目评估的基础上对所投资项目的一些根本性问题进行的判断和决定。我国项目投资决策程序是在总结我国项目论证评价实践经验的基础上，借鉴国外成功经验形成的，其基本程序主要包括以下四个步骤：

① 由项目主管部门或建设单位依据国民经济和社会发展长远规划，结合行业和地区规划要求、项目所在地资源条件与生产力布局状况，经过对项目建设必要性和建设可行性的初步分析，提出项目建议书，上报有关部门对项目进行初步决策。

② 项目建议书经过批准后，即为项目立项，纳入投资前期工作计划和贷款计划。由项目建设单位（或项目业主）委托工程咨询公司或设计单位对项目进行可行性研究，进行全面分析、论证和方案比选，并编写可行性研究报告，上报有关部门进行最终决策。

③ 由投资决策部门和贷款机构委托咨询机构或组织专家小组，对项目的可行性研究报告进行审查与评估。调查、测算、分析项目建设和投产全过程的利弊得失，论证和估算项目的社会经济效益，提出项目评估报告。

④ 由投资决策机关根据项目评估报告对项目可行性研究报告进行审批，就项目投资做出最终决策。

6.3 可行性研究概述

可行性研究

6.3.1 可行性研究的概念

可行性研究是通过对项目的主要内容和配套条件，如市场需求、资源供应、建设规模、工艺路线、设备选型、环境影响、资金筹措、盈利能力等，从技术、经济、工程等方面进行调查研究和分析比较，并对项目建成以后可能取得的经济效益及社会环境影响进行预测，提出该项目是否值得投资和如何进行建设的咨询意见，从而为项目决策提供依据的一种综合性的系统分析方法。

项目可行性研究是从市场上、技术上、经济上论证建设项目可行性的综合文件，是预测项目的经济效益及生命力、筹措资金、开展设计、进行谈判和签订各种合同、进行施工准备的重要依据。它以市场为前提，以技术为手段，以经济效益为最终目标。

可行性研究的主要任务是按照国民经济长期规划和地区规划、行业规划的要求，对拟建项目进行投资方案规划、工程技术论证、社会与经济效果预测和组织机构分析，经过多方面的计算、分析、论证评价，为项目决策提供可靠的依据和建议。因此，项目可行性研究是保证建设项目以最少的投入取得最佳产出的科学手段。

6.3.2 可行性研究的主要内容

通常，可行性研究包括以下主要内容：

① 投资的必要性：主要根据市场调查及预测的结果，以及有关的产业政策等因素，论证项目投资建设的必要性。

② 技术的可行性：主要从项目实施的技术角度去合理设计技术方案，并进行比选和评价。

③ 财务的可行性：主要从项目及投资者的角度，设计合理的财务方案，从企业理财的角度进行资本预算，评价项目的财务盈利能力，进行投资决策，并从融资主体（企业）的角度评价股东投资收益、现金流量计划及债务清偿能力。

④ 组织的可行性：制订合理的项目实施进度计划、设置合理的组织机构、选择经验丰富的管理人员、建立良好的协作关系、制订合适的培训计划等，保证项目顺利执行。

⑤ 经济的可行性：主要是从资源配置的角度衡量项目的价值，评价项目在实现区域经济发展目标、有效配置经济资源、增加供应、创造就业、改善环境、提高人民生活等方面的效益。

⑥ 社会的可行性：主要分析项目对社会（包括政治体制、方针政策、经济结构、法律、道德、宗教、妇女、儿童及社会稳定性等）的影响。

⑦ 风险因素及对策：主要是对项目的市场风险、技术风险、财务风险、组织风险、法律风险、经济及社会风险等因素进行评价，制定规避风险的对策，为项目全过程的风险管理提供依据。

6.3.3 可行性研究的作用

可行性研究的主要作用有：是确定建设项目的依据；是编制项目初步设计（设计任务书）的依据；是向银行申请贷款的依据；是项目与协作单位签订合同的依据；是申请建设执照的依据；为下阶段开展有关地形、工程地质、水文等勘察工作和加强工业性实验指出努力方向；是施工组织、工程进度安排及竣工验收的依据；是项目采用新技术、新设备的依据；为投资企业上市提供依据；为编制国民经济计划提供依据；可作为项目后评价的依据；保证投资决策的科学性、合理性；保证投资方案的优化；保证项目投资的有序性等。

6.3.4 可行性研究的要求

为给拟建设项目提供可靠的决策依据，可行性研究一般要求：

① 必须站在客观公正的立场上进行调查研究，做好基础资料的收集工作。

② 保证咨询设计单位有足够的工作周期。

③ 要重视不确定性因素的分析研究。

④ 可行性报告的内容深度必须达到国家规定的标准，基本内容要完整，避免粗制滥造、搞形式主义。在做法上，掌握以下四个要点：先论证后决策；处理好项目建议书、可行性研究、评估这三个阶段的关系，哪个阶段发现不可行都应当停止研究；要将调查研究贯彻始终；多方案比较，择优选取。

6.3.5 可行性研究阶段的划分

在联合国工业发展组织（UNIDO）1978 年编写的《工业项目可行性研究手册》中，把投资前期的可行性研究工作分为四个阶段，即机会研究、初步可行性研究、可行性研究和项目评估决策（表 6.1）。

表 6.1 可行性研究阶段的划分

研究阶段	工作内容	要解决的问题	估算精度	研究费用占总投资的比例	需要时间（月）
机会研究	对若干个可能的投资机会进行鉴别和筛选，提出投资方向的建议	1. 社会是否需要； 2. 有没有开展项目的基本条件	±30%	0.2%～1%	1～3
初步可行性研究	进行市场分析和初步技术经济评价，确定是否进行更深入的研究	1. 确定是否进行详细的可行性研究； 2. 需要进行辅助性专题研究的关键问题	±20%	0.25%～1.25%	4～6
可行性研究	进行更为细致的分析，减少项目的不确定性，对可能出现的风险制定防范措施	1. 提出建设方案； 2. 效益分析和最终方案的选择； 3. 确定项目投资的最终可行性和选择依据标准	±10%	投资大 0.2%～1% 投资小 1%～3%	8～12
项目评估决策	综合分析各种效益，对可行性研究报告进行全面审核和评估	1. 分析判断可行性研究的可靠性和真实性； 2. 决定项目取舍和选择最佳投资方案	±10%	—	—

由于建设前期的各个研究阶段的研究工作内容和要解决的问题不同，因而其工作时间和费用也各不相同。通常因为各阶段的研究内容是由浅入深的，因此，项目投资和成本估算的精度要求也由粗到细，研究工作量由小到大，研究工作时间和费用也随之逐渐增加。

(1) 投资机会研究

投资机会研究（Opportunity Study）也称投资机会鉴别，是进行可行性研究之前的准备性调查研究，也是为寻求有价值的投资机会而对项目的有关背景、投资条件、市场状况等所进行的初步调查研究和分析预测。机会研究的方法主要是依靠经验进行粗略的预测估计，一般可不进行详细的分析计算。

投资机会研究包括一般机会研究和特定项目机会研究。一般机会研究又分为地区机会研究（寻找某一特定区域内的投资机会）、部门机会研究（寻找某一特定产业部门的投资机会）和资源开发机会研究（即以资源开发和加工为目的的投资机会研究）三类。

机会研究一般与规划研究同步进行，以机会研究结果为基础，可以设立备选项目库，进行项目储备，供今后制订投资计划和开展投资项目可行性研究之用。在工程咨询市场发育比较完善的情况下，机会研究是咨询工程师为业主提供咨询服务的重要业务领域。投资机会研究的主要内容包括：

① 分析投资动机；

② 鉴别投资机会；

③ 论证投资方向；

④ 具体项目机会论证。

通过机会研究，将项目从设想转变为概略的项目投资建议。投资者从几个有投资机会的项目中做出决策，并编制项目建议书。

(2) 初步可行性研究

项目建议书经国家有关部门审定同意后，对于投资规模较大、工艺技术较复杂的大中型骨干建设项目，在开展全面研究工作之前，往往需要先进行初步可行性研究(Pre-feasibility Study)，进一步判明建设项目的生命力。初步可行性研究也称预可行性研究，是在机会研究的基础上，对项目方案进行初步的技术、财务、经济、环境和社会影响评价，对项目是否可行做出初步判断。其研究的主要目的是判断项目是否有生命力，是否值得投入更多的人力和资金进行可行性研究，并据此做出是否进行投资的初步决定。这一阶段的主要工作内容是：

① 分析投资机会研究的结论，并在现有详细资料的基础上做出初步投资估价；

② 确定对某些关键性问题进行专题辅助研究；

③ 鉴定项目的选择依据和标准，确定项目的初步可行性。

初步可行性研究是介于机会研究和可行性研究之间的中间阶段，其研究内容和结构与可行性研究的内容和结构基本相同，主要区别在于所获资料的详尽程度不同、研究的深度不同等。这一阶段对建设投资和生产成本的估算一般采用指标估算法。

(3) 可行性研究

可行性研究(Feasibility Study)也叫详细可行性研究，它的基本任务是对新建或改建项目的主要问题，从技术经济角度进行全面的分析研究，并对其投产后的经济效果进行预测，在既定的范围内进行方案论证的选择，以便最合理地利用资源，达到预定的社会效益和经济效益。可行性研究是决定项目性质的阶段，是项目决策研究的关键环节，该阶段为下一步的工程设计提供基础资料和设计依据。因此，这个阶段是详细深入的技术经济分析的论证阶段，其主要目标是：

① 深入研究有关产品方案、生产流程、资源供应、场址选择、工艺技术、设备选型、工程实施进度计划、资金筹措计划，以及组织管理机构和定员等各种可能选择的技术方案，进行全面深入的技术经济分析和比较选择工作，并推荐一个可行的投资建设方案。

② 着重对投资总体建设方案进行企业财务效益、国民经济效益和社会效益的分析和评价，对投资方案进行多方案比较和选择，确定一个能使项目投资费用和生产成本降到最低限度，以取得最佳经济效益和社会效益的建设方案。

③ 确定项目投资的最终可行性和选择依据标准。

(4) 项目评估决策

项目评估(Project Evaluation)是在可行性研究的基础上，根据有关法律、法规、政策、方法和参数，由贷款银行或有关责任机构对拟投资建设项目的规划方案所进行的全面技术经济论证和再评估，其目的是判断项目方案的可行性或比较不同投资方案的优劣。项目评估决策应在可行性研究报告的基础上进行，其主要内容包括：

① 审核可行性研究报告中反映的各项情况是否属实；

② 分析项目可行性研究中各项指标是否正确，包括各种参数、基础数据、定额费率的选择等；

③ 从企业、国家和社会等方面综合分析和判断工程项目的经济效益和社会效益；

④ 分析和判断项目可行性研究的可靠性、真实性和客观性，对项目做出最终的投资决策；

⑤ 写出项目的评估报告。

思考题与习题

1. 什么是可行性研究？可行性研究的作用是什么？
2. 简述投资项目可行性研究的步骤。
3. 简述投资决策程序。

答案

7 投资估算与融资

内容提要

资金是项目建设和生产必不可少的资源。投资估算与融资就是审查项目的筹资渠道是否畅通，资金结构是否合理，资金成本是否符合项目管理标准，并对项目所需资金的规模、结构进行评价和估算。

本章要求学生了解：项目总投资构成与投资估算、固定资产投资总额的估算与评估、流动资金的估算与评估、资金构成与资金成本分析。

通过学习本章，要求明确投资总额的估算方法；明确资金成本的概念及其构成；掌握各种筹资方式的资金成本计算。

7.1 工程项目的投资估算

建设项目投资的估算包括固定资产投资估算和流动资金估算两大部分内容。固定资产投资可分为动态投资部分（由涨价预备费、建设期利息和固定资产投资方向调节税等构成）和静态投资部分，因此，可以按投资的动态部分和静态部分分别进行投资估算，再与所估算的流动资金相加得到新建项目的投资额。

7.1.1 项目总投资的构成及估算

(1) 项目总投资的构成及形成的资产

项目总投资是指投资项目从前期准备工作开始到项目全部建成投产为止所发生的全部投资费用。根据我国现行的资金管理体制和项目的概预算编制办法的有关规定，建设项目总投资应包括建筑工程费用、设备购置费用、安装工程费用、工程建设其他费用、预备费用、建设期利息和流动资金（图 7.1）。其中，前七项费用形成固定资产投资总额，因此，建设项目总投资是由固定资产投资总额和大部分流动资金组成。

根据资本保全原则和企业资产划分的有关规定，投资项目在建成交付使用时，项目投入的全部资金分别形成固定资产、无形资产、递延资产和流动资产。项目总投资组成及形成如图 7.1 所示。

固定资产是指使用年限超过 1 年，单位价值在规定标准以上，在使用过程中保持其原有物质形态不变的资产。固定资产主要包括房屋及建筑物、机器设备、运输设备、生产工具等。

无形资产是指企业能长期使用而没有实物形态的非货币化资产，包括专利权、商标权、专有技术、著作权、土地使用权、商誉等。

递延资产指不能全部计入当年损益，应当在以后各年度内分期摊销的各项费用，包括项目开办费、租入固定资产的改良支出等。

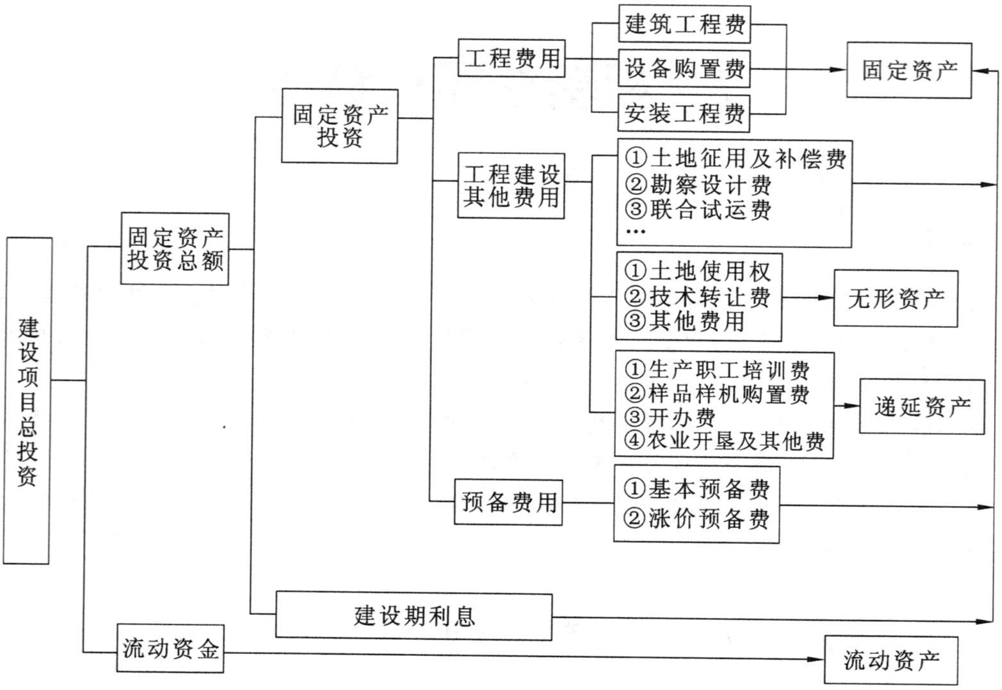

图 7.1　项目总投资组成及形成

流动资产是可以在 1 年内或超过 1 年的一个营业周期内变现或运用的资产，包括现金及各种存款、存货，以及应收和预付账款等。

建设期利息是指建设项目在建设期间固定资产投资总额的应计利息。按规定，建设期利息作为资本化利息形成固定资产原值。

项目总投资包含两个方面的含义：①项目评估用的项目总投资，是指固定资产投资总额与流动资金之和。②作为计算资本金基数，用于国家对投资规模的控制，是指固定资产投资总额与铺底流动资金（流动资金的 30％）之和。两者的区别在于，作为计算资本金基数的项目总投资只包含了 30％的流动资金，而项目评估用的项目总投资则包含了全部流动资金。

投资项目资本金是指在项目总投资中投资者的出资额。资本金比例是资本金占总投资的比例。项目必须先落实资本金才能进行建设。项目最低资本金＝项目总投资×最低资本金比例。2009 年 5 月，国务院调整了部分行业的资本金比例（表 7.1），以引导社会投资方向。

表 7.1　部分行业资本金比例

类别	方向	新比例
保障性住房和普通商品房	下调	20％
其他房地产开发项目	下调	30％
铁路、公路、城市轨道交通	下调	25％
电石、铁合金、烧碱、焦炭、黄磷	上调	30％

续表 7.1

类别	方向	新比例
玉米深加工项目	上调	30%
电解铝项目	上调	40%
钢铁、化肥(除钾肥外)	不变	40%
水泥项目	上调	35%

(2) 项目总投资估算的内容

建设项目投资的估算包括固定资产投资估算和流动资金估算两大部分。

(3) 项目总投资估算的步骤

① 分别估算各单项工程所需的建筑工程费、设备购置费、安装工程费;

② 在汇总各单项工程费的基础上,估算工程建设其他费用和基本预备费;

③ 估算涨价预备费和建设期贷款利息;

④ 估算流动资金。

7.1.2　固定资产投资的构成及估算

7.1.2.1　固定资产投资总额的构成

固定资产投资总额是指项目从编制项目建议书和可行性研究报告等前期工作开始,直到其建成并正式移交生产后转化为固定资产价值的全过程中所需支出的全部费用,反映了项目的建设规模。根据我国现行项目投资管理规定,固定资产总投资应包含建筑工程费及安装工程费、设备购置费、工程建设其他费用、预备费用(基本预备费和涨价预备费)、固定资产投资方向调节税和建设期贷款利息等主要内容,如图 7.2 所示。

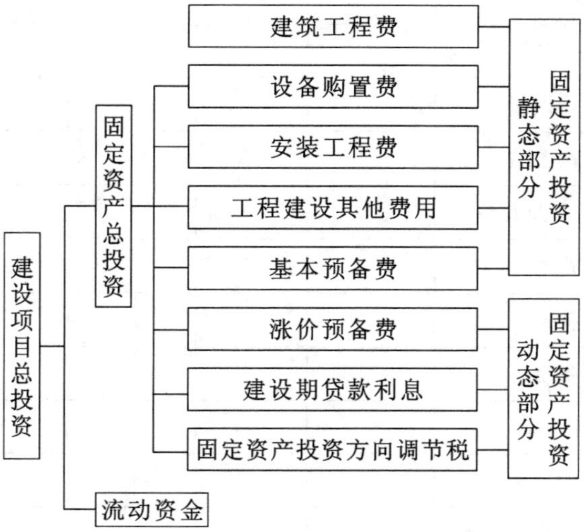

图 7.2　建设项目总投资估算构成

因此,固定资产投资估算应包括固定资产投资的总规模、投资的构成和各类工程费用等内容,见表 7.2。

表 7.2 固定资产投资估算表

序号	项目	建筑安装工程费	设备购置费	工程建设其他费	工(器)具购置费	合计	其中外币	合计比例
1	固定资产							
1.1	主要生产项目							
1.2	辅助生产项目							
1.3	公用工程							
1.4	服务性工程							
1.5	生活福利设施							
1.6	工(器)具及生产用家具							
1.7	厂外工程							
1.8	其他费用							
	土地征用及补偿费							
	勘察设计费							
	…							
2	无形资产							
2.1	土地使用权							
2.2	技术转让费							
2.3	其他费用							
3	递延资产							
3.1	生产职工培训费							
3.2	样品样机购置费							
3.3	开办费、开荒费及其他							
4	预备费							
4.1	基本预备费							
4.2	涨价预备费							
5	总计							
6	占总估算的比例							
7	固定资产投资方向调节税							
8	建设期贷款利息							
9	固定资产投资总额							

7.1.2.2 固定资产投资的估算

按照国家对固定资产投资实行静态控制、动态管理的基本要求，固定资产投资又可以分为静态投资和动态投资两大部分。静态投资部分主要包括建筑工程费及安装工程费、设备购置费、工程建设其他费用及基本预备费用等内容；动态投资部分主要包括涨价预备费、固定资产投资方向调节税和建设期贷款利息等内容。因此，固定资产投资的估算按照静态投资部分和动态投资部分分别进行估算。

静态投资部分的估算方法有：单位生产能力估算法、生产能力指数法、系数估算法和比例估算法等“扩大指标估算法”。扩大指标估算法是套用原有同类项目的固定资产投资额来进行拟建项目固定资产投资额估算的方法。

(1) 单位生产能力估算法

依据调查的统计资料，利用相近规模的单位生产能力投资乘以建设规模，即可得拟建项目投资。

$$C_2 = Q_2\left(\frac{C_1}{Q_1}\right)f \tag{7.1}$$

式中 C_1——已建同类项目投资额；

C_2——拟新建项目投资额；

Q_1——已建同类项目生产能力；

Q_2——拟新建项目生产能力；

f——综合调整系数。

此方法把项目的建设投资与其生产能力的关系视为简单的线性关系，估算精度较差，适合快速估算。使用单位生产能力估算法的前提是拟建项目的生产能力和类似项目具有可比性，要求评估人员掌握足够的典型工程的历史数据，同时应注意地区差异、配套差异和时间差异。

【例 7.1】 1992 年在某地动工兴建一座年产 50 万吨尿素的化肥厂，单位产品造价 600 元，又知该厂在建设时的总投资为 30000 万元，若 2014 年开工兴建这样的一个厂需要投资多少？假定从 1992 年至 2014 年每年平均工程造价指数为 1.10，即每年递增 10%。

【解】

$$C_2 = Q_2\left(\frac{C_1}{Q_1}\right)f = 600\times50\times1.1^{22} = 244208.2(\text{万元})$$

或

$$C_2 = Q_2\left(\frac{C_1}{Q_1}\right)f = 30000\times1.1^{22} = 244208.2(\text{万元})$$

因此，2014 年兴建此项目的费用约 244208.2 万元。

【例 7.2】 2010 年兴建的某框架结构房地产项目，总建筑面积约 20000 m^2，建筑安装费用约为 1800 元/m^2。若 2015 年在当地开工兴建相同结构类型的房地产项目，预计总建筑面积 100000 m^2，假定当地年平均工程造价递增 5%，试求新开工项目的建筑安装总造价。

【解】

$$C_2 = Q_2\left(\frac{C_1}{Q_1}\right)f = 100000\times1800\times1.05^5 = 22973.1(\text{万元})$$

(2) 生产能力指数法

生产能力指数法又称为指数估算法，它是根据已建成的类似项目生产能力和投资额来粗略估算拟建项目投资额的方法。其计算式为：

$$C_2=C_1\left(\frac{Q_2}{Q_1}\right)^X f \tag{7.2}$$

式中 X——生产能力指数，$0\leqslant X\leqslant 1$。

指数估算法主要用于拟建项目与参考项目规模不同的场合，与单位生产能力估算法相比精度略高，可控制在±20%以内。此方法不需要详细的工程设计资料，只要知道工艺流程即可。

【例 7.3】 10 年前建成的某投资项目年生产能力为 30 万吨，建设投资为 8000 万元，如今拟建一同类项目，其生产能力预计为年产 60 万吨，该类项目的生产能力指数取 0.6，物价指数为 1.2，试用指数估算法估算该拟建项目的建设投资为多少？

【解】 $C_2=C_1\left(\frac{Q_2}{Q_1}\right)^X f=8000\times\left(\frac{60}{30}\right)^{0.6}\times 1.2^{10}=75079.3$（万元）

(3) 系数估算法

系数估算法也叫因子估算法，是以拟建项目的主体工程费或主要设备费为基数，以其他工程费占主体工程费的百分比为系数估算项目总投资。该方法简单易行，但精度较低。其计算式如下：

$$C=E(1+f_1P_1+f_2P_2+f_3P_3+\cdots)+I \tag{7.3}$$

式中 C——拟建项目的投资额；

E——拟建项目的设备费；

$P_1,P_2,P_3,\cdots$——其他各项工程费用占设备费的比重；

$f_1,f_2,f_3,\cdots$——综合调整系数；

I——拟建项目的其他费用。

(4) 比例估算法

根据统计资料，先求出已有同类企业主要设备投资占全厂建设项目投资的比例，再估算出拟建项目主要设备投资，即可按比例求出拟建项目的建设投资。

$$I=\frac{1}{K}\sum_{i=1}^{n}Q_iP_i \tag{7.4}$$

式中 I——拟建项目的建设投资；

K——主要设备投资占拟建项目投资的比例；

n——设备的种类数；

Q_i——第 i 种设备的数量；

P_i——第 i 种设备的单价。

固定资产投资中动态投资部分主要包括价格变动可能增加的投资额及建设期贷款利息两部分内容，涉及外币的项目，还应计算汇率的影响。因此，动态投资部分的估算已含涨价预备费的估算和建设期贷款利息的估算等内容。

(1) 涨价预备费的估算

涨价预备费的估算一般按下式计算：

$$PF = \sum_{t=1}^{n} K_t[(1+f)^t - 1] \tag{7.5}$$

式中 PF——涨价预备费；

K_t——第 t 年计划投资额，由资金使用计划表得出；

f——价格年均上涨率；

n——建设期总年数。

【例 7.4】 某项目的静态投资为 30000 万元，项目建设期为 3 年，投资使用比例为第 1 年 30%、第 2 年 50%、第 3 年 20%，建设期内年平均价格上涨幅度为 6%，试估计该项目的涨价预备费。

【解】 第 1 年的年度投资计划额 $K_1 = 30000 \times 30\% = 9000$(万元)

第 1 年的涨价预备费 $PF_1 = 9000 \times [(1+6\%) - 1] = 540$(万元)

第 2 年的年度投资计划额 $K_2 = 30000 \times 50\% = 15000$(万元)

第 2 年的涨价预备费 $PF_2 = 15000 \times [(1+6\%)^2 - 1] = 1854$(万元)

第 3 年的年度投资计划额 $K_3 = 30000 \times 20\% = 6000$(万元)

第 3 年的涨价预备费 $PF_3 = 6000 \times [(1+6\%)^3 - 1] = 1146.1$(万元)

建设期涨价预备费 $PF = PF_1 + PF_2 + PF_3 = 540 + 1854 + 1146.1 = 3540.1$(万元)

(2) 建设期贷款利息的估算

建设期贷款利息的估算方法按“3.1.2 利息与利率”的计算方法进行。为简化计算，建设期利息的计算按当年借款在年中支用考虑，即当年借款按半年计息，上年年贷款按全年计息。

【例 7.5】 例 7.4 中的某新建项目，项目投资额的一半来自于银行贷款，银行贷款按比例投入使用，年利率为 10%，建设期内利息只计息不支付，试计算建设期贷款利息。

【解】 根据题意，建设期各年贷款分别为 4500 万元、7500 万元、3000 万元，各年利息计算如下：

$I_1 = 4500 \div 2 \times 10\% = 225$(万元)

$I_2 = (4500 + 225 + 7500 \div 2) \times 10\% = 847.5$(万元)

$I_3 = (4500 + 225 + 7500 + 847.5 + 3000 \div 2) \times 10\% = 1457.25$(万元)

建设期贷款利息 $= 225 + 847.5 + 1457.25 = 2529.75$(万元)

7.1.3 流动资金的估算

流动资金指在项目投产前预先垫付，保证投产后产业资本正常循环的周转资金。工程项目投资中的流动资金是伴随着固定资产投资和生产经营发生的永久性流动资产投资，是流动资产的货币表现，主要包括货币资金、应收及预付账款和存货等三部分。

流动资金与流动负债(应付和预收账款)构成企业的流动资产，即

$$流动资产 = 流动资金 + 流动负债 \tag{7.6}$$

或

$$流动资金 = 流动资产 - 流动负债 \tag{7.7}$$

在工程经济分析中，流动资金主要考虑现金、应收账款和存货；流动负债主要考虑应付和预收账款。因此，流动资金的估算应包括购买原材料、燃料和动力、备品备件、支付工资和

其他费用,以及在制品、半成品或商品占用的周转金等内容,见表7.3。

表7.3　流动资金投资估算表

序号	项目	最低周转天数	周转次数	建设期			生产期			
				1	2	3	4	5	…	n
1	流动资产									
1.1	应收账款									
1.2	存货									
1.2.1	原材料									
1.2.2	燃料									
1.2.3	在制品									
1.2.4	成品									
1.2.5	其他									
1.3	现金									
	小计									
2	流动负债									
2.1	应付账款									
	…									
3	流动资金(1)-(2)									
4	流动资金本年增加额									
5	流动资金借款额									
6	流动资金借款利息									
7	自由流动资金									

工程项目流动资金投资的需用量,可参照现有同类生产企业的定额指标和掌握资料的详细程度,分别采用扩大指标估算法和分项定额估算法进行估算。

(1) 扩大指标估算法

扩大指标估算法采用相对固定的扩大指标定额来估算流动资金,如按流动资金占销售收入、经营成本、总成本、费用、固定资产投资等的比例来估算。该方法简便易行,主要适用于项目建议书的编制和评估。

扩大指标估算法计算流动资金的公式是:

$$年流动资金额=年费用基数\times各类流动资金比率 \tag{7.8}$$

或

$$年流动资金额=年产量\times单位产品量占用流动资金金额 \tag{7.9}$$

销售收入资金率估算法计算公式如下:

流动资金＝年销售收入总额×流动资金占销售收入的比率

一般加工工业采用此方法，流动资金占销售收入的比率一般取25%。

固定资产投资比率法计算公式如下：

流动资金＝固定资产投资总额×流动资金占固定资产投资比率

矿山业一般采用此方法，流动资金占固定资产投资比率一般为10%～20%。

(2) 分项定额估算法

分项定额估算法也叫分项详细估算法，先按各类流动资金分项估算，然后相加得到企业总流动资金的需用量。分项定额估算法一般按照下列程序和公式进行：

流动资金＝流动资产－流动负债

流动资产＝应收及预付账款＋存货＋现金　(7.10)

流动负债＝应付账款＋预收账款　(7.11)

流动资金本年增加额＝本年流动资金－上年流动资金　(7.12)

估算时应根据实际情况分别确定现金、应收账款、应付账款、存货的最低周转天数和周转次数，因为它们是影响流动资金的敏感因素。

7.2　工程项目资金筹措

工程项目的融资分析是在项目投资估算确定的资金总额的基础上，对项目资金来源、筹资方式、资金结构、筹资风险及资金使用计划等的合理性、可靠性进行的分析。它是财务评价的重要内容之一，也是保证项目可行和提高财务效果的重要手段，融资分析的主要内容包括资金筹措和资金的使用安排。

在项目资金筹措阶段，投资项目资金根据来源渠道不同，可分为自有资金、接受捐赠和借入资金三个部分，如图7.3所示。

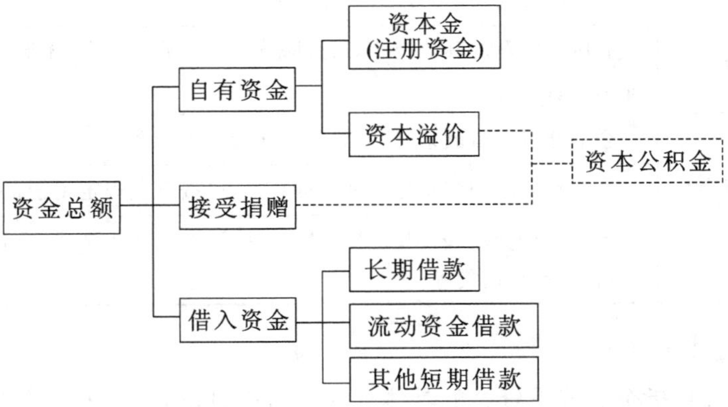

图7.3　项目资金来源构成

7.2.1　工程项目资金筹措概述

资金筹措又叫融资，是以一定的渠道为某种特定活动筹集所需资金的各种活动的总称。

在工程经济分析中，融资是为项目投资而进行的资金筹措行为或资金来源方式。

(1) 资金筹措的种类

资金筹措的种类一般有以下几种：

① 按融资的期限，可分为长期融资和短期融资；

② 按融资的性质，可分为权益融资和负债融资；

③ 按不同的融资结构，可分为传统融资和项目融资。

(2) 资金筹措的原则

① 合理确定资金需要量，控制资金投放时间；

② 认真选择筹资来源，努力降低资金成本；

③ 适当安排资金结构，正确运用负债经营；

④ 遵守国家有关法规，维护各方经济权益。

7.2.2 筹资渠道和筹资方式

(1) 项目资金筹措渠道

资金筹资渠道是指企业取得资金的来源和通道。企业资金筹措的渠道见表7.4。

表7.4 企业资金筹措的渠道

种类	特点
国家财政资金	国家以财政拨款、财政贷款及入股等形式向企业投入的资金
银行信贷资金	分为商业性银行和政策性银行借贷资金。商业性银行包括中国工商银行、中国农业银行、中国银行、中国建设银行以及交通银行等，它们为各类企业提供商业性贷款；政策性银行包括国家开发银行、中国进出口银行等，它们为特定企业提供政策性贷款，是企业筹集资金的重要渠道之一
非银行金融机构资金	信托投资公司、租赁公司、保险公司等的借款资金
其他法人单位资金	有闲余资金的其他企业，通过联营、入股、购买债券、无形资产投入及各种商业信用投入等
民间资金	企业通过发行股票、债券等方式向社会筹集游资
企业内部形成资金	企业税后净利润支付股利后的余额，可按有关规定用于发展生产，追加投资
境外资金	国外银行贷款、外国政府贷款、国际金融机构贷款、发行债券、租赁信贷、出口信贷、银行信贷等

(2) 项目资金筹措方式

资金筹措方式是指企业取得资金的具体形式。目前，国内资金筹措方式主要有：商业银行贷款、政策性贷款、发行债券、发行股票、产权嫁接融资、外商直接投资和项目融资。

一般来讲，对某一种资金来源往往可用多种筹措方式，一种筹措方式往往可从多种来源取得资金。因此，筹集资金的渠道和方式，既有联系，又有区别。企业筹集资金时，要将筹资渠道和筹资方式有机地结合起来，进行合理的选择利用，以满足企业资金的需要，提高投资效果。

在资金筹措方案确定后，应根据项目实施规划的要求，编制资金使用计划，即“投资使用计划与资金筹措表”(表 7.5)和“资金来源与运用表”(表 7.6)。

表 7.5 投资使用计划与资金筹措表

序号	项目	建设期								投产期								合计
		1				2				3				4				
		外币	折合人民币	人民币	小计	外币	折合人民币	人民币	小计	外币	折合人民币	人民币	小计	外币	折合人民币	人民币	小计	
1	总投资																	
1.1	固定资产投资																	
1.2	建设期利息																	
1.3	流动资金																	
2	资金筹措																	
2.1	自有资金																	
	其中： 用于流动资金																	
2.2	借款																	
2.2.1	长期借款																	
2.2.2	流动资金借款																	
2.2.3	其他短期借款																	
2.3	其他																	

表 7.6 资金来源与运用表

序号	项目	建设期		投产期		达产期				合计
		1	2	3	4	5	6	…	n	
	生产负荷(%)									
1	资金来源									
1.1	利润总额									
1.2	折旧费									
1.3	摊销费									
1.4	长期借款									
1.5	流动资金借款									
1.6	其他短期借款									
1.7	自有资金									
1.8	其他									

续表 7.6

序号	项目	建设期		投产期		达产期				合计
		1	2	3	4	5	6	…	n	
1.9	回收固定资产余值									
1.10	回收流动资金									
2	资金运用									
2.1	固定资产投资									
2.2	建设期利息									
2.3	流动资金									
2.4	所得税									
2.5	应付利润									
2.6	长期借款本金偿还									
2.7	流动资金借款本金偿还									
2.8	其他短期借款本金偿还									
3	盈余资金									
4	累计盈余资金									

7.3 资金结构与资金成本分析

7.3.1 资金结构

资金结构亦称资本结构，是指建设项目所使用的资金来源及数量构成，主要指自有资金(所有者权益)和借入资金(负债)之间的比例关系。

一般来说，在有借贷资金的情况下，全部投资的经济效果和自有资金的经济效果是不同的。拿投资收益率来说，全部投资的收益率一般不等于借贷资金的利息率，这两者差额的后果将由企业所承担，从而使企业自有资金收益率上升或下降。

企业在筹集资金时，应做好筹资方案的优化，追求最佳资金结构。最佳资金结构取决于对筹资风险与资金成本的权衡。企业最优资金结构的理想目标是：综合资金成本最低和筹资风险尽可能小地有机结合。

7.3.2 资金成本

资金成本就是项目投资者为筹措和使用资金而付出的代价，是在项目筹资和投资过程中必须要考察的重要范畴。资金成本包括两个方面：①在筹集资金过程中发生的各项筹资费用，如发行股票和债券的注册费、印刷费、代办费以及银行借款的手续费等。资金筹集费的特点是一次性支付。②占有资金支付的资金占用费，如股票的股息、债券的利息、银行借款的利息等。资金占用费的特点是在资金使用期间内不断支付。

资金成本有不同的表达方式，但在实际中通常用相对数来表示，即资金的成本占资金总额的比率，其计算公式为：

$$K=\frac{D}{P-F}=\frac{D}{P(1-f)} \tag{7.13}$$

式中 K——资金成本率；

D——资金占用费；

P——筹集资金总额；

F——资金筹集费用；

f——筹资费用率(即资金筹集费用占筹集资金总额的比率)。

资金成本是选择资金来源和拟定筹资方案的重要依据。投资项目应选择资金成本最低的筹资方案。由于在实际工作中不同的筹资方式其筹资成本也各不相同，在寻找最佳筹资方案时，首先应分别计算各种筹资方式的资金成本，然后再以各种融资方式的筹资额占项目筹资总规模的比重(权重)计算筹资方案的综合资金成本，通过分析比较各种筹资方案的资金成本，合理调整资金结构，最终以最低的综合资金成本筹集到项目所需的资金。

下面是几种常见的筹资成本的计算方法：

(1) 银行借款的资金成本

由于借款利息计入税前成本费用，可以起到抵税的作用，因此，考虑筹资费用情况下的银行借款资金成本可按下式进行计算：

$$K_i=\frac{I_i(1-T)}{L(1-f_i)}=\frac{R_i(1-T)}{1-f_i} \tag{7.14}$$

式中 K_i——银行借款成本；

I_i——银行借款年利息；

T——所得税率；

L——银行借款筹资额；

f_i——银行借款筹资费率；

R_i——银行借款年利率。

【例 7.6】 某投资项目取得银行借款 2500 万元，年利率 8%，借款期限 3 年，每年付息一次，到期一次还本，借款手续费 0.5%，企业所得税率 33%。求这笔借款的资金成本。

【解】 根据式(7.14)，有：

$$K_i=\frac{I_i(1-T)}{L(1-f_i)}=\frac{2500\times 8\%\times(1-33\%)}{2500\times(1-0.5\%)}=5.39\%$$

或

$$K_i=\frac{R_i(1-T)}{1-f_i}=\frac{8\%\times(1-33\%)}{(1-0.5\%)}=5.39\%$$

(2) 发行债券的资金成本

发行债券的成本主要是债券利息和筹资费用，债券利息与长期借款利息处理相同。因此，发行债券的资金成本可按下式进行计算：

$$K_b=\frac{I_b(1-T)}{B(1-f_b)}=\frac{R_b(1-T)}{1-f_b} \tag{7.15}$$

式中　K_b——发行债券成本；

I_b——债券年利息；

T——所得税率；

B——发行债券筹资额；

f_b——发行债券筹资费率；

R_b——债券年利率。

(3) 发行普通股的资金成本

普通股属于权益筹资，普通股没有固定的股利率，而是根据公司每年的盈利情况决定应当分派的股利，通常认为股利是逐年增长的。因此，普通股资金成本的估算公式为：

$$K_s=\frac{D_c}{P_c(1-f_c)}+G \tag{7.16}$$

式中　K_s——普通股成本；

D_c——预期年支付股利；

P_c——普通股筹资额；

f_c——普通股筹资费率；

G——普通股利年增长率。

(4) 发行优先股的资金成本

优先股的优先权利在于其优先于普通股分得股利，优先股资金成本的估算公式为：

$$K_p=\frac{D}{P_p(1-f_p)} \tag{7.17}$$

式中　K_p——优先股成本；

D——预期每年支付优先股股利；

P_p——优先股筹资额；

f_p——优先股筹资费率。

【例 7.7】　某股份有限公司发行优先股 500 万元，筹资费率为 3%，每年向优先股股东支付 10%的固定股利。试计算此优先股的资金成本。

【解】　根据式(7.17)，有：

$$K_p=\frac{500\times10\%}{500\times(1-3\%)}=10.31\%$$

(5) 保留利润(留存盈余)成本

保留利润是企业税后净利润支付股利后的余额，包括盈余公积金和未分配利润，是普通股股东的权益，一般可用于发展生产或追加投资。这部分资金虽然无直接的资金成本，但由于它有多种用途，因此也会产生机会成本。如果将保留利润用于发放股利，则股东将用之投资于其他盈利事业或购买公司的股票，从而会取得一定的收益；如果将保留利润用于企业生产投资，股东则失去了应收股利的机会，等于股东对企业追加了投资，实质上是企业增加了普通股资金数额，股东对这部分追加投资的资金也要求给以普通股同比率的报酬。所以，企业对这部分资金也应计算资金成本。保留利润成本的计算方法与普通股相似，只是无须考虑筹集费，其计算公式为：

$$K_t=\frac{D_c}{P_c}+G \tag{7.18}$$

式中　K_t——保留利润成本。

(6) 综合资金成本

综合资金成本即筹资方案中各种资金筹集方式的单项资金成本的加权平均值。其计算公式如下：

$$K_w = \sum_{j=1}^{n} K_j W_j \tag{7.19}$$

式中　K_w——综合资金成本；

n——筹资方式的种类；

K_j——第 j 种筹资方式的资金成本；

W_j——第 j 种筹资金额占全部筹资总额的比重。

【例 7.8】　某投资项目共需资金 5000 万元，预计长期借款 1000 万元，发行长期债券 1500 万元，发行普通股 2000 万元，使用留存盈余 500 万元，其资金成本分别为 5%、7%、10%、9%，则该项目的资金成本综合为：

$$K_w=5\%\times\frac{1000}{5000}+7\%\times\frac{1500}{5000}+10\%\times\frac{2000}{5000}+9\%\times\frac{500}{5000}=8\%$$

阅读材料　财务杠杆效应

假定项目全部投资为 K，自有资金为 K_0，贷款为 K_L，全部投资收益率为 R，自有资金收益率为 R_0，贷款利率为 R_L，则有：

$$R_0=R+\frac{K_L}{K_0}(R-R_L)$$

当 $R>R_L$ 时，$R_0>R$；当 $R<R_L$ 时，$R_0<R$；全部投资收益率与贷款利率之差$(R-R_L)$被资金构成比 K_L/K_0 所放大，这种放大效应称为财务杠杆效应，K_L/K 称为债务比。

思考题与习题

1. 简述总投资包括的内容。

2. 介绍几种融资方式。

3. 某项目的静态投资为 22310 万元，项目建设期为 3 年，项目的投资分年使用比例为第 1 年 20%、第 2 年 55%、第 3 年 25%，建设期内年平均价格变动率为 6%，则估计该项目建设期的涨价预备费为多少万元？

4. 某年产 15 万吨的项目在 3 年前建成，主要设备的投资额为 2100 万元，土建工程费用与设备费用的比例为 30%，设备安装费用与设备费用的比例为 10%，其他费用与设备费用的比例为 45%。现拟建年产 25 万吨同类产品的项目，建设期为 1 年。设备、安装工程与其他费用的价格年上涨率均为 6%，土建工程费用上涨率为 5%，生产能力指数为 0.62。试估算该项目的设备费用、土建工程费用、安装工程费用和其他费用。

5. 某企业获得10年期长期贷款，年利率为8%，每年付息，到期还本。筹资费用率为0.6%，企业所得税税率为25%。求该贷款的资金成本。

6. 某建设项目投资10000万元，筹资方案初定如下：银行借款40%，发行股票40%，发行债券20%。银行借款年利率8%，筹资费用忽略不计；债券票面利率6%，筹资费率4%；发行股票设计股息率4%，筹资费率5%，预计股利按3%增长，企业所得税税率25%。试计算银行借款、发行债券和发行股票的资金成本及综合资金成本。

8 投资项目财务评价

内容提要

工程项目经济分析的实质是对项目经济效益进行分析和判断。投资项目的财务评价通过分析可行性研究报告中的基础财务数据、基本报表和指标,来判断项目的生存能力、盈利能力及偿债能力,评价项目在财务上的可行性。

通过本章的学习,要求进一步掌握投资项目财务评价的相关指标,熟悉投资项目财务评价的过程和做法,掌握投资估算表、还本付息计划表、利润及利润分配表,以及各表中数据之间的关系,掌握新设项目全部投资现金流量表和自有资金投资现金流量表的编制。

8.1 投资项目财务评价概述

8.1.1 财务评价的概念

财务报表

投资项目的财务评价又称为投资项目的财务效益评价,是从企业角度出发,根据国家现行财税制度和现行价格体系,分析计算项目直接发生的财务效益和费用,编制财务报表,计算财务评价指标,考察项目的盈利能力、清偿能力和外汇平衡等财务状况,借以判别项目的财务可行性。

投资项目财务评价是从投资项目或企业角度进行经济分析的,是企业投资决策的基础。它从企业或项目角度出发,分析投资效果,判明企业投资所获得的实际利益,为企业制定资金规划,同时也为协调企业利益和国家利益提供依据。

投资项目财务评价使用的是预期的成交价格(市场价格或计划价格),财务分析的汇率采用国家公布的官方汇率(*OER*)。

计算期

投资项目财务评价计算期一般不超过20年,包括建设期和生产运营期。影响生产运营期的主要因素有产品寿命期、主要设施及设备的使用寿命期和主要技术的寿命期等。

8.1.2 财务评价的内容

投资项目财务评价的基本目标是考察项目的生存能力、盈利能力及偿债能力等财务指标,评价项目在财务上是否可行。因此,投资项目财务评价主要包括以下内容:

① 投资项目财务效益和费用的识别;

② 测算项目财务效益和费用;

③ 财务报表的编制;

④ 项目的生存能力评价;

⑤ 项目的盈利能力评价；

⑥ 项目的偿债能力评价；

⑦ 投资项目财务可行性评价。

因此，投资项目财务评价的程序基本上可以分为以下几个步骤：

① 在对投资项目的总体了解和对市场、环境、技术方案充分调查与掌握的基础上，收集并预测财务分析的基础数据；

② 编制基本财务报表，如全部投资现金流量表、自有资金投资现金流量表、利润及利润分配表(损益表)、资金来源与运用表、资产负债表等；

③ 计算与分析财务指标并得出财务评价结论。

8.1.3 财务评价的指标体系

投资项目的财务评价一般采用财务报表分析的方法分析项目的现金流量，对投资项目的静态和动态获利性进行分析。其评价指标见表 8.1。

表 8.1 投资项目财务评价指标体系

评价内容	基本财务报表	财务评价指标	
		静态指标	动态指标
生存能力评价	资金来源与运用表	累计盈余资金	—
盈利能力评价	全部投资现金流量表	全部投资回收期 财务净现金流量	财务内部收益率 财务净现值 财务净现值率
	自有资金投资现金流量表	—	财务内部收益率 财务净现值 财务净现值率
	利润及利润分配表(损益表)	投资利润率 投资利税率 资本金利润率	—
偿债能力评价	资金来源与运用表	借款偿还期	—
	资产负债表	资产负债率 流动比率 速动比率	—

8.2 项目盈利能力评价

8.2.1 项目盈利能力评价概述

投资项目财务盈利能力评价是财务评价的主要内容，它分析项目的投资能否从项目的收益中回收并获得一定的利润。进行财务评价时，在项目财务现金流量表和损益表的基础上计算投资回收期、简单收益率和内部收益率等指标(图 8.1)，以得出项目盈利能力水平的结论。

- 评价
  - 静态指标
    - 投资回收期
    - 简单收益率
  - 动态指标
    - 投资回收期
    - 内部收益率
    - 净现值、净现值率

图 8.1　项目盈利能力评价主要指标

在对投资项目进行财务评价时，主要考察两个方面的经济效果：一方面考察项目获取利润的能力，另一方面考察项目的盈利水平。考察时分两个步骤：首先把所有出资者包括在内，研究全部投资的盈利能力；再研究自有资金投资的盈利能力。

8.2.2　项目获取利润的能力

考察项目获取利润能力时应编制利润及利润分配表(损益表)，见表 8.2，以反映项目计算期内各年的利润总额、所得税和税后利润的分配情况，用以计算投资利润率、投资利税率和资本金利润率等指标。

表 8.2　利润及利润分配表(损益表)

序号	科目	投产期		达产期			
		2	3	4	5	…	n
1	产品销售收入						
2	销售税金及附加						
3	总成本费用						
4	利润总额(1)－(2)－(3)						
5	所得税						
6	税后利润(4)－(5)						
7	盈余公积金						
8	公益金						
9	应付利润(6)－(7)－(8)						
10	未分配利润 累计未分配利润						

根据表 8.2 计算投资利润率、投资利税率及资本金利润率等指标。

(1) 投资利润率(ROI)

投资利润率(Rate of Return On Investment)也叫全部投资利润率(收益率)或投资效果

系数，表示全部投资的盈利水平，是指项目达到设计能力后，正常年份的年息税前利润或年平均息税前利润与项目总投资的比例，计算公式为：

$$投资利润率=\frac{年息税前利润或年平均息税前利润}{项目总投资}\times 100\% \tag{8.1}$$

息税前利润

(2) 投资利税率

投资利税率从国家财政收入的角度衡量项目为国家所创造的积累，特别是一些税大利小的企业，用投资利润率衡量往往不够准确，投资利税率则能较合理地反映其项目的财务效益。

$$\begin{aligned}投资利税率&=\frac{年利税总额}{项目总投资}\times 100\% \\ &=\frac{年(平均)息税前利润+销售税金及附加}{项目总投资}\times 100\%\end{aligned} \tag{8.2}$$

(3) 资本金利润率(*ROE*)

资本金利润率(Rate of Return on Common Stockholders' Equity)表示资本金投资的盈利水平，是指项目达到设计能力后，正常年份的年净利润或年平均净利润与资本金总额的比例，计算公式为：

$$资本金利润率=\frac{年净利润或年平均净利润}{资本金总额}\times 100\% \tag{8.3}$$

【例 8.1】 某投资项目，总投资 100000 元，项目资本金 30000 元。正常年份每年可实现利润总额 20000 元，销售税金 7000 元，企业所得税税率为 33%。试计算投资利润率、投资利税率及资本金利润率。

【解】

$$投资利润率=\frac{20000}{100000}\times 100\%=20\%$$

$$投资利税率=\frac{20000+7000}{100000}\times 100\%=27\%$$

$$资本金利润率=\frac{20000\times(1-33\%)}{30000}\times 100\%=44.67\%$$

8.2.3 投资项目盈利水平

投资项目盈利水平是指考察项目的投资回报水平，包括全部投资盈利能力和自有资金投资(权益投资)盈利能力。

(1) 全部投资盈利能力

在研究全部投资的盈利能力时，首先应编制出全部投资现金流量表，然后根据此表计算投资回收期、内部收益率、净现值和净现值率等指标。

全部投资现金流量表如表 8.3 所示，是从所有出资者角度出发的现金流出和现金流入汇总，用以计算各项动态和静态评价指标(财务内部收益率、财务净现值、投资回收期等)，进行投资项目财务盈利能力分析。全部投资现金流量表中，除“所得税”一项外，其他现金流量都不受融资方案的影响，只取决于项目本身。因此，对多个融资方案(不论资金来源和资金成本多少)的投资项目进行比较时，可采用税前指标，以不受融资方案的影响。

表 8.3 全部投资现金流量表

序号	年份	建设期		投产期		达产期			
		0	1	2	3	4	5	…	n
1	现金流入								
1.1	产品销售收入								
1.2	回收固定资产余值								
1.3	回收流动资金								
2	现金流出								
2.1	建设投资								
2.2	流动资金								
2.3	经营成本								
2.4	销售税金及附加								
2.5	所得税								
3	净现金流量(1)－(2)								

(2) 自有资金投资(权益投资)盈利能力

自有资金投资(权益投资)盈利能力是研究投资者出资部分的投资收益。全部投资盈利能力反映的是全部投资者在该项目上的盈利能力，为了知道投资者出资部分的投资效果，有必要列出自有资金投资现金流量表(表 8.4)。

自有资金投资现金流量表与全部投资现金流量表的考察对象由全部投资变成了自有资金，按自有资金投资计算投资回收期、内部收益率、净现值和净现值率等指标。自有资金投资(权益投资)盈利能力反映了投资者本身的盈利能力。

表 8.4 与表 8.3 的区别在于，现金流出的投资中不仅有自有资金投资，同时增加了借款的本金偿还和利息支付。

表 8.4 自有资金投资现金流量表

序号	年份	建设期		投产期		达产期			
		0	1	2	3	4	5	…	n
1	现金流入								
1.1	产品销售收入								
1.2	回收固定资产余值								
1.3	回收流动资金								
2	现金流出								
2.1	自有资金								
2.2	借款本金偿还								

续表 8.4

序号	年份	建设期		投产期		达产期			
		0	1	2	3	4	5	…	n
2.3	借款利息支付								
2.4	经营成本								
2.5	销售税金及附加								
2.6	所得税								
3	净现金流量(1)－(2)								

8.3 项目生存能力评价

只考虑项目的盈利能力是不够的，还需要对资金在时间上进行安排，以满足项目对资金的需要。虽然有些项目的盈利水平很高，但资金筹措不足，资金到位迟缓，或应收账款收不上来，影响项目的正常运行，产生损失甚至造成项目资金链断开。

投资项目生存能力评价是通过考察项目计算期内各年的投资活动、融资活动和经营活动所产生的各项现金流入和现金流出，针对项目在实施和运行期间是否有足够的净现金流量以维持正常生产运营而进行的一种分析，以满足项目实施与运转的需要，保证项目寿命期内资金运行的可行性。资金运行的可行性是指项目的资金安排必须使每期(年)资金能够保证项目的正常运转，即每期的资金来源加上上期的结余必须足以支付本期所需要的使用资金。

项目财务生存能力评价需要编制资金来源与运用表(表 8.5)，该表反映项目计算期内各年的资金是否充裕，是否有足够的能力清偿债务，可为编制资产负债表提供依据。满足资金运行可行性的条件及项目具有基本财务生存能力的要求是：

$$各年累计盈余资金\geqslant 0 \tag{8.4}$$

表 8.5 资金来源与运用表

序号	科目	建设期		生产经营期				期末余值
		0	1	2	3	…	n	
1	资金来源							
1.1	利润总额							
1.2	折旧与摊销费							
1.3	长期借款							
1.4	短期借款							
1.5	自有资金							
1.6	回收固定资产余值							

续表 8.5

序号	科目	建设期		生产经营期				期末余值
		0	1	2	3	…	n	
1.7	回收流动资金							
2	资金运用							
2.1	固定投资							
2.2	建设期利息							
2.3	流动资金							
2.4	所得税							
2.5	应付利润							
2.6	长期借款本金偿还							
2.7	短期借款本金偿还							
3	盈余资金(1)－(2)							
4	累计盈余资金							

8.4 项目偿债能力评价

8.4.1 项目偿债能力分析概述

企业在进行项目投资的过程中，债务资金是重要的资金来源。就企业本身，需要考察项目所面临的财务风险，关心项目自身偿还债务的能力；就债权人而言，则关心借出的资金能否如期收回本息。因此，偿债能力评价是财务分析中的一项重要内容。

企业拥有的资产是偿还债务的保障，通过分析债务在资产中所占的比例，可以了解企业偿还债务的能力。因此，需要编制资产负债表（表 8.6），用以计算资产负债率、流动比率和速动比率等指标，进行偿债能力和资金流动性分析。

资产负债表反映项目计算期内各年年末资产、负债和所有者权益的增减变化及对应关系，以考察项目资产、负债、所有者权益的结构是否合理。

表 8.6 资产负债表

序号	科目	建设期		生产经营期			
		0	1	2	3	…	n
1	资产						
1.1	流动资产总额						
1.1.1	应收账款						

续表 8.6

序号	年份	建设期		生产经营期			
		0	1	2	3	…	n
1.1.2	存货						
1.1.3	现金						
1.1.4	累计盈余资金						
1.2	在建工程						
1.3	固定资产净值						
1.4	无形资产及递延资产净值						
2	负债及所有者权益						
2.1	流动负债总额						
2.1.1	应付账款						
2.1.2	短期借款						
2.2	长期负债						
	负债合计						
2.3	所有者权益						
2.3.1	资本金						
2.3.2	资本公积金						
2.3.3	累计盈余公积金						

8.4.2 项目偿债能力指标

(1) 资产负债率

$$资产负债率=\frac{负债合计}{资产合计}\times 100\% \tag{8.5}$$

资产负债率反映项目总资产中有多少是通过负债筹集的，该指标是评价项目在各个时间点的负债水平和偿债能力的综合指标。负债率越低，项目财务风险越小，企业偿债能力越强。一般认为，综合考虑项目盈利和财务风险时，资产负债率在0.5～0.7之间是合适的。

(2) 流动比率

$$流动比率=\frac{流动资产总额}{流动负债总额}\times 100\% \tag{8.6}$$

流动比率是流动资产对流动负债的比率，用来衡量企业流动资产在短期债务到期以前，可以变为现金用于偿还负债的能力。一般流动比率取值为1.2～2.0。

(3) 速动比率

$$速动比率=\frac{流动资产总额-存货}{流动负债总额}\times 100\% \tag{8.7}$$

速动比率是指速动资产对流动负债的比率，它是衡量企业流动资产中可以立即变现用于偿还流动负债的能力。速动资产是流动资产总额扣除存货部分。计算速动比率时，流动资产中扣除存货,是因为存货在流动资产中变现速度较慢,有些存货可能滞销,无法变现。速动比率一般大于1.0。

(4) 借款偿还期

$$借款偿还期=借款偿还后首次出现盈余的年份-开始借款年份+\frac{当年偿还借款额}{当年可用于还款的资金额} \tag{8.8}$$

借款偿还期用来计算项目最大偿还能力,适用于尽快还款的项目。对于已约定借款偿还期限的项目,应采用利息备付率和偿债备付率分析项目的偿债能力。

(5) 利息备付率

$$利息备付率=\frac{税息前利润}{当期应付利息费用} \tag{8.9}$$

利息备付率是指项目在借款偿还期内,各年可用于支付利息的息税前利润与当期应付利息费用的比值。利息备付率应大于2,若其小于2,则表示该项目付息能力保障程度不高。

(6) 偿债备付率

$$偿债备付率=\frac{可用于还本付息资金}{当期应还本付息金额} \tag{8.10}$$

偿债备付率是指项目在借款偿还期内,各年可用于还本付息的资金与当期应还本付息金额的比值。偿债备付率正常情况下应大于1。当偿债备付率小于1时,表示当年资金来源不足以偿付当期债务,需要通过短期借款偿付已到期债务。

【例8.2】 某投资项目,总投资100000元,其中固定资产70000元,流动资产30000元,存货8000元,项目投资中的短期贷款为20000元。试计算流动比率和速动比率。

【解】

$$流动比率=\frac{30000}{20000}=1.5$$

$$速动比率=\frac{30000-8000}{20000}=1.1$$

8.5 负债与折旧对财务评价的影响

在"2.4工程经济分析各要素间的关系"一节中,分析了利息与折旧对税金的影响。在投资项目财务评价中,利息与折旧是总成本费用的重要组成部分,直接影响所得税的数额,从而影响财务评价的结果。此外,借款资金的本金偿还和利息支付还是自有资金投资现金流量的一项较大流出,也会影响财务评价的结果。本节通过简单的例子分析负债与折旧对财务评价的影响。

8.5.1 负债对财务评价的影响

【例8.3】 某预制构件厂拟新购置钢筋网加工设备一套,需要投资100万元,预计寿命期为5年,按直线法计提折旧,每年折旧额为16万元,期末残值为20万元。预计年销售收入为200万元,经营成本为100万元,销售税金及附加14万元,所得税税率为25%,折现率为12%。企业能从银行获取贷款,年利率为10%,还款期限为5年,按等额本金法还款。试分别对投资全部为自有资金、20%为借款及50%为借款时进行分析。

【解】（1）投资全部为自有资金时，其现金流量表如表8.7所示。

表8.7　现金流量表(一)　(单位:万元)

内容	年份					
	0	1	2	3	4	5
(一) 现金流入		200	200	200	200	220
1. 销售收入		200	200	200	200	200
2. 回收固定资产						20
3. 借款	0					
(二) 现金流出	100	131.5	131.5	131.5	131.5	131.5
1. 固定资产投资	100					
2. 经营成本		100	100	100	100	100
3. 销售税金及附加		14	14	14	14	14
4. 所得税		17.5	17.5	17.5	17.5	17.5
5. 本金偿还		0	0	0	0	0
6. 利息支付		0	0	0	0	0
(三) 净现金流量	−100	68.5	68.5	68.5	68.5	88.5

根据表8.7的数据，可按式(4.10)和式(4.15)分别计算投资全部为自有资金时的净现值和内部收益率。根据第4.3.4节的计算方法可计算得到内部收益率为63.77%(过程略)，以12%为折现率，净现值为 $NPV=-100+\frac{68.5}{(1+12\%)}+\frac{68.5}{(1+12\%)^2}+\frac{68.5}{(1+12\%)^3}+\frac{68.5}{(1+12\%)^4}+\frac{88.5}{(1+12\%)^5}=158.28$(万元)。

可通过调用EXCEL中的IRR和NPV函数来计算上述现金流量表的内部收益率和净现值，如图8.2所示。

H2　=IRR(B2:G2)

	A	B	C	D	E	F	G	H	I
1	年份	0	1	2	3	4	5	IRR	净现值
2	净现金流量	-100	68.5	68.5	68.5	68.5	88.5	63.77%	158.28
3	净现金流量	-80	63	63.3	63.6	63.9	84.2	75.51%	160.37
4	净现金流量	-50	54.75	55.5	56.25	57	77.25	108.97%	163.22

(a)

I2　=NPV(12%,C2:G2)+B2

	A	B	C	D	E	F	G	H	I
1	年份	0	1	2	3	4	5	IRR	净现值
2	净现金流量	-100	68.5	68.5	68.5	68.5	88.5	63.77%	158.28
3	净现金流量	-80	63	63.3	63.6	63.9	84.2	75.51%	160.37
4	净现金流量	-50	54.75	55.5	56.25	57	77.25	108.97%	163.22

(b)

图8.2　利用EXCEL计算内部收益率和净现值

(a)内部收益率计算公式;(b)净现值计算公式

以图 8.2 为例，在 EXCEL 单元格 B_2～G_2 依次填入第 0 年到第 5 年的净现金流量，在单元格 H_2 中输入公式“＝IRR(B_2：G_2)”表示计算净现金流量序列 B_2～G_2 的内部收益率，其值为 63.77%；在单元格 I_2 中输入公式“＝NPV(12%，C_2：G_2)＋B_2”表示计算净现金流量序列 B_2～G_2 以 12% 为折现率时的净现值，其值为 158.28 万元。函数 $NPV(i,C_2:G_2)$ 的数学表达式为：

$$NPV(i,C_2:G_2)=\frac{C_2}{(1+i)}+\frac{D_2}{(1+i)^2}+\frac{E_2}{(1+i)^3}+\frac{F_2}{(1+i)^4}+\frac{G_2}{(1+i)^5}$$

(2) 投资的 20% 为借款时，其现金流量表如表 8.8 所示。

表 8.8　现金流量表(二)　　(单位：万元)

内容	年份					
	0	1	2	3	4	5
(一) 现金流入	20	200	200	200	200	220
1. 销售收入		200	200	200	200	200
2. 回收固定资产						20
3. 借款	20					
(二) 现金流出	100	137	136.7	136.4	136.1	135.8
1. 固定资产投资	100					
2. 经营成本		100	100	100	100	100
3. 销售税金及附加		14	14	14	14	14
4. 所得税		17	17.1	17.2	17.3	17.4
5. 本金偿还		4	4	4	4	4
6. 利息支付		2	1.6	1.2	0.8	0.4
(三) 净现金流量	－80	63	63.3	63.6	63.9	84.2

根据表 8.8 的数据，可计算得到内部收益率为 75.51%(过程略)，以 12% 为折现率，净现值为 $NPV=-80+\frac{63}{(1+12\%)}+\frac{63.3}{(1+12\%)^2}+\frac{63.6}{(1+12\%)^3}+\frac{63.9}{(1+12\%)^4}+\frac{84.2}{(1+12\%)^5}=160.37$(万元)。

(3) 投资的 50% 为借款时，其现金流量表如表 8.9 所示。

表 8.9　现金流量表(三)　　(单位：万元)

内容	年份					
	0	1	2	3	4	5
(一) 现金流入	50	200	200	200	200	220
1. 销售收入		200	200	200	200	200
2. 回收固定资产						20
3. 借款	50					

续表 8.9

内容	年份					
	0	1	2	3	4	5
(二) 现金流出	100	145.25	144.5	143.75	143	142.25
1. 固定资产投资	100					
2. 经营成本		100	100	100	100	100
3. 销售税金及附加		14	14	14	14	14
4. 所得税		16.25	16.5	16.75	17	17.25
5. 本金偿还		10	10	10	10	10
6. 利息支付		5	4	3	2	1
(三) 净现金流量	−50	54.75	55.5	56.25	57	77.25

根据表 8.9 的数据，可计算得到内部收益率为 108.97%(过程略)，以 12%为折现率，净现值为 $NPV=-50+\frac{54.75}{(1+12\%)}+\frac{55.5}{(1+12\%)^2}+\frac{56.25}{(1+12\%)^3}+\frac{57}{(1+12\%)^4}+\frac{77.25}{(1+12\%)^5}=$ 163.22(万元)。

由此可见，根据第 7 章"阅读材料　财务杠杆效应"可知，当全部投资的内部收益率大于借款利率时，自有资金投资的内部收益率大于全部投资的内部收益率，且借款比例越高，自有资金投资的内部收益率就越高。因此，投资者应注意合理运用财务杠杆，获取高额收益。

8.5.2　折旧对财务评价的影响

【例 8.4】 资料同例 8.3，假定投资全部为自有资金时，试分析不同折旧方法对企业的财务影响。

【解】 (1) 折旧额计算(表 8.10)

用双倍余额递减法计算年折旧额

年折旧率＝2/5×100%＝40%

第一年：100×40%＝40(万元)

第二年：(100－40)×40%＝24(万元)

第三年：(100－40－24)×40%＝14.4(万元)

第四年与第五年：(100－40－24－14.4－20)÷2＝0.8(万元)

表 8.10　不同折旧方法折旧额

年限	直线法		双倍余额递减法		年数总和法	
	年折旧率	年折旧额(万元)	年折旧率	年折旧额(万元)	年折旧率	年折旧额(万元)＝总折旧额×年折旧率
1	16%	16	40%	40	5/15	26.7
2	16%	16	40%	24	4/15	21.3
3	16%	16	40%	14.4	3/15	16
4	16%	16	40%	0.8	2/15	10.7
5	16%	16	40%	0.8	1/15	5.3

(2) 双倍余额递减法所得税计算(表 8.11)

表 8.11 双倍余额递减法所得税计算 (单位:万元)

年份	1	2	3	4	5
1. 销售收入	200	200	200	200	200
2. 经营成本	100	100	100	100	100
3. 销售税金及附加	14	14	14	14	14
4. 折旧	40	24	14.4	0.8	0.8
5. 税前利润	46	62	71.6	85.2	85.2
6. 所得税	11.5	15.5	17.9	21.3	21.3

(3) 年数总和法所得税计算(表 8.12)

表 8.12 年数总和法所得税计算 (单位:万元)

年份	1	2	3	4	5
1. 销售收入	200	200	200	200	200
2. 经营成本	100	100	100	100	100
3. 销售税金及附加	14	14	14	14	14
4. 折旧	26.7	21.3	16	10.7	5.3
5. 税前利润	59.3	64.7	70	75.3	80.7
6. 所得税	14.825	16.175	17.5	18.825	20.175

(4) 双倍余额递减法财务指标计算(表 8.13)

双倍余额递减法

表 8.13 双倍余额递减法财务指标计算 (单位:万元)

内容	年份					
	0	1	2	3	4	5
(一) 现金流入		200	200	200	200	220
1. 销售收入		200	200	200	200	200
2. 回收固定资产						20
3. 借款	0					
(二) 现金流出	100	125.5	129.5	131.9	135.3	135.3
1. 固定资产投资	100					
2. 经营成本		100	100	100	100	100
3. 销售税金及附加		14	14	14	14	14
4. 所得税		11.5	15.5	17.9	21.3	21.3
5. 本金偿还		0	0	0	0	0

续表 8.13

内容	年份					
	0	1	2	3	4	5
6. 利息支付		0	0	0	0	0
(三) 净现金流量	−100	74.5	70.5	68.1	64.7	84.7

年数总和法

根据表 8.13 的数据，可计算得到内部收益率为 66.62%(过程略)，以 12% 为折现率，净现值为 $NPV=-100+\frac{74.5}{(1+12\%)}+\frac{70.5}{(1+12\%)^2}+\frac{68.1}{(1+12\%)^3}+\frac{64.7}{(1+12\%)^4}+\frac{84.7}{(1+12\%)^5}=160.64$(万元)。

(5) 年数总和法财务指标计算(表 8.14)

表 8.14　年数总和法财务指标计算　　(单位:万元)

内容	年份					
	0	1	2	3	4	5
(一) 现金流入		200	200	200	200	220
1. 销售收入		200	200	200	200	200
2. 回收固定资产						20
3. 借款	0					
(二) 现金流出	100	128.825	130.175	131.5	132.825	134.175
1. 固定资产投资	100					
2. 经营成本		100	100	100	100	100
3. 销售税金及附加		14	14	14	14	14
4. 所得税		14.825	16.175	17.5	18.825	20.175
5. 本金偿还		0	0	0	0	0
6. 利息支付		0	0	0	0	0
(三) 净现金流量	−100	71.175	69.825	68.5	67.175	85.825

根据表 8.14 的数据，可计算得到内部收益率为 65.09%(过程略)，以 12% 为折现率，净现值为 $NPV=-100+\frac{71.175}{(1+12\%)}+\frac{69.825}{(1+12\%)^2}+\frac{68.5}{(1+12\%)^3}+\frac{67.175}{(1+12\%)^4}+\frac{85.825}{(1+12\%)^5}=159.36$ 万元。

由此可见，使用不同的计提折旧方法，缴纳税款相同，但由于纳税的现值不同，税后现金流量也不同。直线法、双倍余额递减法和年数总和法对应的投资现值分别为 158.28 万元、160.64 万元和 159.36 万元，因此，双倍余额递减法对企业最有利，年数总和法次之。允许企业选择加速折旧法计提折旧，从而加速补偿固定资产的损耗，虽然企业缴纳税款总额不变，但是推迟了所得税计入现金流出的时间，实质上等于从政府那取得了一笔无须支付利息的贷款。因此，采用加速折旧法实际上是国家给予的一种特殊缓税或延期纳税优惠。

8.6　财务评价案例

为了理解投资项目财务评价的过程和做法，下面给出一个简化的分析案例。

8.6.1　项目概述

某企业拟在当地新建一个化肥厂，预计项目寿命期为 15 年，其中建设期为 3 年，第 4 年投产，第 5 年开始达到设计生产能力。

预计固定资产投资总额为 8000 万元，其中自有资金投资为 4000 万元，剩余部分采用银行借款，银行借款年利率 $i=10\%$，建设期间只计息不还款，第 4 年投产后按等额本金法开始还贷，计划用 10 年还清。其投资估算表见表 8.15。

表 8.15　投资估算表　（单位：万元）

项目＼年份	0	1	2	合计
固定资产投资总额	2500	3500	2000	8000
自有资金投资	1500	1500	1000	4000

整个项目期间的流动资金投资约需 2490 万元，全部使用银行贷款，年利率为 10%。

销售收入、销售税金及附加和经营成本通过市场分析和专家调查得到估算值(表 8.16)。

表 8.16　经营数据估算表　（单位：万元）

项目＼年份	4	5	6	…	15
销售收入	5600	8000	8000	…	8000
销售税金及附加	320	480	480	…	480
经营成本	3500	5000	5000	…	5000

固定资产折旧年限为 15 年，残值率为 5%。

公司所得税税率为 33%，按当年税后利润提取盈余公积金 10%，提取公益金 5%。余下可分配利润当年全部分配。折现率为 12%，请进行该项目的财务分析。

8.6.2　基础数据估算

① 根据投资估算情况，编制借款需要量计算表(表 8.17)。

表 8.17　借款需要量计算表　（单位：万元）

项目＼年份	0	1	2	3	合计
固定资产投资总额	2500	3500	2000		8000
流动资金				2490	2490
自有资金	1500	1500	1000		4000
借款需要量	1000	2000	1000	2490	6490

② 根据“借款需要量计算表”的结果，计算建设期借款利息(表8.18)。其中，建设期当年借款只计一半利息(年中法)。

表8.18　建设期借款利息计算表　　(单位:万元)

项目＼年份	1	2	3	4	附注
年初欠款	0	1050	3255	4630	建设期利息约为630
当年借款	1000	2000	1000		
当年利息	50	205	375		
年末欠款累计	1050	3255	4630		

③ 根据建设期借款利息计算表，可编制“借款还贷计划与利息计算表”(10年等额本金，见表8.19)。

表8.19　借款还贷计划与利息计算表　　(单位:万元)

内容＼年份	4	5	6	7	8	9	10	11	12	13
年初欠款	4630	4167	3704	3241	2778	2315	1852	1389	926	463
当年利息支付	463	417	370	324	278	232	185	139	93	46
当年还本	463	463	463	463	463	463	463	463	463	463
年末欠款	4167	3704	3241	2778	2315	1852	1389	926	463	0

④ 固定资产折旧计算

根据上述计算，建设期利息计入固定资产，因此，固定资产总额：

$$8000+630=8630(万元)$$

年折旧额：

$$8630\times(1-5\%)\div15=547(万元)$$

第4年开始计提折旧，一共计提了12年，第15年末回收固定资产余值：

$$8630-547\times12=2066(万元)$$

折旧与摊销计算表见表8.20。

表8.20　折旧与摊销计算表　　(单位:万元)

内容＼年份	4	5	6	7	8	9	10	11	12	13	14	15
年初固定资产	8630	8083	7536	6989	6442	5895	5348	4801	4254	3707	3160	2613
当年折旧额	547	547	547	547	547	547	547	547	547	547	547	547
年末净资产额	8083	7536	6989	6442	5895	5348	4801	4254	3707	3160	2613	2066

⑤ 利润与所得税计算

根据销售收入和所有成本费用之差计算利润，所得税税率为33%。税后利润先提取10%的盈余公积金和5%的公益金，余下部分当年全部分配。

编制利润及利润分配表(损益表)，见表8.21。

表 8.21 利润及利润分配表(损益表) (单位:万元)

年份 内容	4	5	6	7	8	9	10	11	12	13	14	15
1 销售收入	5600	8000	8000	8000	8000	8000	8000	8000	8000	8000	8000	8000
2 销售税金及附加	320	480	480	480	480	480	480	480	480	480	480	480
3 总成本费用	4759	6213	6166	6120	6074	6028	5981	5935	5889	5842	5796	5796
3.1 经营成本	3500	5000	5000	5000	5000	5000	5000	5000	5000	5000	5000	5000
3.2 折旧与摊销	547	547	547	547	547	547	547	547	547	547	547	547
3.3 利息支付	712	666	619	573	527	481	434	388	342	295	249	249
3.3.1 建设投资借款利息	463	417	370	324	278	232	185	139	93	46	0	0
3.3.2 流动资金借款利息	249	249	249	249	249	249	249	249	249	249	249	249
4 利润总额	521	1307	1354	1400	1446	1492	1539	1585	1631	1678	1724	1724
5 所得税	172	431	447	462	477	492	508	523	538	554	569	569
6 税后利润	349	876	907	938	969	1000	1031	1062	1093	1124	1155	1155
7 盈余公积金	35	88	91	94	97	100	103	106	109	112	116	116
8 公益金	18	44	45	47	48	50	52	53	55	56	58	58
9 应付利润	296	744	771	797	824	850	876	903	929	956	981	981
10 未分配利润												
11 息税前利润	1233	1973	1973	1973	1973	1973	1973	1973	1973	1973	1973	1973
12 税后净营业利润	1061	1542	1526	1511	1496	1481	1465	1450	1435	1419	1404	1404
13 息税折旧摊销前利润	1780	2520	2520	2520	2520	2520	2520	2520	2520	2520	2520	2520
附注:	总成本费用=经营成本+折旧与摊销+利息支付 利息支付=建设投资借款利息+流动资金借款利息 利润总额=销售收入-销售税金及附加-总成本费用 所得税=利润总额×33% 税后利润=利润总额-所得税 盈余公积金=税后利润×10% 公益金=税后利润×5% 应付利润=税后利润-盈余公积金-公益金 息税前利润=利润总额+利息支付 税后净营业利润=税后利润+利息支付 息税折旧摊销前利润=息税前利润+折旧与摊销											

根据利润及利润分配表(表 8.21),计算得到全部投资收益率为:

$$1973 \div 8000 \times 100\% = 24.66\%$$

达产当年(第 5 年)自有资金投资收益率为:

$$876 \div 4000 \times 100\% = 21.9\%$$

自有资金投资收益率逐年提高,第 9 年自有资金投资收益率为:

$$1000 \div 4000 \times 100\% = 25\%$$

⑥ 据此可编制“全部投资现金流量表”(表 8.22)和“自有资金投资现金流量表”(表 8.23)。

表 8.22　全部投资现金流量表

（单位：万元）

年份 内容	0	1	2	3	4	5	6	7	8	9	10	11	12	13	14	15
（一）现金流入					5600	8000	8000	8000	8000	8000	8000	8000	8000	8000	8000	12556
1. 销售收入					5600	8000	8000	8000	8000	8000	8000	8000	8000	8000	8000	8000
2. 回收固定资产																2066
3. 回收流动资金																2490
（二）现金流出	2500	3500	2000	2490	3992	5911	5927	5942	5957	5972	5988	6003	6018	6034	6049	6049
1. 固定资产投资	2500	3500	2000													
2. 流动资金投资				2490												
3. 经营成本					3500	5000	5000	5000	5000	5000	5000	5000	5000	5000	5000	5000
4. 销售税金及附加					320	480	480	480	480	480	480	480	480	480	480	480
5. 所得税					172	431	447	462	477	492	508	523	538	554	569	569
（三）净现金流量	−2500	−3500	−2000	−2490	1608	2089	2073	2058	2043	2028	2012	1997	1982	1966	1951	6507

根据“全部投资现金流量表”（表 8.22）的数据，可计算得到全部投资的内部收益率为 12.85%（过程略）。

表 8.23 自有资金投资现金流量表

（单位：万元）

内容 \ 年份	0	1	2	3	4	5	6	7	8	9	10	11	12	13	14	15
（一）现金流入					5600	8000	8000	8000	8000	8000	8000	8000	8000	8000	8000	12556
1. 销售收入					5600	8000	8000	8000	8000	8000	8000	8000	8000	8000	8000	8000
2. 回收固定资产																2066
3. 回收流动资金																2490
（二）现金流出	1500	1500	1000		5167	7040	7009	6978	6947	6916	6885	6854	6823	6792	6298	8788
1. 固定资产投资	1500	1500	1000													
2. 流动资金投资																
3. 经营成本					3500	5000	5000	5000	5000	5000	5000	5000	5000	5000	5000	5000
4. 销售税金及附加					320	480	480	480	480	480	480	480	480	480	480	480
5. 所得税					172	431	447	462	477	492	508	523	538	554	569	569
6. 固定投资本金偿还					463	463	463	463	463	463	463	463	463	463	0	0
7. 固定投资利息支付					463	417	370	324	278	232	185	139	93	46	0	0
8. 流动资金本金偿还																2490
9. 流动资金利息支付					249	249	249	249	249	249	249	249	249	249	249	249
（三）净现金流量	−1500	−1500	−1000		433	960	991	1022	1053	1084	1115	1146	1177	1208	1702	3768

根据“自有资金投资现金流量表”（表 8.23）的数据，可计算得到自有资金投资的内部收益率为 18.45%（过程略）。

⑦ 资金来源与运用表(表 8.24)

表 8.24 资金来源与运用表

(单位:万元)

内容＼年份	0	1	2	3	4	5	6	7	8	9	10	11	12	13	14	15
1 资金来源	2500	3500	2000	2490	1068	1854	1901	1947	1993	2039	2086	2132	2178	2225	2271	6827
1.1 利润总额					521	1307	1354	1400	1446	1492	1539	1585	1631	1678	1724	1724
1.2 折旧与摊销费					547	547	547	547	547	547	547	547	547	547	547	547
1.3 长期借款	1000	2000	1000													
1.4 短期借款				2490												
1.5 自有资金	1500	1500	1000													
1.6 回收固定资产余值																2066
1.7 回收流动资金																2490
2 资金运用	2500	3500	2000	2490	931	1638	1681	1722	1764	1805	1847	1889	1930	1973	1550	4040
2.1 固定投资	2500	3500	2000													
2.2 流动资金				2490												
2.3 所得税					172	431	447	462	477	492	508	523	538	554	569	569
2.4 应付利润					296	744	771	797	824	850	876	903	929	956	981	981
2.5 长期借款偿还					463	463	463	463	463	463	463	463	463	463	0	0
2.6 短期借款偿还																2490
3 盈余资金(1)－(2)	0	0	0	0	137	216	220	225	229	234	239	243	248	252	721	2787
4 累计盈余资金	0	0	0	0	137	353	573	798	1027	1261	1500	1743	1991	2243	2964	5751

“资金来源与运用表”的预测见表 8.24,从表中可知,各年的盈余资金均大于或等于零,即该项目资金平衡不存在问题。

⑧ 资产负债表(表 8.25)

表 8.25 资产负债表

(单位:万元)

内容 \ 年份	1	2	3	4	5	6	7	8	9	10	11	12	13	14	15
1 资产	2550	6255	11120	10710	10379	10052	9730	9412	9099	8791	8487	8188	7893	8067	8241
1.1 流动资产总额			2490	2627	2843	3063	3288	3517	3751	3990	4233	4481	4733	5454	6175
1.1.1 流动资产			2490	2490	2490	2490	2490	2490	2490	2490	2490	2490	2490	2490	2490
1.1.2 累计盈余资金				137	353	573	798	1027	1261	1500	1743	1991	2243	2964	3685
1.2 在建工程	2550	6255	8630												
1.3 固定资产净值				8083	7536	6989	6442	5895	5348	4801	4254	3707	3160	2613	2066
2 负债与所有者权益	2550	6255	11120	10710	10379	10052	9730	9412	9099	8791	8487	8188	7893	8067	8241
2.1 流动负债总额			2490	2490	2490	2490	2490	2490	2490	2490	2490	2490	2490	2490	2490
2.1.1 短期借款			2490	2490	2490	2490	2490	2490	2490	2490	2490	2490	2490	2490	2490
2.2 长期负债	1050	3255	4630	4167	3704	3241	2778	2315	1852	1389	926	463	0	0	0
负债小计	1050	3255	7120	6657	6194	5731	5268	4805	4342	3879	3416	2953	2490	2490	2490
2.3 所有者权益	1500	3000	4000	4053	4185	4321	4462	4607	4757	4912	5071	5235	5403	5577	5751
2.3.1 资本金	1500	3000	4000	4000	4000	4000	4000	4000	4000	4000	4000	4000	4000	4000	4000
2.3.2 累计盈余公积金				35	123	214	308	405	505	608	714	823	935	1051	1167
2.3.3 累计公益金				18	62	107	154	202	252	304	357	412	468	526	584
资产负债率	0.412	0.520	0.640	0.622	0.597	0.570	0.541	0.511	0.477	0.441	0.402	0.361	0.315	0.309	0.302

“资产负债表”的预测见表 8.25,从计算指标可知,该项目资产负债率最高为 64%,资本结构较为合理。资产负债率在建设期末和生产期初比较高,此时的流动比率较低,应注意此时的资金平衡。

8.6.3 财务评价结论

根据上述计算，通过对该投资项目的盈利能力和资金平衡及偿债能力进行分析，分析指标分别有：

① 盈利能力：静态投资回收期、投资利润率、投资利税率、资本金净利润率、财务内部收益率、财务净现值。

② 资金平衡及偿债能力：借款偿还期、资产负债率、流动比率、速动比率、利息备付率、偿债备付率。

本投资项目财务内部收益率高于行业基准收益率，财务净现值大于零，投资回收期低于行业基准投资回收期，借款偿还能满足贷款机构要求，项目各年的财务状况也较好，而且风险不是特别大。因此，从财务上讲，本项目可以接受。

思考题与习题

1. 简述全部投资现金流量表和自有资金投资现金流量表的区别。

2. 全部投资和自有资金投资的回报来源是什么？

3. 工程项目财务评价的静态指标主要有哪些？动态指标主要有哪些？

4. 分析投资项目清偿能力的指标有哪些？

5. 分析投资项目盈利能力的指标有哪些？

6. 某工程项目寿命期为 10 年，期初投资 200 万元，年销售收入 120 万元，年折旧额 20 万元，不考虑残值。年经营成本 50 万元，营业税金 6 万元，企业所得税税率为 25%。试列表计算该工程项目的净现金流量。

7. 某投资项目总投资 100 万元，其中 60 万元为银行贷款，贷款利率为 8%，还款期限为 5 年，第 2 年末开始还款，还款方式为等额本金法。该项目全部投资净现金流量表如表 8.26 所示。求全部投资和自有资金投资的内部收益率。

表 8.26 全部投资净现金流量表 （单位：万元）

年份	0	1	2	3	4	5	6	7	8
净现金流量	−100	20	25	25	25	25	25	25	30

8. 某项目期初投资 4500 万元，建设期为 2 年，投产后每年经营成本 3000 万元，销售收入 4800 万元，销售税率为 10%，使用寿命为 12 年，期末残值 1200 万元。请画出现金流量图，并计算净现值和静态投资回收期（$i_c=12\%$）。

9. 题 8 中如果初始投资的 60%是银行借款，投产当年开始归还（年末还款），分 10 年按等额本金法还本付息，借款利率为 8%，求自有资金的内部收益率。

10. 某项目建设期为 2 年，生产期为 8 年，项目建设投资 9000 万元。固定资产折旧年限为 10 年，按直线折旧法计提折旧，残值率为 4%，在生产期末回收固定资产残值。建设项目发生的资金投入、收益及成本情况见表 8.27。建设投资借款年利率为 7%，建设期只计息不还款，投产后当年开始按等额本金法还本付息。流动资金借款年利率为4%，投产后每年支付利息，生产期末偿还本金。销售税金及附加税率为6.6%，所得税税率为25%，行业基准收益率为12%。

表 8.27 资金投入、收益及成本情况表 (单位：万元)

序号	年份	0	1	2	3	4	5～10
1	自有资金投资	3000	1500				
2	建设投资借款	3000	1500				
3	流动资金借款			800			
4	年销售收入				12000	13500	15000
5	年经营成本				6000	6750	7500

(1) 编制“建设资金借款还本付息表”(即完成表8.28)；

表 8.28 建设资金借款还本付息表 (单位：万元)

序号	年份	1	2	3	4	5	6	7
1	年初借款余额							
2	本年新增借款							
3	本年应计利息							
4	本年应还本金							
5	本年应还利息							

(2) 计算各年固定资产折旧额及项目期末固定资产回收值；

(3) 编制全部投资的现金流量表，并计算NPV，判断项目的可行性。

11. 某项目预测结果如表8.29所示。

表 8.29 某项目预测结果 (单位：万元)

序号	年份	1	2	3	4	5	6	7	8
1	自有资金投资	500	500						
2	建设投资借款	800	700						
3	自由流动资金		200						
4	流动资金借款		400						
5	销售收入			2000	2500	2800	2800	2800	2800
6	经营成本			1000	1200	1400	1400	1400	1400
7	摊销费			70	70	70	70	70	70

建设投资借款(年中借款)年利率为6%，流动资金借款(年末借款)年利率为4%，固定

资产投资折旧年限为10年，采用直线折旧法计提折旧，净残值率为4%。销售税金为6%，所得税税率为33%。固定资产借款分4年按等额本金法偿还，流动资金借款每年支付利息，本金最后1年偿还。

试计算：(1)固定资产投资总额；(2)年折旧额及固定资产期末余值；(3)固定资产借款、流动资金借款每年还本付息额；(4)各年利润总额、所得税及税后利润，并完成表8.30；(5)投资利润率。

表8.30　各年利润总额、所得税及税后利润计算表

年份	3	4	5	6	7	8
销售收入						
销售税金及附加						
经营成本						
折旧						
摊销						
固定资产利息						
流动资金利息						
利润						
所得税						
税后利润						

答案

9 投资项目国民经济评价

内容提要

国民经济评价是从国民经济整体利益出发，遵循费用与效益统一划分的原则，用影子价格、影子工资、影子汇率和社会折现率等经济参数，计算分析项目给国民经济带来的净增量效益，以此来评价项目的经济合理性和宏观可行性，实现资源的最优化利用和合理配置。国民经济评价和财务评价共同构成了完整的工程项目的经济评价体系。

通过本章学习，使学生了解国民经济评价、费用与效益的概念，国民经济评价的作用、步骤及其与财务评价的关系，国民经济评价指标的内容；掌握费用与效益的识别原则、直接效果、外部效果与转移支付的内容，影子价格、影子汇率、影子工资、贸易费用率等参数的意义和确定方法。

9.1 国民经济评价概述

9.1.1 国民经济评价的概念与作用

9.1.1.1 国民经济评价的概念

国民经济评价又称国民经济效益评价，是采用费用与效益分析的方法，运用影子价格、影子汇率、影子工资和社会折现率等经济参数，计算分析项目需要国家付出的代价和对国家的贡献，考察投资行为的经济合理性。

当前我国所采用的国民经济评价方法，是在参考联合国工业发展组织（UNIDO）所提出的《项目评价手册》的基础上，结合我国的实际情况，综合考虑了必要性和可行性，在具体手段上进行了简化处理的评价方法。

9.1.1.2 国民经济评价的作用

工程项目的国民经济评价是把工程项目放到整个国民经济体系中来研究考察，从国民经济的角度来分析、计算和比较国民经济为项目所要付出的全部成本和国民经济从项目中可能获得的全部效益，并据此评价项目的经济合理性，从而选择对国民经济最有利的方案。国民经济评价是针对工程项目所进行的宏观效益分析，其主要目的是实现国家资源的优化配置和有效利用，以保证国民经济能够可持续地稳定发展。

因此，国民经济评价的意义或者说其重要作用主要体现在以下三个方面：

① 宏观上合理配置国家有限资源：进行国民经济评估可避免拟建项目的重复和盲目建设，并有利于避免投资决策的失误。这是因为，国民经济评估是从国家的角度（即宏观角度）出发，而不是从地区或企业的角度（即微观角度）出发来考察项目的效益和费用，可避免地方

保护主义和企业的片面性、局限性。

② 真实反映项目对国民经济净贡献：进行国民经济评估可以全面评估项目的综合效益。因为它既分析项目的直接经济效益，也分析项目的间接经济效益和辅助经济效益。进行国民经济评估可以确定项目消耗社会资源的真实价值。有些项目的投入物和产出物的国内市场价格往往不能反映真实的经济价值，从而会导致项目财务效益的虚假性；国民经济评估则可以通过影子价格对财务价格进行修正，可以真实地反映出项目消耗社会资源的价值量。

③ 有利于实现投资决策科学化，具体又包括三个方面的含义：

a. 有利于引导投资方向；

b. 有利于控制投资规模；

c. 有利于提高计划质量。

9.1.1.3 国民经济评价的必要性

仅对工程项目进行财务评价不能说明项目对国民经济的真实贡献。

① 由于企业和国家是两个不同的评估角度，企业利益并不总是与国家利益完全一致，因此，一个项目对国家和企业的费用和效益的范围不完全一致。财务盈利效果仅是项目内部的直接经济效果，不包括对外部的影响。国民经济评估是以社会需求作为项目取舍的依据，而不是单纯地看项目是否盈利。

② 财务分析中所用价格是预测价格。由于种种原因，项目的投入品和产出品财务价格失真，不能正确反映其对国民经济的真实价值。

③ 不同项目的财务分析包括不尽相同的税收、补贴和贷款条件，使不同项目的财务盈利能力比较失去了公正的效果。

9.1.1.4 国民经济评价的对象

一般情况下，应对下列类型的投资项目进行国民经济评价：

① 国家及地方政府参与投资的项目；

② 国家给予财政补贴或者减免税费的项目；

③ 主要的基础设施项目；

④ 较大的水利水电项目；

⑤ 国家控制的战略性资源开发项目；

⑥ 动用社会资源和自然资源较大的中外合资项目；

⑦ 主要产出物和投入物的市场价格不能反映其真实经济价值的项目。

9.1.2 国民经济评价与财务评价的关系

对工程项目进行财务评价和国民经济评价所得到的结论是项目决策的主要依据。企业的财务评价注重的是项目的盈利能力，而国民经济评价注重的则是国家经济资源的合理配置以及项目对整个国民经济的影响。财务评价是国民经济评价的基础，国民经济评价则是财务效益评价的前提。二者相辅相成，互为参考和补充，既有联系，又有区别。

(1) 共同点

① 都是经济评价，都使用费用与效益比较的理论方法，都要寻求以最小投入获取最大

的产出；

② 两种分析都要在项目完成产品需求预测、工艺技术选择、设备选型、投资估算、资金筹措等基础上进行；

③ 两种评价采用的方法、指标相同，都采用现金流量、报表分析方法，都采用 *IRR*、*NPV* 等指标。

(2) 区别

① 评价角度和基本出发点不同；

② 项目的费用和效益的含义和范围不同；

③ 使用的价格体系不同；

④ 使用的评价参数不同；

⑤ 财务评价有两个方面，即营利性评价和清偿能力分析，而国民经济评价只有营利性评价而无清偿能力分析。

两者之间的区别见表 9.1。

表 9.1 国民经济评价与财务评价的区别

比较项	财务评价	国民经济评价
评价角度	从企业角度分析项目财务效果，侧重盈利能力及偿债能力的分析	从国家角度分析项目对国民经济的效应，侧重项目对国家的贡献及国家为项目付出的代价
评价任务	为项目选定和贷款决策提供依据	为项目择优、是否应当兴建及生产建设规模提供依据
评价范围	仅限于项目和企业本身，仅考虑直接可用货币度量的效益，采用定量分析	不仅考虑项目对国民经济的直接效益，还考虑间接的、外部的、相关的效益，定性分析和定量分析相结合
费用和效益内容	将项目全部支出作为费用	将转移支付扣除，且不考虑沉没成本
计价基础	以市场价格为基础	采用影子价格进行调整计算
依据资料	行业基准内部收益率等	社会折现率、影子汇率等
评价对象	没有财务收入的，不评价	重大的、有关国计民生的项目、基础设施及国际金融组织贷款项目

(3) 当财务评价和国民经济评价结论矛盾时的处理原则(表 9.2)

① 国计民生的急需项目，如果国民经济效益可行，财务评价不可行，则由国家提供优惠政策或扶持措施，改变财务参数，使财务评价结论可行；

② 财务评价可行，国民经济效益不可行，则予以否决。

表 9.2 财务评价和国民经济评价结论矛盾时的处理

序号	财务评价	国民经济评价	决策结果
1	可行	可行	可以实施
2	不可行	可行	可以实施
3	可行	不可行	不能实施
4	不可行	不可行	不能实施

9.1.3 国民经济评价的内容与步骤

(1) 国民经济评价的内容

① 对投资项目的经济效益和费用的划分、识别进行鉴定分析与评价

在这一部分,应重点注意对转移支付的处理和对外部效果的计算。

② 对计算费用和效益所采用的影子价格及其国家经济参数进行鉴定分析与评价

投资项目的费用和效益的计算是否正确,关系到项目在经济上是否合理可行,而费用和效益的计算则涉及所采用的有关评价参数(影子价格、影子汇率、影子工资等)是否合理。因此,对有关评价参数的分析与评价是国民经济评价的主要内容。

③ 对投资项目的经济效益和费用数值的调整进行分析与评价

可按照已经选定的评价参数,计算项目的销售收入、投资和生产成本的支出,并分析和评价调整的内容是否齐全、合理,调整的方法是否正确,是否符合有关规定。

④ 对投资项目的国民经济评价报表进行分析与评价

主要是对所编制的有关报表进行核对,保证其符合规定及正确性。

⑤ 对国民经济效益指标的评价

对国民经济效益指标的评价就是从国民经济整体角度出发,考察项目给国民经济带来的净贡献,即对项目的国民经济盈利能力、外汇效果等进行评价。

⑥ 对投资项目不确定性分析的评价

对投资项目不确定性分析的评价,应包括对盈亏平衡分析、敏感性分析及概率分析所作出的分析与评价,以确定投资项目在经济上的可靠性。

⑦ 对方案经济效益比选的评价

在国民经济评价中,方案比选一般采用净现值法和差额收益率法,而对于效益相同和效益基本相同又难以具体估算的方案,可采用最小费用法(总费用现值比较和年费用现值比较)。

⑧ 综合评价与结论建议

在对主要评价指标进行综合分析后,就可以作出评价结论,并对在评价中所出现和反映的问题、对投资项目需要说明的问题以及有关建议作简要的说明。

(2) 国民经济评价的步骤

对于一般工程项目,国民经济评价是在财务评价的基础上进行的,其主要步骤如下:

① 收集和整理有关数据资料;

② 费用与效益的识别；

③ 价格调整；

④ 计算费用和效益；

⑤ 填制有关表格，计算并分析评价指标。

9.2　国民经济评价中的效益与费用

9.2.1　效益与费用的识别

评价建设项目经济合理性的基本途径是将建设项目的效益和费用进行比较，进而计算其对国民经济的净贡献。国民经济评价以实现社会资源的最优配置从而使国民收入最大化为目标，凡是增加国民收入的就是国民经济效益，凡是减少国民收入的就是国民经济费用。

由于经济资源的稀缺性，一个项目的资源投入就会减少这些资源在国民经济其他方面的可用量，从而减少其他方面的国民收入。从这种意义上说，该项目对资源的使用产生了国民经济费用。同理，我们说项目的产出是国民经济收益，是由于项目的产出能够增加社会资源。

因此不难理解，在考察国民经济费用和效益的过程中，我们的依据不是货币，而是社会资源真实的变动量。凡是减少社会资源的项目投入都产生国民经济费用，凡是增加社会资源的项目产出都产生国民经济收益。需要注意的是，这里提到的资源应是稀缺的经济资源而不是闲置或不付出代价就可自由使用的物品。

9.2.2　直接效益与直接费用

(1) 直接效益

项目的直接效益是由项目本身产生，由其产出物提供，并用影子价格计算的产出物的经济价值。项目直接效益的确定，分为两种情况：

① 如果拟建项目的产出物用以增加国内市场的供应量，其效益就是所满足的国内需求，也就是所增加的消费者支付意愿；

② 如果国内市场的供应量不变，其效益表现为以下几个方面：项目产出物增加了出口量，其效益为所获得的外汇；项目产出物减少了总进口量，即替代了进口货物，其效益为节约的外汇；项目产出物顶替了原有项目的生产，致使其减产或停产的，其效益为原有项目减产或停产向社会所释放出的资源，其价值也就等于对这些资源的支付意愿。

(2) 直接费用

项目的直接费用主要指国家为满足项目投入物(包括固定资产投资、流动资金及经常性投入)的需要而付出的代价。这些投入物用影子价格计算的经济价值即为项目的直接费用。项目直接费用的确定也分为两种情况：

① 如果拟建项目的投入物来自国内供应量的增加，即增加国内生产来满足拟建项目的需求，其费用就是增加国内生产所消耗的资源价值；

② 如果国内总供应量不变，其费用表现为：项目投入物来自国外，以增加进口来满足项

目的需求，其费用就是所花费的外汇；项目的投入物本来可以出口，为满足项目的需求，减少出口量，其费用就是减少的外汇收入；项目的投入物本来用于其他项目，由于改用于拟建项目，将减少对其他项目的供应，其费用为其他项目因此而减少的效益，也就是其他项目对该投入物的支付意愿。

9.2.3 间接效益与间接费用

间接效益是指项目对社会做出的贡献，而项目本身并未得到的那部分效益。间接费用指国民经济为项目付出代价，而项目本身并不实际支付的费用。间接效益和间接费用也可统称为外部效果。

在项目经济评价中，只有同时符合以下两个条件的效益和费用才能作为间接效益或间接费用。

① 项目将对与其并无直接关联的其他项目或消费者产生影响(效益或费用)；

② 这种效益或费用在财务报表(如现金流量表)中并没有得到反映，或者说没有将其价值量化。

一般情况下，投资项目的外部效果包括：

(1) 环境及生态影响效果

主要是指工业项目排除“三废”造成的环境污染和生态的破坏，是一种间接费用。例如发电厂排放的烟尘可使附近农田的作物产量减少，化工厂排放的污水可使附近江河的鱼类资源骤减。

(2) 技术扩散效果

通常包括技术培训和技术推广等，这是一种比较明显的技术外部效果，是一种间接效益。技术扩散和示范效果是由于建设技术先进的项目会培养和造就大量的技术人员和管理人员。由于人员流动、技术交流，他们除了为本项目服务外，还会对整个社会经济发展带来好处。

技术性外部效果反映了社会生产和消费的真实变化，这种真实变化必然会引起社会资源配置的变化，所以应在国民经济评价中加以考虑。为防止外部效果计算扩大化，项目的外部效果一般只计算一次相关效果，不应连续计算。

(3) 产业关联效果

包括对上游企业和下游企业的关联效果。例如建设一个水电站，一般除发电、防洪灌溉和供水等直接效果外，还必然带来养殖业和水上运动的发展，以及旅游业的增加等间接效益。此外，农牧业还会因土地淹没而遭受一定的损失(间接费用)。这些都是水电站兴建而产生的产业关联效果。

【例 9.1】 某市一新建 30 万千瓦的火力发电机组项目正式投产，每年发电量约 20 亿度。其中 75%为生产用电，支持当地工业的发展。当地工矿企业每度电能创造 10 元产值，每百元产值能创造 15 元利税。试计算该项目的外部效果。

【解】 该项目间接效益 $= 20\times75\%\times10\times15\% = 22.5$(亿元/年)

上述间接效益的计算是有前提条件的：没有本项目，当地上下游闲置的生产能力不能发挥。因此，随着时间的推移，上述前提条件可能不再成立，当地或许引入其他项目以激活闲置的生产能力。

9.2.4 转移支付

在识别费用与效益范围的过程中，将会遇到税金、国内借款利息和补贴的处理问题。这些都是财务评价中的实际现金收入或支出，但是从国民经济的角度看，企业向国家缴纳税金、向国内银行支付利息，或企业从国家得到某种形式的补贴，都未造成资源的实际耗费或增加，因此不能计为项目的费用或效益，它们只是国民经济内部各部门之间的转移支付。在国民经济评价中，对上述转移支付应予以剔除。

(1) 税金

在财务分析中，税金包括销售税和所得税。对企业来说，这些税金都是财务支出。但是，对国民经济整体而言，企业纳税并未减少国民收入，只不过是将企业的这笔货币收入转移到政府手中而已，是收入的再分配。前面谈到，考察项目的国民经济评价系统，我们是从资源增减的角度区别收益和费用的，税金既然是国民收入的再分配，并不伴随资源的变动，所以，在国民经济评价中既不能把税金列为收益，也不能把税金列为费用。

(2) 补贴

补贴是一种货币流动方向与税金相反的转移支付。政府如果对某些产品实行价格补贴，可能会降低项目投入的支付费用，或者会增加项目的收入，从而增加项目的净收益。但是这种收益的增加仍然是国民收入从政府向企业的一种转移，它使资源的支配权发生变动，但既未增加社会资源，也未减少社会资源，因而补贴不被视作国民经济评价中的费用和收益。

(3) 国内贷款的还本付息

项目的国内贷款及其还本付息也是一种转移支付，在项目投资人的财务评价中被视作财务支出。但从国民经济角度看，情况则不同。还本付息并没有减少国民收入，这种货币流动过程仅仅代表资源支配权利的转移，社会实际资源并未增加或减少，因而在国民经济评价中，不被视为费用。

(4) 国外贷款的还本付息

国外贷款还本付息的处理分以下三种情况：

① 评价国内投资经济效益的处理办法

项目的国民经济评价是以项目所在国的经济利益为根本出发点，所以必须考察国外贷款还本付息对项目举办国的真实影响。如果国外贷款利率很高，高于全部投资的内部收益率，那么一个投资效益好的项目，也可能由于偿还国外债务而造成大部分利润外流的局面，致使本国投资得不偿失。

为了能够揭示这种情况，如实判断本国投资资金的盈利水平，必须进行国内投资的经济效益分析。在分析时，由于还本付息意味着国内资源流入国外，因而应当视作费用(现金流出)。

② 国外贷款不指定用途时的处理办法

对项目进行国民经济评价的目的是使有限的资源得到最佳配置。因此，应当对项目所用全部资源的利用效果作出分析评价，这种评价就是包括国外贷款在内的全投资国民经济评价。不过，对使用国外贷款的项目进行全投资经济评价应是有条件的，这个条件就是国外贷款不能针对某一项目专款专用。

这种情况下，与贷款对应的实际资源虽然来自国外，但是受贷国在如何有效利用这些资源的问题上，面临着与国内资源同样的优化配置任务，因而应当对包括国外贷款在内的全部资源的利用效果作出评价。在这种评价中，国外贷款还本付息不视作收益，也不视作费用，不出现在国民经济评价所用的项目国民经济效益费用流量表中。

③ 国外贷款指定用途的处理办法

如果不上报拟建项目，就不能得到国外贷款，这时便无须进行全投资的经济效益评价，可只进行国内投资资金的经济评价。这是因为全投资经济效益评价的目的在于对包括国外贷款在内的全部资源多种用途进行比较选优，既然国外贷款的用途已经限定，别无其他选择，也就没有必要对其利用效果作出评价了。

9.3 国民经济评价的价格

9.3.1 影子价格的概念

影子价格(Shadow Price)的概念是20世纪30年代末、40年代初由荷兰数理经济学、计量经济学创始人之一詹恩·丁伯根和苏联数学家、经济学家、诺贝尔经济学奖获得者康托罗维奇分别提出来的。

影子价格是指当社会经济处于某种最优状态时，能够反映社会劳动的消耗、资源稀缺程度和对最终产品需求情况的价格。它是进行项目国民经济评价、计算国民经济效益与费用时专用的价格；依据一定原则确定，能够反映投入物和产出物真实经济价值、市场供求状况、资源稀缺程度，使资源得到合理配置的价格。

也就是说，影子价格是人为确定的、比交换(市场)价格更为合理的价格。这里所说的“合理”，从定价原则来看，应该能更好地反映产品的价值，反映市场供求状况，反映资源稀缺的程度；从定价的效果来看，应该能使资源配置向优化的方向发展。

影子价格的含义是指稀缺资源在最优利用情况下，每单位资源所能获得的超额利润。影子价格的高低能够说明资源的稀缺程度，当影子价格为零时，该资源为长线资源，必有一定剩余；影子价格越高，该资源稀缺程度越大，在生产经营中应加倍珍惜。当影子价格低于市场价格时，可按市场价格出售或另作他用，如果影子价格高于市场价格，则应当购入并继续投入原定的生产用途。

9.3.2 货物类型划分

在确定某种货物的影子价格之前，需要先区分该货物的类型。一个项目的产出或投入，会对国民经济产生各种影响。从项目的产出物来看，可能会增加国民经济的总消费；或减少其他企业的生产；或减少进口或增加出口。从项目的投入物来看，可能会减少国民经济的其他消费；或增加投入物的产量；或增加进口或减少出口。如果主要影响国家的进出口水平，可划分为外贸货物；如果主要影响国内供求关系，可划分为非外贸货物。对外贸货物和非外贸货物的划分，常见的做法有：

① 直接进口的投入物和直接出口的产出物，应视为外贸货物。

② 符合下列情况时，间接影响进出口的项目投入物按外贸货物处理：

a. 国内生产的货物，原来有出口的机会，但由于拟建项目的使用，丧失了出口的机会。

b. 国内生产不足的货物，以前进口过，现在也大量进口，但由于拟建项目的使用，导致进口量增加。

③ 符合下列情况时，间接影响进出口的项目产出物按外贸货物处理：

a. 虽然是供国内使用，但是可以替代进口，项目投产后，可以减少进口数量。

b. 虽然不直接出口，但是能替代其他产品，使这些产品增加出口数量。

④ 符合下列情况的货物应视为非外贸货物：

a. 天然非外贸货物。如国内运输项目、大部分电力项目等基础设施提供的产品或服务。

b. 由于地理位置所限，国内运费过高，不能进行外贸的货物。

c. 受国内、国际贸易政策的限制，不能进行外贸的货物。

也即外贸货物主要指其生产、使用将直接或间接影响国家进出口的货物。其中产出物包括直接出口（增加出口）、间接出口（替代其他项目产品使其增加出口）和替代进口（以产顶进、减少进口）；投入物中包括直接进口（增加进口）、间接进口（占用其他项目投入物使其增加进口）和减少出口（占用原可用于出口的国内产品）。

非外贸货物主要指其生产、使用将不影响国家进出口的货物。包括天然的非外贸货物和因运输费用过高或受国内外贸易政策的限制不能进行外贸的货物。

9.3.3 外贸货物的影子价格

外贸货物影子价格的基础是口岸价格。口岸价格是进口或出口货物在本国口岸交货的价格，包括到岸价格（Cost, Insurance, and Freight）和离岸价格（Free on Board）。

到岸价格是指进口货物到达本国口岸的价格，包括国外购进货物的成本以及货物运到本国口岸并卸下货物所需的运输费和保险费。

离岸价格是指出口货物的离岸交货价格，包括货物的出厂价格以及货物运到本国口岸的国内运输费和贸易费用。

(1) 项目投入物影子价格的确定

一般要求在到岸价格的基础上调整为到厂价格。

① 直接进口产品的影子价格。由于国内生产不足、产品质量不过关或其他原因，项目的投入物靠进口来解决。

$$影子价格=到岸价格\times影子汇率+国内运输费用和贸易费用 \tag{9.1}$$

【例 9.2】 原油是我国进口贸易货物，作为项目的投入，就会增加进口。假定某新建化工项目所在地离最近口岸距离为 300 km，原油到岸价格为每桶 90 美元。试计算进口原油的影子价格（汇率按 1 美元＝6.3 元人民币计算，铁路运价为每桶 0.1 元/km，贸易费用按口岸价格的 8%计算）。

【解】 根据式(9.1)计算原油的影子价格如下：

$$90\times6.3+300\times0.1+(90\times6.3)\times8\%=642.36(元/桶)$$

② 间接进口产品的影子价格。若国内产品以前进口过，现在也大量进口，且由于本项目建设增加了该货物的需要量，使其他原有用户需进口来满足。如果供应厂和用户难以确

定时，可按直接进口考虑。

影子价格＝到岸价格×影子汇率＋口岸到原用户的运输费用和贸易费用－供应厂到用户的运输费用和贸易费用－供应厂到拟建项目的运输费用和贸易费用　　(9.2)

③ 减少出口产品的影子价格。占用原可出口的国内产品，但供应厂难以确定时，可按离岸价格计算。

影子价格＝离岸价格×影子汇率－供应商到口岸的运输费用和贸易费用＋供应商到拟建项目的运输费用和贸易费用　　(9.3)

(2) 项目产出物影子价格的确定

一般要求在离岸价格的基础上调整为出厂价格。

① 直接出口产品的影子价格。

影子价格＝离岸价格×影子汇率－国内运输费用和贸易费用　　(9.4)

【例 9.3】 燃煤是我国出口贸易货物，作为项目的产出物，就会增加出口。假定某新建煤矿项目所在地离最近口岸距离为 300 km，燃煤到岸价格为 120 美元/t。试计算出口燃煤的影子价格(各参数同例 9.2)。

【解】 根据式(9.4)计算燃煤的影子价格如下：

$$120\times6.3-300\times0.1-(120\times6.3)\times8\%=665.52(\text{元/t})$$

② 间接出口产品的影子价格。内销产品替代其他货物而使其他货物增加出口，如果原供应厂和用户难以确定时，可按直接出口考虑。

影子价格＝离岸价格×影子汇率－原供应厂到口岸的运输费用和贸易费用＋原供应厂到用户的运输费用和贸易费用－拟建项目到用户的运输费用和贸易费用　　(9.5)

③ 替代进口产品的影子价格。以产顶进、减少进口，如果具体用户难以确定时，可按到岸价格计算。

影子价格＝原进口货物到岸价格×影子汇率＋口岸到用户的运输费用和贸易费用－拟建项目到用户的运输费用和贸易费用　　(9.6)

在确定外贸货物影子价格的实际工作中，也可以使用外贸货物的影子价格换算系数进行计算。换算系数是调整得到的影子价格和国内市场价格的一个平均比率估计值，根据资料测算得到并定期修正。其计算公式为：

换算系数＝调整后的影子价格/国内市场价格　　(9.7)

利用换算系数可以快速计算影子价格。如进口原油的影子价格为每桶 642.36 元，国内市场价格为每桶 900 元，则换算系数为：

换算系数＝642.36/900＝0.714

9.3.4 非外贸货物的影子价格

非外贸货物的影子价格计算分两种情况：

① 项目的投入物通过市场增加供给来满足，它采用供给价格，即增加供给的边际成本。

如果是通过原有企业挖掘潜力来增加供应，边际成本为可变成本；如果需要通过投资扩大生产规模才能满足项目需求，此时边际成本还包括项目投资。

② 项目的投入物，原有生产能力无法满足，又不可能新增产能，只能通过挤占其他用户的用量才能得到，此时经济价格根据需求价格确定。

非外贸货物影子价格计算原则见表9.3。

表9.3 非外贸货物的影子价格

非外贸货物	情况	经济价格	定价基础
产出物	增加国内供应	需求价格	市场价格
	替代其他企业的产出	供给价格	市场价格－流转税－利润－折旧
投入物	原有企业挖掘潜力来增加供应	供给价格	市场价格－流转税－利润－折旧
	新增生产能力来增加供应	供给价格	市场价格－流转税－利润
	挤占其他用户	需求价格	市场价格

9.3.5 普通货物的影子价格

对重要的原材料、建筑工程、交通运输、水、电、煤等普通货物，使用统一测定的影子价格，或利用财务价格乘以影子价格换算系数。

(1) 建筑工程影子价格

建筑工程影子价格系数是按成本分解法测算的。房屋建筑工程影子价格的换算系数为1.1；矿山井港建筑工程影子价格的换算系数为1.2。

(2) 交通运输影子价格

铁路货运影子价格的换算系数为1.84；公路货运影子价格的换算系数为1.26；沿海货运影子价格的换算系数为1.73，内河货运影子价格的换算系数为2.00。

(3) 动力原煤影子价格

动力原煤影子价格是根据我国煤炭资源分布情况、工业布局、煤炭开发及调运规划，采用边际成本分解法，按照合理可行的调运方案综合测定的。

(4) 电力影子价格

电力影子价格是根据我国电网发展及运行规划，采用长期边际成本分解的方法，按负荷类型及不同的用电时间，合理分摊系统新增发、供电成本的原则测定的。

9.4 国民经济评价的参数

9.4.1 影子汇率

影子汇率(Shadow Exchange Rate，SER)是指外汇的影子价格，能反映外汇转换真实价值的汇率，是国民经济评价的重要通用参数。

影子汇率主要依据一个国家或地区一段时期内进出口的结构和水平、外汇的机会成本及发展趋势、外汇供需状况等因素确定。一旦上述因素发生较大变化时，影子汇率值需作相应的调整。影子汇率体现从国家角度对外汇价值的估量，在投资项目国民经济评价中用于外汇与人民币之间的换算。

影子汇率取值的高低直接影响项目(方案)比选中的进出口抉择，影响产品进口替代型项目和产品出口型项目的决策。

在国民经济评价中，影子汇率通过影子汇率换算系数计算，影子汇率换算系数是影子汇率与国家外汇牌价的比值。工程项目投入物和产出物涉及进出口的，应采用影子汇率换算系数计算影子汇率。影子汇率换算系数由国家统一测定和发布。目前，我国的影子汇率换算系数取值为1.08。

【例9.4】 已知国家外汇牌价中人民币对美元的比值为630/100，试求人民币对美元的影子汇率。

【解】 $1.08\times 630/100=6.804$

9.4.2 影子工资

劳务的影子价格即影子工资。影子工资是体现国家和社会为拟建投资项目使用劳动力而付出的代价。它包括劳动力的机会成本和劳动力就业或转移而引起的社会资源消耗，即

影子工资＝劳动力的边际产出(或机会成本)＋劳动力的培训(转移等额外支出)　(9.8)

影子工资一般是以名义工资(职工个人实得货币工资加提取的福利费之和)乘以一个系数来取得，这个系数称为工资换算系数，即

影子工资＝名义工资×工资换算系数　(9.9)

影子工资主要根据我国劳动力的状况、结构及就业水平等因素来确定。现阶段我国一般投资项目的影子工资换算系数为1，即影子工资在数值上等同于财务评价中的名义工资。

在项目评价时，应根据所在地区劳动力的充裕程度及所用劳动力的技术熟练程度，适当提高或降低影子工资换算系数。对外商投资项目，影子工资换算系数要大于1。

9.4.3 社会折现率

社会折现率(Social Discount Rate)是投资项目国民经济评价的重要参数，是指从国家角度对资金机会成本和资金时间价值的估量，它是从社会的角度反映出最佳的资源(包括投资、自然资源和劳动力)分配和社会可接受的最低投资收益率的限度，即投资项目可能使社会得到收益的最低标准。

社会折现率由国家机关制定，是检验拟建项目投资收益率的判别标准。在国民经济评价中具体用作计算经济净年值的折现率；同时，是衡量项目经济内部收益率的基准值，也是判断投资项目经济可行性和方案比选的主要依据。

适当的社会折现率有助于合理分配建设资金，引导资金投向对国民经济贡献大的项目，调节资金供需关系，促进资金在短期项目和长期项目间的合理配置。社会折现率应体现国

民经济发展目标和宏观调控意图。根据我国目前的投资收益水平、资金机会成本、资金供需情况以及社会折现率，对长、短期项目的影响等因素，2006 年国家发展与改革委员会、建设部发布的《建设项目经济评价方法与参数(第 3 版)》中将社会折现率规定为 8%，供各类建设项目评价时统一采用。

9.4.4 土地影子价格

项目使用土地，占用了国家的土地资源，应当计算由此带来的合理费用。土地影子价格代表了对土地资源的真实价值衡量。土地影子价格包括拟建项目占用土地而使国民经济为此放弃的效益(即土地机会成本)，以及国民经济为项目占用土地而新增的资源消耗(如拆迁费用、剩余劳动力安置费等)。

$$\text{土地影子价格}=\text{土地机会成本}+\text{新资源消耗} \tag{9.10}$$

在项目国民经济评价中，土地影子价格一般采取两种方法取得：一是参考公布的不同地区的土地影子价格，二是根据实际情况自行计算。

项目占用的土地位于城镇与农村，具有不同的机会成本并由新增资源消耗构成，因而要采用不同的估算方法。

对于使用城镇土地，若为公开招标拍卖取得的价格，则可以认为是由市场决定的价格，可作为土地的影子价格，也可用假设开发法测算出影子价格；如果没有类似的市场交易价格作为参考，可将各城市制定的分级土地基准地价作为估算基准出发值，按照当地对具体地块出让价格的修正方法，估算土地影子价格。

项目征用农村土地，土地征用费用中的土地补偿费以及青苗补偿费应作为土地机会成本，并应测定土地未来的净产出，将未来各年的净产出贴现相加求和，以所有可能的最大净产出的现值之和作为机会成本。而地上建筑物费及安置补助费应作为新增资源消耗。征地管理费、耕地占用税、耕地开垦费、土地管理费、土地开发费等其他费用应作为转移支付，不列为土地影子价格的费用。

按国民经济评价费用与效益划分的原则，投资项目的实际征地费用可划分为三个部分：

① 属于机会成本性质的费用(土地使用权费)：如土地补偿费、青苗补偿费等，用“最好可行替代用途”的净效益计算。

② 新增的资源消耗费用：如拆迁费用、剩余劳动力安置费、养老费等，要用影子价格计算。

③ 转移支付：如粮食开发基金、耕地占用税等。

在国民经济评价时，对第①部分费用应按机会成本计算方法另行计算，对第②部分费用调整为按影子价格计算的费用，对第③部分费用则不能作为费用计入项目，应将其从“成本费用”中剔除。

其中，土地的机会成本一般按下式进行计算：

$$OC = \sum_{t=1}^{n} NB_o (1+g)^t \times (1+i_s)^{-t} \tag{9.11}$$

式中 OC——土地的机会成本；

n——项目占用土地的期限，一般为项目计算期；

t——年序数；

NB_o——基年土地的“最好可行替代用途”的单位面积年净效益(前3年平均值);

g——土地“最好可行替代用途”的年平均净效益增长率;

i_s——社会折现率。

【例9.5】 某投资项目建设期为2年,生产期为18年,占用农田500亩。据评价人员调查,该农田的最好可行替代用途为种植水稻。该农田占用前3年平均亩产量为1 t,且该地区水稻单产预计每年递增3%。每吨稻谷的生产成本为600元。稻谷系外贸货物,按直接出口处理,出口离岸价为300美元/t。项目所在地离口岸距离300 km,稻谷运费为0.10元/(t·km),贸易费用为离岸价的6%,影子汇率换算系数为1.08,官方汇率为8.30,运输费用的影子价格换算系数为2。试计算该土地机会成本。

【解】 (1) 每吨稻谷的影子价格

$$SP=300\times 8.30\times 1.08-300\times 0.1\times 2-300\times 8.30\times 1.08\times 6\%=2467.85(\text{元})$$

(2) 该地区每亩稻谷的净收入

$$2467.85-600=1867.85(\text{元})$$

(3) 投资项目占用20年内每亩稻田的机会成本

$$\begin{aligned} OC &= \sum_{t=1}^{n} NB_o (1+g)^t \times (1+i_s)^{-t} \\ &= \sum_{t=1}^{20} 1867.85 \times 1 \times (1+3\%)^t \times (1+12\%)^{-t} \\ &= 17374.11(\text{元}) \end{aligned}$$

(4) 投资项目占用500亩稻田20年内的机会成本

$$\sum OC = 17374.11 \times 500 = 8687055(\text{元})$$

将以上计算出的土地机会成本再加上新增的资源消耗费用,即可作为投资项目在国民经济评价时的土地影子费用。

9.5 国民经济评价指标

国民经济评价指标主要有:经济内部收益率、经济净现值、经济净现值率、经济外汇净现值、经济换汇成本和经济节汇成本等。

(1) 经济内部收益率

经济内部收益率(Economic Internal Rate of Return,*EIRR*)是使项目计算期内各年经济净效益流量的净现值等于零时的折现率,表示项目占用的投资对国民经济的净贡献,是一个相对指标。其计算式为:

$$\sum_{t=0}^{n} (B-C)_t (1+EIRR)^{-t} = 0 \tag{9.12}$$

式中 B——国民经济效益流量;

C——国民经济费用流量;

$(B-C)_t$——第t年国民经济净效益流量;

n——计算期。

判别准则：经济内部收益率大于或等于社会折现率，表明项目对国民经济的净贡献达到或超过了要求的水平，这时应认为项目是可以接受的。

(2) 经济净现值

经济净现值(Economic Net Present Value，*ENPV*)是反映项目对国民经济净贡献的绝对指标。它是指用社会折现率将项目计算期内各年的净收益流量折算到建设期初的现值之和。其表达式为：

$$ENPV = \sum_{t=1}^{n} (B - C)_t (1 + i_s)^{-t} \tag{9.13}$$

式中　i_s——社会折现率。

判别准则：工程项目经济净现值大于或等于零表示国家拟建项目付出代价后，可以得到符合社会折现率的社会盈余，或除了得到符合社会折现率的社会盈余外，还可以得到以现值计算的超额社会盈余，这时就认为项目是可以考虑接受的。

按分析效益费用的口径不同，可分为整个项目的经济内部收益率和经济净现值，国内投资经济内部收益率和经济净现值。如果项目没有国外投资和国外借款，则全投资指标与国内投资指标相同；如果项目有国外资金调入与流出，应以国内投资的经济内部收益率和经济净现值作为项目国民经济评价的指标。

(3) 经济净现值率

经济净现值率(Rate of Economic Net Present Value，*ENPVR*)指项目的经济净现值与投资总额的现值之比率，即单位投资现值的经济净现值，表示项目单位投资对国民经济净贡献的相对效果，有：

$$ENPVR = \frac{ENPV}{I_p} \times 100\% \tag{9.14}$$

式中　I_p——项目的投资现值。

经济净现值率一般可按全部投资和国内投资分别计算。在分别计算时，公式中的数据应根据指标的要求作相应的调整。

经济净现值率指标一般用于投资总量限定时多个投资方案的比较选择，并可作为判断的依据。即经济净现值率高的投资方案为较好的方案。

(4) 经济外汇净现值

经济外汇净现值(Economic Net Present Value of Foreign-exchange，$ENPV_F$)是指生产出口产品项目的外汇流入和外汇流出的差额，采用影子价格和影子工资计算按规定的折现率折算到基年的现值之和。经济外汇净现值的表达式为：

$$ENPV_F = \sum_{t=1}^{n} (FI - FO)_t (1 + i_s)^{-t} \tag{9.15}$$

式中　FI——外汇流入；

　　FO——外汇流出；

　　$(FI-FO)_t$——第 t 年的净外汇流量。

经济外汇净现值可以分析评价拟建项目实施后对国家的外汇净贡献程度。一般情况下，要求经济外汇净现值指标大于零。

(5) 经济换汇成本

经济换汇成本(CF_E)是指用影子价格、影子工资调整计算,用社会折现率计算的项目为生产出口产品而投入的国内资源现值与出口产品的经济外汇净现值之比。它表示换回1美元的外汇(现值)所需投入的人民币金额(现值)。其表达式为:

$$CF_E = \frac{\sum_{t=1}^{n} DR_t\ (1+i_s)^{-t}}{\sum_{t=1}^{n}\ (FI-FO)_t\ (1+i_s)^{-t}} \leqslant SER \tag{9.16}$$

式中 DR_t——在第 t 年投入的国内资源(包括国内投资、原材料投入和劳务工资、其他投入和贸易费用),可从"国内资源流量表"求得;

SER——影子汇率。

经济换汇成本可以分析评价项目实施后生产的出口产品在国际上的竞争能力,是判断产品能否出口的重要指标,主要适用于生产出口产品的投资项目。

(6) 经济节汇成本

经济节汇成本是指用影子价格、影子工资调整计算,用社会折现率计算的项目为生产替代进口产品所需投入的国内资源现值与生产替代进口产品的经济外汇净现值之比。它表示节约1美元的外汇(现值)所需投入的人民币金额(现值)。其表达式为:

$$经济节汇成本 = \frac{\sum_{t=1}^{n} DR'_t(1+i_s)^{-t}}{\sum_{t=1}^{n}\ (FI'-FO')_t\ (1+i_s)^{-t}} \leqslant SER \tag{9.17}$$

式中 DR'_t——在第 t 年为生产替代进口产品而投入的国内资源(包括国内投资、原材料投入和劳务工资、其他投入和贸易费用);

FI'——生产出口产品的外汇流入;

FO'——生产出口产品的外汇流出。

经济节汇成本主要适用于生产替代进口产品的投资项目的外汇效果评价。

阅读材料　费用效益分析与财务分析的区别

1844年,法国工程师杜比特(Jules Dupuit)发表了题为《公共工程项目效用的测算》的论文,文中提出了消费者剩余的概念,并采用支付意愿来度量公共工程的效益。下面通过简单的例子说明其应用。

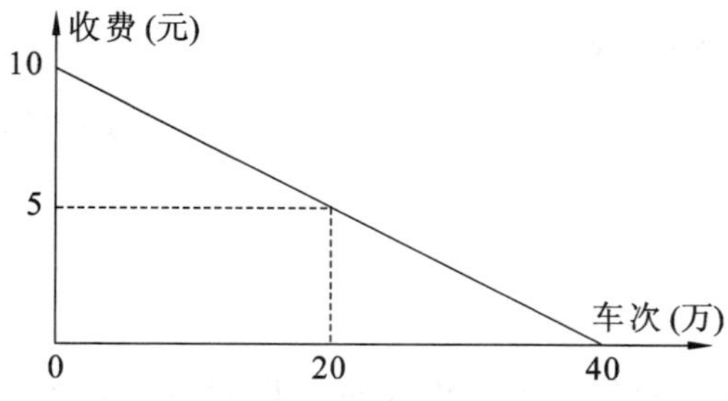

图9.1　桥梁通行需求曲线

随着日益拥堵的交通状况,某城市拟新建一座跨江桥梁,通过对该市交通现状的调查分析,预测出桥梁通行需求曲线,如图9.1所示。

该市城市交通管理部门能争取到的政策性贷款年利率为5%。根据需求曲线,桥梁建成通车后每车次收费5元，估计每年有20万车次通过，此时每年净收益最大为100万元，按贷款利息5%计，根据式(3.14a)计算出总收益现值为：$P=\frac{A}{i}=\frac{100}{5\%}=2000$(万元)。

从财务分析的角度看，如果建桥的费用超过2000万元，就不应该建这座桥。

杜比特的观点认为，站在整个社会的角度，建桥后对整个社会带来的效益应该是需求曲线下面的面积。此时，每年的效益(通行车辆所得)为0.5×10×40=200(万元)，总收益现值为4000万元。因此，只要将来桥梁的通行流量能达到每年40万次，建桥费用不超过4000万元都是应该建造的。

上述每车次收费5元时，收益最大(100万元)，但总效益只有0.5×(10+5)×20=150(万元)，其中100万元为桥梁管理方的收益，50万元为所通行车辆的效益。过桥不收费时，每年效益200万元，此时桥梁管理方的收益为零，效益全部为所通行车辆的效益。

9.6 投资项目国民经济评价

9.6.1 在财务评价基础上进行国民经济评价

(1) 调整投资支出

① 增加间接费用(国民经济为项目付出的代价)。

② 用影子价格调整设备费用(进口或国产)。

③ 用影子价格调整建筑安装费用。用换算系数或用影子价格调整其中的水泥、木材、钢材和人工费用，剔除营业税。

④ 调整其他费用。剔除建设期贷款利息(国内)；剔除投资方向调节税；剔除涨价预备费；土地补偿费调整为土地影子价格；调整流动资金。

(2) 调整经营费用

① 原材料、动力燃料费按影子价格调整。

② 工资按影子工资换算系数调整。

③ 折旧、摊销、利息本来就不在经营费用之中。

④ 维修费按调整后的固定资产原值重新计算。

(3) 调整销售收入

① 增加间接效益。

② 按影子价格重新计算销售收入。

(4) 固定资产余值回收和流动资产回收

① 按调整后的固定资产价格计算固定资产余值。

② 按调整后的流动资产价格计算其回收收入。

(5) 将调整后的全部效益和费用，填入国民经济效益费用流量表

(6) 计算国民经济评价指标

(7) 作不确定性分析

(8) 作出国民经济评价

(9) 对于产品涉及进出口的,再作外汇效果分析

9.6.2 直接进行国民经济评价

直接进行国民经济评价的主要工作有:识别或计算直接效益、间接效益和费用,再以影子价格、工资、汇率计算固定资产投资、流动资金、经营费用、销售收入,计算评价指标。

① 列出项目的直接效益和直接费用(尽可能用实物量);

② 列出项目的间接效益和间接费用(尽可能用实物量);

③ 剔除项目中的转移支付(不计税金、利息和补贴);

④ 选定投入物和产出物的价格(比重大、价格扭曲的采用影子价格,其余采用财务价格);

⑤ 用选定的价格和国民经济评价参数计算项目的全部效益和费用,填入国民经济效益费用流量表;

⑥ 计算国民经济评价指标;

⑦ 作不确定性分析;

⑧ 作出国民经济评价。

9.6.3 国民经济评价报表

在国民经济效益评价中,一般要求在剔除转移支付的基础上,按影子价格、影子工资、影子汇率等评价参数调整编制以下基本报表:经济现金流量表(全部投资)、经济现金流量表(国内投资)、经济外汇流量表和国内资源流量表等。

① 对于一般国内投资项目均应编制经济现金流量表(全部投资)。

经济现金流量表(全部投资)用于国民经济效益的分析与评价。该表不分资金来源,以全部投资作为计算基础,计算全部投资的经济内部收益率和经济净现值等指标,考察项目全部投资的国民经济盈利能力,为投资方案的比较建立了共同的基础。

② 对于利用外资的投资项目,除了要编制经济现金流量表(全部投资)之外,还需编制经济现金流量表(国内投资)。

经济现金流量表(国内投资)是利用外资的投资项目进行经济评价和方案比较判断的依据。该表从国内投资出发,以国内投资额作为计算的基础,把国外借款本金偿还和利息支付作为费用流量,用来计算国内投资的经济内部收益率和经济净现值等指标,考察项目国内资金的国民经济盈利能力。

③ 对于涉及产品出口创汇及替代进口节汇的项目,除了要编制经济现金流量表(全部投资)、经济现金流量表(国内投资)之外,还应编制经济外汇流量表和国内资源流量表,用于计算国内资源的现值和国民经济外汇效果指标。

思考题与习题

1. 简述财务评价与国民经济评价的区别与联系。

2. 某市拟投资兴建一非营利性的交通基础设施，该工程现金流量如表 9.4 所示(单位：万元)，基准收益率为 5%。经济分析人员经过分析认为，因为其 $NPV=-657$ 万元 <0，得出该项目并不可行的结论，建议取消该投资计划。你认为他们分析是否正确？为什么？

表 9.4　某交通基础设施工程的现金流量表　　(单位：万元)

年份	0	1～40
投资	1000	
运营费用		20
运营收入		40

答案

10 不确定性分析与风险分析

内容提要

由于主观预测能力的局限或外部环境、条件及有关因素的变动，投资项目在实施过程中往往偏离人们原来所作出的某种确定的预测，使投资决策的依据或结果存在不确定性。为了分析风险和不确定性因素对项目经济评价指标带来的影响，通常需要进行不确定性分析和风险分析。

本章主要介绍不确定性分析和风险分析的分析方法：盈亏平衡分析、敏感性分析和概率分析等。要求掌握常见的分析方法和过程。

10.1 不确定性分析与风险分析概述

工程建设中最关心的是建设项目未来的经济效果问题。在前面内容论述的财务评价或国民经济评价等内容，实际上都是在某种确定性情况下对项目所作的财务效益评价或国民经济评价。

在实际工作中，工程项目决策人员进行投资决策时，往往需要对未来的情况进行估计和预测。在方案技术经济效果计算和评价时，所涉及的投资、利率、建设年限、经济寿命、产量、价格、成本、收益等在很大程度上是不确定的，预测的结果可能与实际情况有较大的出入，有时甚至不可能预测出各种变量的变化情况，因而产生了未来情况的不确定性问题。

(1) 不确定性分析

投资项目的不确定性有两个方面的内容：一是指影响方案经济效果的各种经济要素(如成本、价格和销售量等)未来变化带有不确定性；二是测算方案各种经济要素取值由于信息不足或测算方法误差，使得方案经济效果评价指标带有不确定性。

不确定性产生的原因：项目数据的统计偏差、通货膨胀、技术进步、供求结构的变化、建设条件和生产条件的变化、其他外部影响因素等。

对投资项目的不确定性分析是以计算和分析各种不确定因素的变化对投资项目经济效益的影响程度为目标的一种分析方法。

项目的不确定性分析的主要作用有：明确不确定性因素对投资效益指标的影响范围，了解项目投资效益变动的大小；确定项目评估结论的有效范围；提高项目评估结论的可靠性；寻找在项目效益指标达到临界点时，变量因素允许变化的极限值。

(2) 风险分析

风险是对经济主体的预期目标产生不利影响的可能性，是一种潜在的损失或损害。

不确定性与风险相伴而生，不确定性是风险的起因，但不确定性与风险不完全相同。风险是指低于预期目标的不确定性，不知道确切的实际结果，但知道各种结果的可能性。而不确定性则连各种结果发生的可能性都不知道。

不确定性分析与风险分析有共同的目的，都是识别、分析、评价影响项目的主要因素，防范不利影响，提高项目的成功率。

不确定性分析是对投资项目受不确定性因素的影响进行分析，并粗略地了解项目的抗风险能力，主要方法是敏感性分析和盈亏平衡分析；风险分析则要对投资项目的风险因素和风险程度进行识别和判断，主要方法有概率树分析等。

10.2 盈亏平衡分析

10.2.1 盈亏平衡分析概述

盈亏平衡是指项目某年的收支相抵后利润为零、不盈不亏的一种状况。盈亏平衡分析又叫量本利分析，是指通过计算盈亏平衡点（*BEP*，Break-Even Point）的产量或生产能力利用率，分析拟建项目的成本与收益的平衡关系，判断拟建项目适应市场变化的能力和风险大小的一种分析方法。

盈亏平衡分析的主要方法是计算和确定盈亏平衡点，当产销量大于 *BEP* 时盈利，否则亏损。盈亏平衡点越低，项目盈利的可能性越大，造成亏损的可能性越小，项目抗风险的能力就越强。

盈亏平衡分析的优点：①有助于了解项目可能承担风险的程度；②有助于确立合理的生产规模；③有助于对由于设备不同引起生产能力及工艺流程不同的方案的抉择。

盈亏平衡分析的缺点：①建立在产量和销量相等的基础上，与现实不符；②计算数据不全面。

盈亏平衡分析的假设条件：①产量等于销量；②把生产总成本按其性态不同分为固定成本和变动成本（单位可变成本）；③相关范围和线性关系保持不变；④产品的品种和结构保持不变。

盈亏平衡点反映了项目对市场变化的适应能力和抗风险能力。盈亏平衡点越低，达到此点的盈亏平衡产量和收益或成本也就越少，项目投产后盈利的可能性越大，适应市场变化的能力越强，抗风险能力也越强。

10.2.2 盈亏平衡分析的基本方法

由于销售收入与产品产量、产品成本与产量之间有着线性或非线性的函数关系，因此盈亏平衡分析往往又可以分为线性盈亏平衡分析和非线性盈亏平衡分析。

10.2.2.1 线性盈亏平衡分析

线性盈亏平衡分析的前提条件：

(1)生产量等于销售量；

(2)生产量变化，单位可变成本不变；

(3)生产量变化，销售单价不变；

(4)只生产单一产品，或者生产多种产品可以换算为单一产品计算。

如本书“2.2.1 成本费用”所述，产品成本可分为固定成本和可变成本。如图 10.1 所

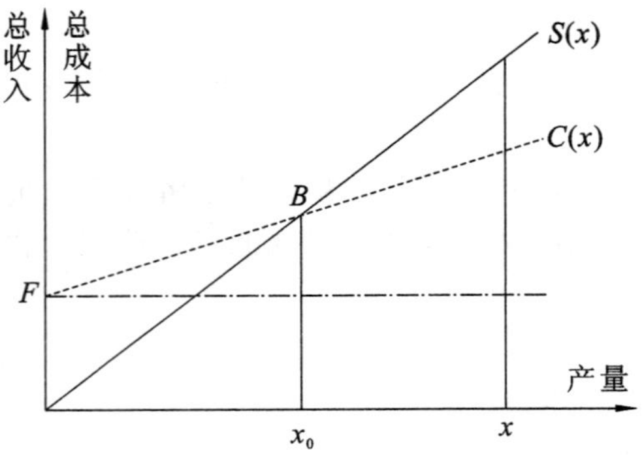

图 10.1　盈亏平衡分析图

示，F 表示固定成本，$S(x)$ 表示总销售收入，$C(x)$ 表示总成本。假设产销量为 x，产品价格为 p，单位可变成本为 v，则有：

$$\text{总销售收入 } S(x)=px$$

$$\text{总成本 } C(x)=F+vx$$

则在盈亏平衡点 B 处，总销售收入＝总成本，即

$$px_0=F+vx_0$$

因此，盈亏平衡点 B 处的产量为：

$$x_0=\frac{F}{p-v}$$

即以产量表示的盈亏平衡点方程为：

$$BEP_Q=\frac{F}{p-v} \tag{10.1a}$$

若考虑销售税金，则有：

$$BEP_Q=\frac{F}{p-t-v} \tag{10.1b}$$

式中　t——单位产品的销售税金。

同理，以生产能力利用率表示的盈亏平衡点方程为：

$$BEP_R=\frac{F}{(p-v)Q}\times 100\% \tag{10.2a}$$

或

$$BEP_R=\frac{F}{(p-t-v)Q}\times 100\% \tag{10.2b}$$

式中　Q——正常年份的设计产量。

以销售收入表示的盈亏平衡点方程为：

$$BEP_S=\frac{pF}{p-v} \tag{10.3a}$$

$$BEP_S=\frac{pF}{p-t-v} \tag{10.3b}$$

以销售单价表示的盈亏平衡点方程为：

$$BEP_p=v+\frac{F}{Q} \tag{10.4a}$$

$$BEP_p=\frac{F+vQ}{Q(1-t)} \tag{10.4b}$$

单位产品可变成本盈亏平衡点方程为：

$$BEP_v=\frac{P(1-t)Q-F}{Q} \tag{10.5a}$$

当 $t=0$ 时，则有：

$$BEP_v=P-\frac{F}{Q} \tag{10.5b}$$

【例 10.1】 已知某产品单价为 5000 元，固定费用为 660 万元，单位可变费用为 2800 元，试求盈亏平衡点处的产量。若想盈利 220 万元，其产量应为多少？

【解】 盈亏平衡点处的产量为

$$BEP_Q=\frac{F}{p-v}=\frac{660}{0.5-0.28}=3000(\text{单位})$$

盈利 220 万元的产量为

$$BEP_Q=\frac{F+E}{p-v}=\frac{660+220}{0.5-0.28}=4000(\text{单位})$$

衡量项目承担风险能力时还可以使用安全系数指标：

$$S=\frac{x-x_0}{x}=1-\frac{x_0}{x} \tag{10.6}$$

以产量安全系数为例说明，x 表示设计生产能力或预测的销售量（市场需求），x_0 表示盈亏平衡点产量。产量安全系数 S 越高，即销售量大于 x_0 越多，经营越安全，项目风险越小。项目经营安全程度按表 10.1 安全系数 S 的值进行判定。

表 10.1 经营安全判定

S 值	<10%	10%～15%	15%～20%	20%～30%	>30%
判定	危险	应警惕	不太安全	较安全	安全

在多方案比较选择时，应选择经营安全率最高的方案为经济合理方案。

【例 10.2】 某建厂方案，设计能力为年产某产品 4200 台，预计售价 6000 元/台，固定总成本费用为 630 万元，单台产品可变成本费用为 3000 元，试对该方案安全性作出评价。

【解】 盈亏平衡点产量为：

$$BEP_Q=\frac{F}{p-v}=\frac{6300000}{6000-3000}=2100(\text{台})$$

$$S=\frac{x-x_0}{x}=1-\frac{x_0}{x}=1-\frac{2100}{4200}=0.5$$

该建厂方案产量安全系数为 0.5，根据表 10.1，该项目具有较好的风险承担能力。

【例 10.3】 某项目设计年生产能力 $Q=50000$ 件，预测产品售价 $p=5000$ 元/件，估算年固定成本 $F=3000$ 万元，单位产品的变动成本 $v=1500$ 元/件，税率 $t=10\%$，试评价该项目的经营安全性。

【解】 其他条件不变，产量盈亏平衡点

$$BEP_Q=\frac{F}{p-t-v}=\frac{30000000}{5000\times(1-10\%)-1500}=10000(\text{件})$$

$$S=\frac{50000-10000}{50000}=80\%>30\%$$

项目设计产能富余 80%，安全。

其他条件不变，单位产品售价盈亏平衡点

$$BEP_p=\frac{F+vQ}{Q(1-t)}=\frac{30000000+1500\times50000}{50000\times(1-10\%)}=2333(\text{元/件})$$

$$S=\frac{5000-2333}{5000}=53.34\%>30\%$$

项目单位产品售价可降低53.34%，安全。

其他条件不变，单位产品可变成本盈亏平衡点

$$BEP_v=\frac{p(1-t)Q-F}{Q}=5000\times(1-10\%)-\frac{30000000}{50000}=3900(\text{元/件})$$

$$S=\frac{1500-3900}{1500}=-160\%$$

项目单位产品变动成本可上涨160%，安全。

其他条件不变，固定成本盈亏平衡点

$$BEP_F=[p(1-t)-v]\cdot Q=[5000\times(1-10\%)-1500]\times 50000=15000(\text{万元})$$

$$S=\frac{\bar{x}-x_0}{\bar{x}}=\frac{3000-15000}{3000}=-400\%$$

项目固定成本可上涨400%，安全。

【例10.4】 某生产玩具的项目设计生产能力为年产8万只，年固定成本为200万元，单位可变成本为100元，产品售价为150元/只，税金平均每只2元。经预测，投产后固定成本可能增长10%，单位可变成本可能增加10元，售价可能下降10元，生产能力可能增加5000只，问：此玩具厂经营是否安全？

【解】 基准情况经营安全性评判

$$S=1-\frac{x_0}{x}=1-\frac{200}{8\times(150-100-2)}=48\%>30\%$$

经营安全。

最坏情况：

$$F=200(1+10\%)=220(\text{万元})$$

$$p=150-10=140(\text{元})$$

$$v=100+10=110(\text{元})$$

$$x=8+0.5=8.5(\text{万只})$$

经营安全性评判

$$S=1-\frac{x_0}{x}=1-\frac{220}{8.5\times(140-110-2)}=7.56\%<10\%$$

经营状况在最恶劣的情况下，项目经营危险，风险很大。

10.2.2.2 非线性盈亏平衡分析

当生产规模扩大到某一限度后，正常价格的原料、动力已不能保证供应，正常的生产班次也不能完成生产任务；并且由于项目经济规模的扩大，产量增加，而使单位产品的成本有所降低。因此，成本函数不再是线性的，而变成非线性的了。

实际上，p 和 v 可能不是常量，于是就产生了非线性模型。

【例10.5】 某企业固定成本费用为90000万元，单位可变成本费用为50元，产品单价为150元。由于成批采购材料，单位可变成本费用减少了0.5%，同时由于成批销售，单价降低了1.5%，求利润最大时的产量，以便安排生产。

【解】 总成本 $C(x)=90000+(50-0.005x)x=90000+50x-0.005x^2$

总收入 $S(x)=(150-0.015x)x=150x-0.015x^2$

根据产量盈亏平衡点 $S(x)=C(x)$，可解出：$x_1=1000$，$x_2=9000$。

令 $E(x)=S(x)-C(x)$ 的导数为零，则可得利润达极值时的产量：$\mathrm{d}E(x)/\mathrm{d}x=100-0.02x_{\max}=0$，可解出 $x_{\max}=5000$。

因此，5000 为利润最大时的产量。

10.2.3 盈亏平衡分析的应用

盈亏平衡分析用于单个（独立）项目或方案的经济评价时，通常是先计算出盈亏平衡点（BEP）的产量、生产能力利用率或销售额等，然后再与项目设计产量、要求达到的生产能力利用率或者销售额进行比较，对方案进行经济评价。

盈亏平衡分析用于多个项目方案进行经济评价时，一般是计算出广义的盈亏平衡点，再结合盈亏平衡图进行经济评价。

【例 10.6】 某工厂生产线有 4 个建设方案，经济效益相当，各成本如表 10.2 所示，问：采用哪个建设方案更经济合理？

表 10.2 某工厂生产线建设方案 （单位：元）

方案	A	B	C	D
固定成本 F	5000	10000	13000	18000
可变成本 v	6	4	2.5	1.25

【解】 各建设方案的总成本为：

$$C_A=5000+6x \qquad C_B=10000+4x$$

$$C_C=13000+2.5x \qquad C_D=18000+1.25x$$

应取其小者为最优建设方案。在图 10.2 中画出各建设方案的总成本曲线。

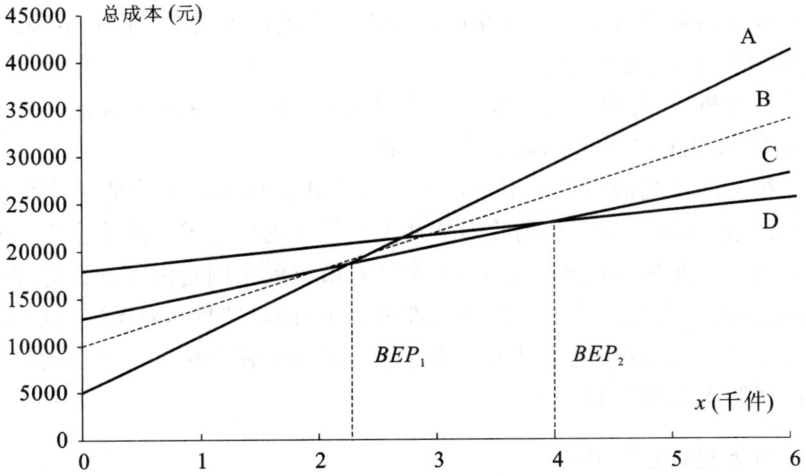

图 10.2 各建设方案总成本

在 BEP_1 点，A、C 方案平衡，令 $5000+6x=13000+2.5x$

解出 $x_1=BEP_1=2286$(件)。

在 BEP_2 点 C、D 方案平衡，令 $13000+2.5x=18000+1.25x$

解之有 $x_2=BEP_2=4000$(件)。

因此，当预计销量 $Q\leqslant 2286$ 件时，选用建设方案 A；

当预计销量 $2286<Q\leqslant 4000$ 件时，选用建设方案 C；

当预计销量 $Q>4000$ 件时，选用建设方案 D。

10.3 敏感性分析

10.3.1 敏感性分析概述

敏感性就是指经济效果指标对其影响因素的敏感程度的大小。在实际工程中，我们要严加控制和掌握那些对经济效果指标的敏感性影响大的因素，对于敏感性较小的那些影响因素，稍加控制即可。

敏感性分析就是研究投资方案影响因素的不确定性给经济效果所带来的不确定。具体来说，就是研究某一拟建项目的各个影响因素(如售价、产量、成本、投资等)在所指定的范围内变化，从而引起其经济效果指标(如投资的内部收益率、净现值、回收期等)的变化。

进行敏感性分析的基本思路是通过预测项目的主要不确定因素可能发生的变化，分析不确定因素的变化对经济评价指标的影响，从中找出最关键的敏感因素，并确定其影响程度，提出相应的控制对策，为科学决策提供依据。

敏感性分析的步骤如下：

① 选定需要分析的不确定因素，如售价、产量、成本、投资等。

② 确定敏感性分析的经济效果评价指标，如内部收益率、净现值、回收期。

③ 设定各影响因素可能的变化范围和增减量。

④ 计算、分析所选不确定因素变动引起的评价指标的变动，即敏感度系数，也称灵敏度。敏感度系数是指项目效益指标变化的百分率与不确定因素变化的百分率之比。

⑤ 判定敏感因素，并作出对策。

进行敏感性分析时，如果每次只变动一个因素，则称之为单因素敏感性分析；如果多个因素同时发生变化，则称之为多因素敏感性分析。

敏感性分析有助于搞清项目对不确定因素的不利变动所能容许的风险程度，有助于鉴别何者是敏感因素，从而能够及早消除对那些无足轻重的变动因素的注意力，把进一步深入调查研究的重点集中在那些敏感因素上，或者针对敏感因素制定出管理和应变对策，以达到减少风险、增加决策可靠性的目的。但敏感性分析也有其局限性，它不能说明不确定因素发生变动的可能性是大还是小，也就是没有考虑不确定因素在未来发生变动的概率，而这种概率是与项目的风险大小密切相关的。

10.3.2 单因素敏感性分析

单因素敏感性分析即每次只变动某一个不确定因素而假定其他因素不变时所进行的敏

感性分析。

【例 10.7】 某手机生产厂家生产一款智能手机，有关数据如表 10.3 所示。

表 10.3　某手机生产厂家生产数据

年份	产量(台)	总成本(万元)	售价(元/台)
2013	11000	900	1000
2014	13000	1020	1000

(1) 2015 年计划实现利润 400 万元，产量应为多少？

(2) 以 2013 年为基准，采用单因素分析法分析企业利润对可变成本、售价及销量变化的敏感性。

【解】 (1) 由于单位可变成本、固定总成本均未知，故假设单位可变成本为 v、固定总成本为 F，根据已有资料有：

$$1.1v+F=900 \tag{a}$$

$$1.3v+F=1020 \tag{b}$$

由式(a)、式(b)可得 $v=600$(元)，$F=240$(万元)。

设产量为 Q 时，利润可达 400 万元，则有：

$$(1000-600)Q-240=400(\text{万元})$$

解得 $Q=1.6$(万台)，即 2015 年产量为 1.6 万台时可实现利润 400 万元。

(2) 可变成本、售价及销量变化的敏感性分析

2013 年利润：$1.1\times1000-900=200$(万元)

v 增长 1%，$600\times(1+1\%)=606$(元)

p 增长 1%，$1000\times(1+1\%)=1010$(元)

Q 增长 1%，$1.1\times(1+1\%)=1.111$(台)

利用利润计算公式 $E=pQ-F-vQ=(p-v)Q-F$ 计算各种因素变动 1%时的利润，再进行敏感性分析。

根据 2013 年数据进行盈亏平衡分析：

可变成本盈亏平衡点：

$$BEP_v=p-\frac{F}{Q}=1000-\frac{240}{1.1}=781.8(\text{元})$$

售价盈亏平衡点：

$$BEP_p=v+\frac{F}{Q}=600+\frac{240}{1.1}=818.2(\text{元})$$

产销量盈亏平衡点：

$$BEP_Q=\frac{F}{p-v}=\frac{240}{1000-600}=0.6(\text{万台})$$

可变成本的敏感性分析计算如下：

$$\text{利润}=(1000-606)\times1.1-240=193.4(\text{元})$$

$$\text{利润变动}=\frac{193.4-200}{200}\times100\%=-3.3\%$$

$$\text{敏感度系数}=\frac{-3.3\%}{1\%}=-3.3$$

$$BEP_v=781.8(\text{元})$$

则临界点百分比$=\frac{781.8-600}{600}\times100\%=30.3\%$。

敏感性分析数据见表 10.4。

表 10.4　敏感性分析数据

序号	不确定因素	变化情况	利润(元)	利润变动	敏感度系数	临界点百分比	临界值
0	基本方案	0	200	—	—	—	—
1	可变成本	1%	193.4	−3.3%	−3.3	30.3%	781.8 元
2	售价	1%	211	5.5%	5.5	−18.2%	818.2 元
3	销量	1%	204.4	2.2%	2.2	−45.5%	6000 台

计算结果表明：其他因素不变，当可变成本上升 30.3%（至 781.8 元）时；或其他因素不变，当售价下降 18.2%（至 818.2 元）时；或其他因素不变，当产销量下降 45.5%（至 6000 台）时，企业利润降为零。

同时可知，对企业利润敏感性最强的因素是销售价格，其次是单位可变成本，产销量最不敏感（图 10.3）。

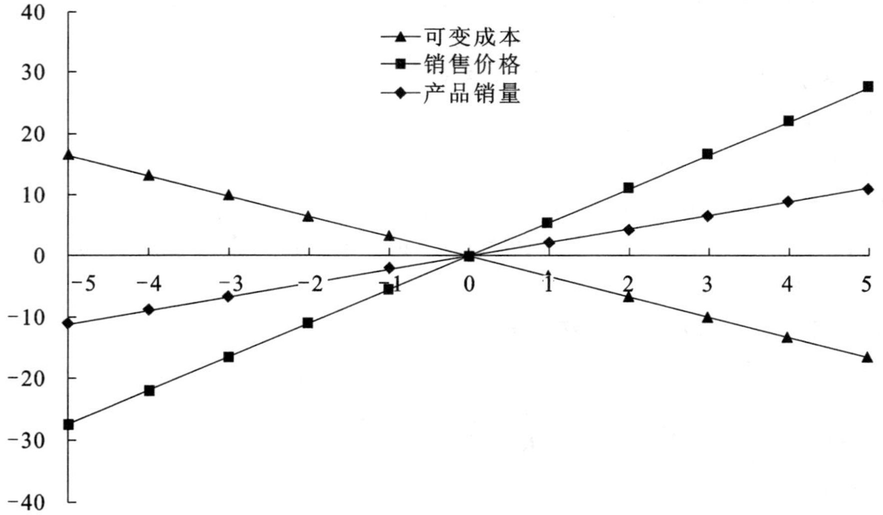

图 10.3　单因素敏感性分析图

10.3.3　多因素敏感性分析

单因素敏感性分析方法简单，但忽略了因素之间的相关性。一个因素的变动往往伴随着其他因素的变动，多因素敏感性分析考虑了这种相关性，因而能反映几个因素同时变动对项目产生的综合影响。

【例 10.8】　接上例，某手机生产厂家生产一款智能手机，有关数据如表 10.3 所示。以 2013 年为基准，采用多因素分析法分析企业利润对售价及销量变化的敏感性。

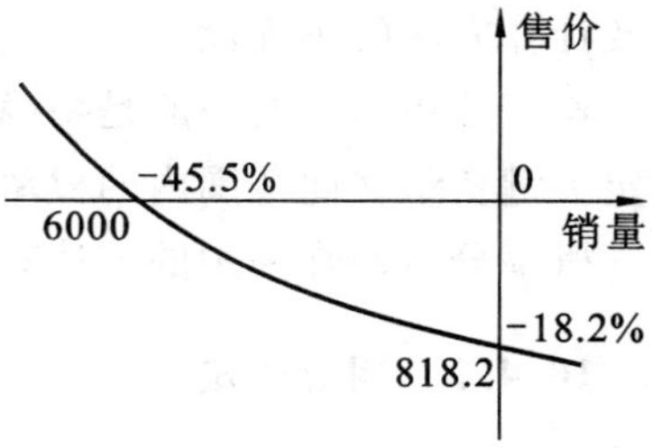

图 10.4　双因素敏感性分析图

【解】 假设售价变动 a，销量变动 b，则利润为

$$E = pQ(1+a)(1+b) - F - vQ(1+b)$$
$$= 1100(1+a)(1+b) - 240 - 660(1+b)$$
$$= 1100a + 440b + 1100ab + 200$$

取 E 为临界值，即 $E=0$。

则有：$1100a+440b+1100ab+200=0$

这是一个非线性方程，以销量变动量 b 为横坐标，售价变动量 a 为纵坐标(图 10.4)，该曲线为利润 $E=0$ 的临界线，曲线上方 $E>0$，曲线下方 $E<0$。原点售价、销量均为零增长，即上式 a、b 为 0，显然利润为 200 万元。

当手机销售价格变动－10％，销量变动－20％时，利润为：

1100×(－10％)＋440×(－20％)＋1100×(－10％)×(－20％)＋200＝24(万元)

利润变动：　　　　(24－200)÷200×100％＝－88％

当手机价格变动－50％，销量变动－20％时，利润为：

1100×(－50％)＋440×(－20％)＋1100×(－5％)×(－20％)＋200＝68(万元)

利润变动：　　　　(68－200)÷200×100％＝－66％

同理，可计算出价格变动 0，销量变动－20％时，利润变动－44％；

手机销售价格变动 5％，销量变动－20％时，利润变动－22％；

手机销售价格变动 10％，销量变动－20％时，利润变动 0。

双因素敏感性分析如表 10.5 所示。

表 10.5　双因素敏感性分析表

因素及变动范围		销售价格				
		－10％	－5％	0	＋5％	10％
手机销量	－40％	－121.00％	－104.50％	－88.00％	－71.50％	－55.00％
	－20％	－88.00％	－66.00％	－44.00％	－22.00％	0.00％
	0	－55.00％	－27.50％	0.00％	27.50％	55.00％
	＋20％	－22.00％	11.00％	44.00％	77.00％	110.00％
	＋40％	11.00％	49.50％	88.00％	126.50％	165.00％

10.4　概率分析

10.4.1　概率分析概述

所谓概率分析，就是运用概率来研究和预测不确定因素和风险因素对项目经济评价指标所产生的影响程度的一种定量分析方法。在经济效益评价时，可根据项目的特点和实际需要，在有条件的情况下进行概率分析。概率分析的重点是统计数据和经验推断的可靠性，以及计算方法的正确性。

概率分析的目的一般是要确定影响项目经济效益的关键变量及其可能的变动范围，并确定关键变量在此范围内的概率，然后进行概率期望值计算，以得出定量分析结果。

概率分析通常采用的方法有：期望值法和决策树法。

10.4.2 期望值法

在数学或统计学中，一个离散性随机变量的期望值是变量每次可能结果的概率乘以其结果的总和，即

$$E(x)=\sum P_i x_i \tag{10.7}$$

式中 $E(x)$——随机变量期望值；

x_i——变量在 i 状态的值；

P_i——变量在 i 状态的概率。

期望值法是通过计算项目净现值的期望值和净现值大于或等于零时的累计概率，来比较方案优劣、确定项目可行性和风险程度的方法。

【例 10.9】 某企业生产的某产品，单位售价为 20 元，单位产品可变成本为 15 元，固定成本总额 24 万元，目前生产能力为 6 万件。

(1) 求盈亏平衡点产量、销售量为 6 万件时的利润额；

(2) 该企业通过市场调查后发现，该产品需求量将超过目前的生产能力，因此准备扩大生产规模。扩大生产规模后，当产量不超过 10 万件时，固定成本将增加 8 万元，单位产品可变成本降到 14.5 元，求此时的盈亏平衡点。

(3) 又根据市场调查，预测销售量为 7 万件的概率为 0.5，销售量为 8 万件的概率为 0.3，销售量为 9 万件的概率为 0.2。计算并分析是否要扩大生产规模。

【解】 (1)盈亏平衡产量

$$BEP_Q=\frac{F}{p-v}=\frac{24}{20-15}=4.8(\text{万件})$$

$$E(x)=(p-v)x-F=(20-15)\times 6-24=6(\text{万元})$$

(2) 扩大生产规模后盈亏平衡产量

$$BEP_Q=\frac{F}{p-v}=\frac{24+8}{20-14.5}=5.82(\text{万件})$$

(3) 期望销售量

$$E(x)=\sum P_i x_i=7\times 0.5+8\times 0.3+9\times 0.2=7.7(\text{万件})$$

期望利润

$$E(x)=(p-v)x-F=(20-14.5)\times 7.7-32=10.35(\text{万元})>6(\text{万元})$$

故应扩大生产规模。

10.4.3 决策树法

在投资项目决策过程中，究竟是投资还是不投资，是投资决策过程中的一个决策“节点”，决策可能在一系列的节点上进行。在复杂情况下，可以采用决策树进行分析。决策树

是指运用概率分析的一种图解方法。

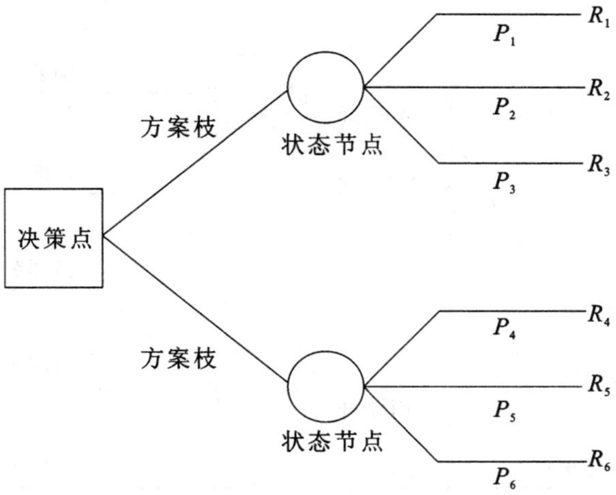

图 10.5　决策树

图 10.5 就是一个简单的决策树。决策树通常以□代表一个决策点，表示决策者在此节点上必须对若干个不同方案作出选择。从决策点画出的每一条直线代表一个方案，叫作方案枝，在其旁边注明方案及方案的投资支出。○代表机会点或可能的情况点，从机会点画出的每一条直线代表一种状态，叫作概率枝。每一种状态及相应的概率标在相应概率枝的旁边，结果标在每个分枝的末尾处。为便于计算，对决策树的决策点□和状态节点○都要进行编号，编号顺序从左至右、从上到下。

如果是多阶段决策，则决策树需要逐级展开。

【例 10.10】 某投资项目有大、中、小三个拟建方案，各方案的有效期均为 10 年。三个方案的投资情况分别为：建小厂需投资 200 万元；建中厂需投资 520 万元；建大厂需投资 1000 万元。

根据市场人员调查预测，产品前 5 年销路好的概率为 0.8，销路差的概率为 0.2；产品后 5 年销路好的概率为 0.7，销路差的概率为 0.3；前 5 年销路差，后 5 年销路也差。

在不同概率的情况下，各方案有不同的年收益值。具体情况如表 10.6 所示，试用决策树法选择最优方案。

表 10.6　项目在不同状态下的年收益　　(单位：万元)

拟建方案	建大厂	建中厂	建小厂
销路好	250	180	100
销路差	−30	−5	40

【解】 在本例中，只有一个决策点，三种可选方案，每个方案在前 5 年都会面临两种状态，前 5 年销路好的状态下，后 5 年还会面临两种状态，故可画出决策树，如图 10.6 所示。

5 号节点期望值：$(0.7\times250-0.3\times30)\times5=830$(万元)

6 号节点期望值：$(0.7\times180-0.3\times5)\times5=622.5$(万元)

7 号节点期望值：$(0.7\times100+0.3\times40)\times5=410$(万元)

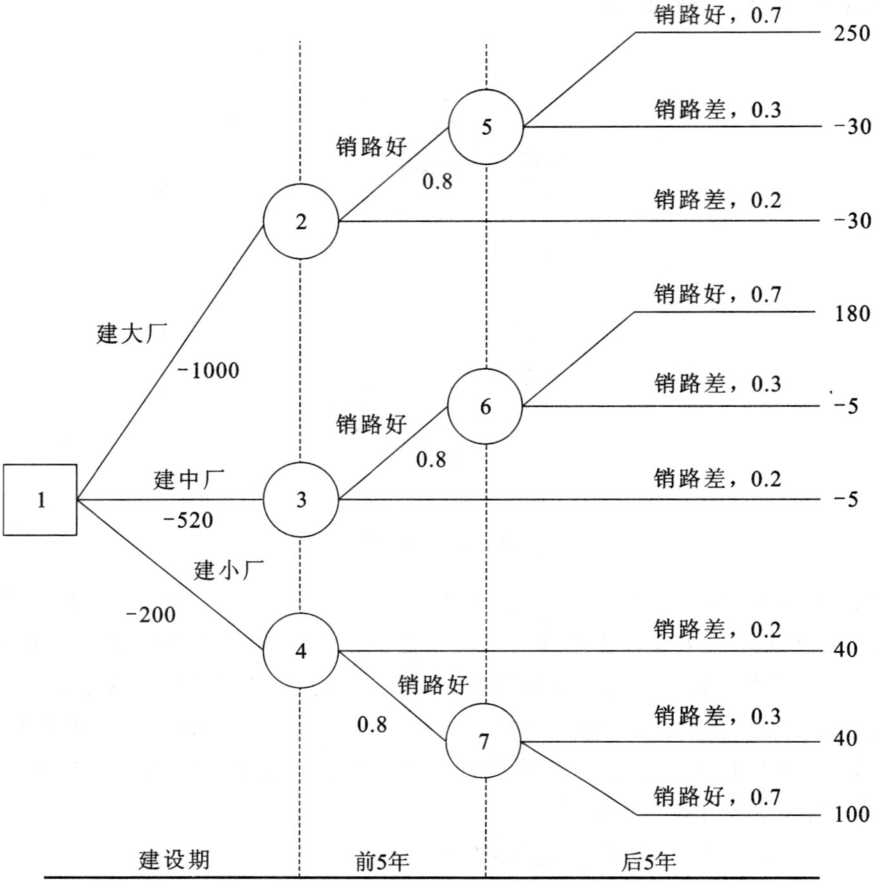

图 10.6　例 10.10 **决策树**

2 号节点(即建大厂方案)期望值：0.8×(830＋250×5)－0.2×30×10－1000＝604(万元)

3 号节点(即建中厂方案)期望值：0.8×(622.5＋180×5)－0.2×5×10－520＝688(万元)

4 号节点(即建小厂方案)期望值：0.8×(410＋100×5)＋0.2×40×10－200＝608(万元)

因此，应选取建中厂方案。

思考题与习题

1. 简述不确定性分析与风险分析的区别与联系。

2. 什么是项目的盈亏平衡分析？项目的盈亏平衡分析有哪些指标？

3. 什么是敏感性分析？列出敏感性分析的步骤。

4. 某项目固定成本为 400 万元，年设计生产能力为 60 万件，产品售价为 20 元/件，可变成本为 8 元/件，销售税率为 6%，所得税税率为 25%。请计算盈亏平衡产量和以生产能力利用率表示的盈亏平衡点，并分析项目的抗风险能力。

5. 某工程混凝土施工有三个方案，A 方案为集中搅拌，建搅拌站需投资 10 万元，设备月费用为 0.5 万元，每方混凝土的工、料、动力等费用为 320 元；B 方案为分散搅拌，设备月费用为0.8万元,每方混凝土的工、料、动力等费用为340元;C方案为购买商品混凝土,平均每平方混凝土单价为400元。(1)如果混凝土总量确定为5000方,不同施工周期时,哪个方案更经济?(2)如果施工周期确定为12个月,混凝土用量不同时,哪个方案更经济?

6. 某工程招标,建设单位在招标文件中规定工期 T 不得超过80周,也不应短于50周。某施工单位决定参与该工程的投标。在基本确定技术措施方案后,为提高竞争力,该施工单位对其中某技术措施方案拟定了三个方案进行备选。方案一的费用为 $C_1=100+4T$,方案二的费用为 $C_2=150+3T$,方案三的费用为 $C_3=250+2T$。问:该施工单位应采用哪种技术措施方案投标?

7. 生产某产品的项目,基建投资7000万元,流动资金1000万元,产品单价1200元,设计产能10万件,平均利用产能80%,项目寿命期为20年,基准收益率为10%,年度支出如下:

折旧=7000(A/P,10%,20)=822(万元)

原材料=5000(万元)

经常费=600(固)+500(变)=1100(万元)

人工费=1778(万元)

试对项目净现值进行单因素、多因素敏感性分析(产销量、售价)。

8. 某旅馆有客房110间,每月固定开支10000元,客房住宿收费标准为620元/月,客人入住后每间客房消耗水电150元/月、日常维护120元/月。假设旅馆营业税及其附加为10%,所得税为33%,试求:(1)旅馆无盈亏入住率;(2)若入住率为75%,客房最低收费标准;(3)若入住率为95%,旅馆每月利润。

9. 某旅馆有客房100间,平均入住率为75%,每月固定开支10000元。客房住宿收费标准为620元/月,客人入住后每间客房消耗水电150元/月、日常维护120元/月。假设旅馆营业税及其附加为10%,所得税为33%,试作入住率、固定开支及收费标准对旅馆利润的敏感性分析。

10. 某北方城市冬季将临,该市冬季长达5个月,某百货商场经理正面临订购一种新款式冬衣的决策问题。当前,摆在该经理面前供选择的方案有两个:一个方案(A方案)是立刻购进500件冬衣;另一个方案(B方案)是先购进100件冬衣,1个月以后根据头1个月的销售情况再作决策。如果头1个月的销售情况好,则再购进400件;若头1个月的销售情况不好,则不再购进。

每件冬衣的购置成本为200元,每月销售100件,如果销售情况好,每件冬衣平均售价400元;若销售情况不好,每件冬衣平均售价180元。

5个月销售情况都好的概率为50%;5个月销售情况都不好的概率为20%;第1个月销售情况好,后4个月销售情况不好的概率为10%;第1个月销售情况不好,后4个月销售情况好的概率为20%。

根据上述资料,(1)画出决策树;(2)该经理应当如何决策?

答案

11 价值工程

内容提要

工程经济学除了要评价项目的经济效果和社会效果外，还要研究如何优化可以实现项目成本和项目功能之间的合理匹配。价值工程是以项目功能分析为核心的评价方法，能够起到合理配置资源的目的。

本章介绍价值工程的基本原理与应用，要求掌握价值工程的基本概念；掌握价值工程对象选择的原则和方法；重点掌握功能分析的思路与方法；了解方案创新与评价的基本方法。

11.1 价值工程概述

评价工程产品实施效果需要综合考虑产品实施的效果与达到这一效果所付出的成本，寻求产品实施的效果与付出的成本之间的相对平衡。价值工程(Value Engineering，VE)也称为价值分析(Value Analysis，VA)，是综合考虑产品效果与成本因素进行工程经济评价的一个有效方法。

价值工程起源于20世纪40年代的美国，美国通用电气公司的设计工程师麦尔斯(L. D. Miles)是价值工程的创始人。当时，麦尔斯主持该公司采购部门的工作，公司汽车装配厂急需一种耐火材料——石棉板，而这种材料属军工生产用材料，价格高且奇缺，面对石棉板价高且难求的状况，麦尔斯想：只要保证材料功能一样，能否用一种价格较低的材料代替石棉板？石棉板在生产中的功能是什么？通过调查，麦尔斯发现：汽车装配中的涂料容易漏洒在地板上，根据美国消防法规定，该类企业作业时地板上必须铺上一层石棉板，以防火灾。麦尔斯弄清石棉板的功能后，找到了一种价格便宜且能满足防火功能的防火纸来代替石棉板。

麦尔斯从研究代用材料开始，逐渐摸索出一套特殊的工作方法，把技术设计和经济分析结合起来考虑，用技术与经济价值统一对比的标准衡量问题，又进一步把这种分析思维和方法推广到研究产品开发、设计、制造及经营管理等方面，逐渐总结出一套比较系统和科学的方法。1947年，麦尔斯以《价值分析程序》为题发表了研究成果，标志着价值工程正式产生。

价值工程首先在美国得到广泛重视和推广。1955年价值工程传入日本后，日本人把价值工程与全面质量管理结合起来，形成具有日本特色的管理方法，并取得了极大成功。我国运用价值工程是从20世纪70年代末开始的；80年代国家经委将价值工程作为18种现代化管理方法之一，不仅广泛应用于产品设计和产品开发，而且也将其应用于工程建设中，使其在经济建设中发挥了重要的作用。

11.1.1 价值工程的概念

价值工程是以提高产品(或作业)价值和有效利用资源为目的，通过有组织的创造性工作，寻求用最低的全寿命周期成本，可靠地实现所研究对象的必要功能，以获得最佳综合效益的一种管理技术。价值工程中“工程”的含义是指为实现提高价值的目标所进行的一系列分析研究的活动。

(1) 价值(Value)

价值工程中所述的“价值”是一个相对概念，是指作为某种产品(或作业)所具有的功能与获得该功能的全部费用的比值，它不是对象的使用价值，也不是对象的交换价值，而是对象的比较价值，是衡量一个研究对象经济效益高低的尺度，俗称“性价比”，可以用一个数学式表示为：

$$V=F/C \tag{11.1}$$

式中 V——价值；

F——研究对象的功能，其广义是指产品或作业的功用和用途；

C——获得相应功能的全寿命周期成本，即从产品设计制造到交付使用，直到报废为止的全过程的生产费用和使用费用之和。

式(11.1)表明，价值的大小取决于功能和成本，在成本不变的情况下，价值与功能成正比；在功能不变的情况下，价值与成本成反比。

(2) 功能(Function)

功能是分析对象能够满足某种需求的一种属性，即某种功用、效用、作用，是产品最本质的东西。例如手表的功能是显示时间，电视机的功能是显示图像和声音等，住宅的功能是提供居住空间。对于用户来说，所需求和购买的不应该是作为物品存在的产品本身，而是需求和购买这个产品所具有的功能。对于企业而言，所生产的产品必须具有满足用户需求的特定功能。由此可以认为，企业生产的实际是某种功能，只不过它是以一定的物理形态为载体表现出来的而已。因此，产品的功能是企业与用户联系的纽带，故价值工程着眼于产品功能的分析。

(3) 成本(Cost)

这里的成本(C)指全寿命周期成本，是指分析对象从研究开发、设计制造、销售使用直到报废所发生的各项费用之和。全寿命周期成本主要由生产成本、使用及维护成本组成。生产成本(C_1)是指用户购买产品的费用，包括产品的研发、设计、试制、生产、销售等费用；使用及维护成本(C_2)是指用户使用产品过程中支付的各种费用，包括使用过程中的能耗、维修费用、人工费用、管理费用等，即

$$C=C_1+C_2 \tag{11.2}$$

11.1.2 提高产品价值的途径

由于价值工程是以提高产品价值为目的的，因此，应当研究产品功能与成本的最佳匹配。从式(11.1)中我们可以看出，价值工程中的价值是一种比较价值或相对价值的概念，对象的效用或功能越大，成本越低，价值就越大，这也为如何提高价值提供了以下五种途径。

(1) 双向型($F\uparrow$,$C\downarrow$)

在提高产品功能的同时,又降低产品成本,这是大幅度提高价值最为理想的途径,这种情况的出现往往需借助于技术的突破改善才能实现。例如新技术的不断发展不仅降低了家用电器(例如空调)的生产和使用成本,同时也极大地提高了产品的使用功能。

(2) 改进型($F\uparrow$,C—)

在产品成本不变的条件下,着重通过改进设计提高产品的功能,达到提高产品价值的目的。例如人防工程若仅考虑战时的隐蔽功能,平时闲置不用,将需要投入大量的人力、物力予以维护。若在设计时,考虑战时能发挥隐蔽功能,平时供商业用,则能够提高人防工程的功能。

(3) 节约型(F—,$C\downarrow$)

在保持产品功能不变的前提下,着重通过降低成本达到提高价值的目的。例如新型节能照明设备在满足同样照明需求的前提下,能够有效降低使用期间能源消耗量,节约了资源消耗,达到了提高使用价值的目的。

(4) 投资型($F\uparrow\uparrow$,$C\uparrow$)

在适度增大产品成本的同时,产品功能也有较大幅度的提高,即功能的提高幅度超过了成本的提高幅度,价值还是提高了。例如输电设备技术改革项目,通过适度增加投入、更新部分设备,可以大幅度提高输电设备的使用效果,既能满足不断增长的需要,又可加快投资回收,实现价值的提高。

(5) 牺牲型($F\downarrow$,$C\downarrow\downarrow$)

产品功能略有下降,产品成本大幅度下降,即功能的下降幅度小于成本下降的幅度,这样也可以达到提升产品价值的目的。例如,经济适用房相对于普通商品房在房屋居住舒适性方面可能会略差,但大幅度地节约了建设成本,可以达到为更多的人提供保障性住房的目的。

总之,在产品形成的各个阶段都可以应用价值工程提升产品价值,但在不同的阶段应用价值工程效果却是大不相同的。对于工程项目来说,应用价值工程的重点在规划与设计阶段,因为这两个阶段是提高技术方案经济效果的关键环节。

11.1.3 价值工程的特点

(1) 以提高价值为目标

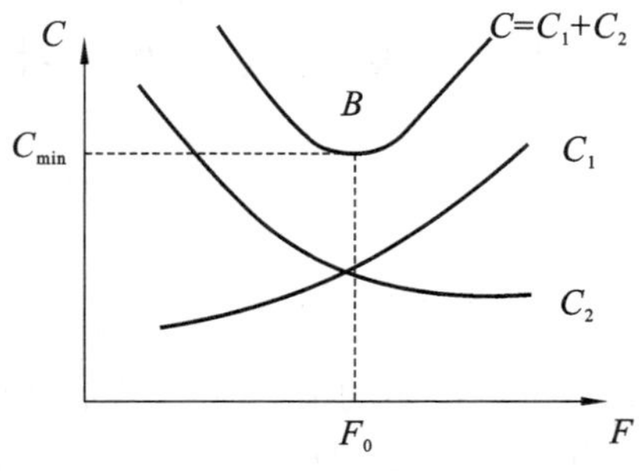

图 11.1 产品成本与功能关系图

价值工程的目标是以最低的全寿命周期成本 C 使产品(或作业)具备它应具备的功能。在一定范围内,C_1 与 C_2 存在此消彼长的关系。随着功能水平提高,生产成本 C_1 增加,使用及维护成本 C_2 降低;反之,功能水平降低,其生产成本 C_1 降低,但是使用及维护成本 C_2 增加。因此,全寿命周期成本 C 呈马鞍形变化,如图 11.1 所示。在 B 点,产品的生产成本 C_1 和使用及维护成本 C_2 两条曲线叠加所对应的全寿命周期成本为最小值 C_{min},体现了较理想的功能 F_0 与成本的关系。

从图 11.1 中可以看出，全寿命周期成本的高低，不仅关系到生产企业的利益，同时也与满足用户的要求乃至建设资源节约型社会密切相关。因此，价值工程的活动应贯穿生产和使用的全过程，兼顾生产者和用户的利益，以获得最佳的社会综合效益。

(2) 以功能分析为核心

价值工程以产品(或作业)的功能分析为核心，具体来说，价值工程分析首先需要明确的问题是分析对象是干什么用的，在分析功能的基础上，再去考虑如何通过合理的途径来提高产品的价值，实现产品功能与成本之间的合理匹配。

(3) 价值工程将产品价值、功能和成本作为一个整体考虑

价值工程并不是单纯追求低成本水平，也不是片面追求高功能、多功能水平，而是力求正确处理好功能与成本的对立统一关系，在确保功能的基础上综合考虑生产成本和使用成本，兼顾生产者和用户的利益，研究产品功能和成本的最佳配置，追求出总体价值最高的产品。

(4) 价值工程是以集体的智慧开展的有计划、有组织的管理活动

价值工程研究的问题涉及产品的整个寿命周期，涉及面广、研究过程复杂。因此，在开展价值工程活动时，必须组织科研、设计生产、管理、采购、供销、财务甚至用户等各方面有经验的人员参加，以适当的组织形式组成一个智力结构合理的集体，共同研究，发挥集体智慧、经验和积极性，排除片面性和盲目性，博采众长，有计划、有领导、有组织地开展活动，以达到提升产品价值的目的。

(5) 价值工程强调不断改革和创新

价值工程强调不断改革和创新，开拓新构思和新途径，获得新方案，创造新功能载体，从而引领生活方式，节约原材料，提高产品的技术性能与经济效益。

11.1.4 价值工程的工作程序

价值工程也像其他技术一样有自己独特的一套工作程序，整个过程可沿着提出问题→分析问题→解决问题这一思路开展，其具体实施步骤如表 11.1 所示。

表 11.1 价值工程的实施步骤

工作阶段	价值工程的实施步骤		价值工程的问题
	基本步骤	详细步骤	
准备阶段	确定对象	1. 工作对象选择	研究对象是什么?
		2. 信息资料收集	
分析阶段	功能分析	3. 功能定义	它的功能是什么?
		4. 功能整理	
	功能评价	5. 功能成本分析	它的成本是多少?
		6. 功能评价	它的价值是多少?
		7. 确定改进范围	

续表 11.1

工作阶段	价值工程的实施步骤		价值工程的问题
	基本步骤	详细步骤	
创新阶段	制定方案	8. 方案创造	有无其他方法实现同样的功能?
		9. 概略评价	新方案的成本是多少?
		10. 调整完善	
		11. 详细评价	
		12. 提出方案	新方案能满足功能的要求吗?
实施阶段	方案实施与成果评价	13. 方案审批	实现预定目标了吗?
		14. 方案实施与检查	
		15. 成果评价	

由于价值工程的应用范围广泛,其活动形式也不尽相同,因此在实际应用中,可参照表11.1的程序,根据分析对象的具体情况,应用价值工程的基本原理选择适宜的措施和方法。但是价值工程工作程序的重点选择对象、功能成本分析、方案创新评价是必不可少的。

11.2 价值工程研究对象的选择

对于一个产品(或作业)而言,影响价值工程评价结果的因素很多,价值工程分析应抓住主要影响因素进行细致的分析,价值工程对象选择的过程实质上就是缩小研究范围、明确研究目标的过程。

11.2.1 研究对象选择的原则

价值工程对象的选择一般应遵循以下原则:

① 从设计方面来看,应选择产品结构、性能和技术水平低,体积和质量大的产品为价值工程研究对象,以使产品结构、性能、技术水平得到优化,从而得到产品价值。

② 从生产方面来看,应选择量大面广、工序烦琐、工艺复杂、原材料和能源消耗高、质量难以保证的产品为价值工程研究对象。

③ 从销售方面来看,应选择用户意见较多、退货索赔多和竞争力差的产品为价值工程研究对象,以赢得消费者的认同,占据更大的市场份额。

④ 从成本方面来看,应选择成本高或成本比重大的产品为价值工程研究对象。

11.2.2 研究对象选择的方法

在选择价值工程的对象时,应优先考虑在企业生产经营上有迫切需要的、对国计民生有重大影响的项目,以及在改善价值上有较大潜力的产品或项目。

价值工程对象选择的方法有很多种,例如经验分析法(因素分析法)、ABC 分析法、强制确定法、百分比分析法、最合适区域法等,这里仅介绍常用的几种。

(1) 经验分析法

经验分析法是一种定性分析方法,又称为因素分析法。这种方法是依据分析人员的经验选择出关键因素,并把这些关键因素作为研究对象。它的优点是简便易行,考虑问题综合全面;缺点是缺乏定量的数据,准确性较差,对象选择的正确与否主要取决于参加者的水平与态度。

(2) ABC 分析法

ABC 分析法又称为成本比重法,它起源于意大利经济学家帕累托(Pareto)的一个重要发现:他在分析研究本国财富分配状况时从大量的统计资料中发现,占人口比例小的少数人拥有绝大部分社会财富,而占有少量社会财富的则是大多数人。后来在生产实践中,人们发现经济管理活动尤其是材料成本分析中也存在这种分布不均的规律,因而,逐步把帕累托的 ABC 分析法的原理和方法应用于选择价值工程活动的对象,效果十分显著。

将每一种零部件占产品成本的多少从高到低排列出来,分成 A、B、C 三类,找出少数零部件占多数成本的零部件项目,作为价值工程的重点分析对象。

A 类,数量比率占 10%左右,而它的成本占总成本的比重为 60%～70%,一般作为价值工程的研究对象。

B 类,数量比率占 20%左右,它的成本占总成本的比重为 20%左右,如果人力、财力、物力允许,也可以作为价值工程的研究对象。

C 类,数量比率占 70%左右,它的成本占总成本的比重为 10%左右,一般不宜作为价值工程的研究对象。

表 11.2　ABC 分析法分类原则

零件种类	零件数量	零件成本	研究对象的选择
A	10%左右	60%～70%	重点对象
B	20%左右	20%左右	选前几个
C	70%左右	10%左右	不作为研究对象

ABC 分析法一般包括两个主要步骤:

第一步:收集相关资料,绘制 ABC 分析表

① 将全部产品或一种产品的零部件按其成本由大到小依次排序;

② 按排序的累计件数计算占总产品或零部件总数的百分比;

③ 按 ABC 分析法将产品或零部件分为 A、B、C 三类,首选 A 类作为价值工程分析对象。

第二步:绘制 ABC 分析图(图 11.2)

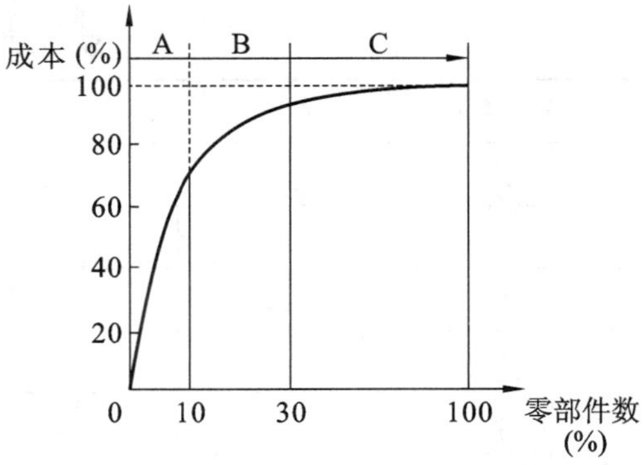

图 11.2　ABC 分析曲线图

ABC 分析法的优点:能抓住重点,把数量少而成本大的零部件或工序选为价值工程分析对象,利于集中精力,重点突破,取得较大成果。

ABC 分析法的缺点:没有将费用与功能联系起来共同考虑,在实际工作中,由于成本分配

不合理，容易忽视功能重要但成本不高的对象。

(3) 强制确定法

ABC 分析法没有将费用与功能联系起来共同考虑，容易忽视功能重要但成本不高的对象。强制确定法简称 FD 法(Forced Decision Method)，又称功能评价系数法，主要有 0-1 法和 0-4 法。强制确定法的基本思想是产品的每一个零部件成本应该与该零部件功能的重要性相称。

强制确定法兼顾功能与成本，具体做法是先求出分析对象的成本系数、功能系数，得出价值系数，揭示出分析对象的功能与花费的成本是否相符，不相符、价值低的被选为价值工程的研究对象。下面以 0-1 法为例说明强制确定法选择价值工程对象的过程。

第一步：零件评分。由 5～10 个专家按零件之间功能的重要程度两两比较，重要者得 1 分，不重要者得 0 分，零件本身与自己比较不得分(用"×"表示)。

第二步：计算零件功能评价系数 F_i。计算公式如下：

$$F_i=\frac{零件的累计得分}{全部零件总分}=\frac{零件的平均得分}{平均得分总和} \tag{11.3}$$

第三步：计算零件成本系数 C_i。计算公式如下：

$$C_i=\frac{各零件实际成本}{产品(部件)实际成本} \tag{11.4}$$

第四步：计算零件价值系数 V_i。计算公式如下：

$$V_i=\frac{功能评价系数}{成本系数} \tag{11.5}$$

第五步：根据价值系数选择价值工程分析对象。某零件的价值系数 $V_i<1$，说明该零件成本偏高，应作为分析对象；价值系数 $V_i>1$，则较理想，但若 V 很大则可能存在质量隐患，需要进一步分析；价值系数 V_i 接近 1，说明功能与成本匹配合理，不作为价值工程对象。

0-4 法与 0-1 法过程相似，只是在零件评分时评分标准不同：非常重要的一方 4 分，另一方则 0 分；比较重要的一方 3 分，另一方则为 1 分；两者同样重要，则各得 2 分。

【例 11.1】 某个产品有五个零部件，相互间进行功能重要性对比，一共有 10 位评价人员进行评定。试用 0-1 法确定功能评价系数。

某评价人员对该产品零部件评分如表 11.3 所示。

表 11.3 某评价人员评分

零件名称	A	B	C	D	E	得分
A	×	1	1	0	1	3
B	0	×	1	0	1	2
C	0	0	×	1	0	1
D	1	1	0	×	1	3
E	0	0	1	0	×	1
总分						10

汇总统计10位评价人员对产品零部件的评分，计算零部件功能评价系数(表11.4)。

表11.4　某产品功能评价系数

零件名称	评价人员												
	一	二	三	四	五	六	七	八	九	十	总得分	平均得分	F_i
A	3	4	4	4	4	4	4	3	4	4	38	3.8	0.38
B	2	3	3	2	3	3	1	2	3	2	24	2.4	0.24
C	1	1	0	1	2	0	1	1	0	2	9	0.9	0.09
D	3	2	3	3	1	3	4	3	2	2	26	2.6	0.26
E	1	0	0	0	0	0	0	1	1	0	3	0.3	0.03
总计	10	10	10	10	10	10	10	10	10	10	100	10	1.0

【例11.2】　某个产品有五种功能，各功能的重要性关系为：F_3相对于F_4很重要；F_3相对于F_1较重要；F_2和F_5同样重要；F_4和F_5同样重要。试用0-4法确定功能评价系数。

【解】　具体比较见表11.5。

表11.5　0-4法确定功能评价系数

功能	F_1	F_2	F_3	F_4	F_5	得分	功能评价系数F_i
F_1	×	3	1	3	3	10	0.250
F_2	1	×	0	2	2	5	0.125
F_3	3	4	×	4	4	15	0.375
F_4	1	2	0	×	2	5	0.125
F_5	1	2	0	2	×	5	0.125
总分						40	1.000

11.3　功能分析

价值工程案例

价值工程的核心是功能分析，价值工程成果大小也主要取决于功能分析。功能分析包括功能分类、功能定义、功能整理和功能评价等四部分内容。

11.3.1　功能分类

(1) 按功能的重要程度分类

按功能的重要程度不同，功能可分为基本功能和辅助功能。基本功能就是要达到这种产品的使用目的所不可缺少的功能，是产品的主要功能，如果不具备这种功能，这种产品就失去了其存在的价值。辅助功能是为了更有效地实现基本功能而添加的功能，是次要功能，是为了实现基本功能而附加的功能。例如手表的基本功能就是计时，辅助功能可以作为配饰用，而防水、防磁、防震则是为了更准确地显示时间而附加的功能。

(2) 按用户的功能需求分类

按用户的功能需求不同,功能可分为必要功能和不必要功能。必要功能是指用户所要求的功能以及与实现用户所需求功能有关的功能,使用功能、美学功能、基本功能、辅助功能等均可能成为必要功能;不必要功能是指不符合用户要求的功能。不必要功能包括三类:一是多余功能,二是重复功能,三是过剩功能。不必要功能很可能产生不必要的费用,这不仅增加了用户的经济负担,而且还浪费资源。例如,对于老年人而言,智能手机通话、短信功能可认为是必要功能,而很多游戏功能可认为是不必要功能。

(3) 按功能的性质分类

按功能的性质不同,功能可分为使用功能和美学功能。使用功能从功能的内涵上反映其使用属性,而美学功能是从产品外观反映其艺术属性。无论是使用功能还是美学功能,它们都是通过基本功能和辅助功能来实现的。产品的使用功能和美学功能要根据产品的特点而有所侧重。有的产品其使用功能突出,例如地下电缆、地下管道等;有的产品其美学功能突出,例如墙纸、壁画等。当然,很多产品两种功能兼而有之,例如建筑物、桥梁等。

(4) 按功能的量化标准分类

按功能的量化标准分类,功能可分为过剩功能和不足功能。过剩功能是指某些功能虽属必要,但满足需要有余,在数量上超过了用户需求或标准功能水平。不足功能是相对于过剩功能而言的,表现为产品功能水平低于标准功能水平,不能完全满足用户需要。不足功能和过剩功能是价值工程的主要研究对象。

(5) 按功能整理的逻辑关系分类

按功能整理的逻辑关系不同,功能可分为并列功能和上下位功能。并列功能是指产品功能之间属于并列关系,如住宅必须同时具有提供维护空间、采光、通风、抗震等功能,这些功能在逻辑关系上是并列关系。上下位功能在逻辑关系上是目的与手段的关系,上位功能是目的性功能,下位功能是实现上位功能的手段性功能。例如,住宅的最基本功能是居住,是上位功能,而提供维护空间、采光、通风、抗震等功能是实现居住目的所必需的手段性下位功能。

11.3.2 功能定义

功能定义就是根据收集到的信息资料,透过对象产品或构配件的物理特征,找出其效用的本质东西,并逐项加以区分和规定,以简洁的语言把功能的本质、内容及其水平准确地描述出来。通常用一个动词加一个名词描述,如提高运行能力、提供居住空间、传递荷载等。功能定义的目的是:①明确对象产品和组成产品各构配件的功能,借以弄清产品的特性;②便于进行功能评价,通过评价弄清哪些是价值低的功能和有问题的功能,实现价值工程的目的;③便于构思方案,对功能下定义的过程实际上也是为对象产品改进设计的构思过程,为价值工程的方案创造工作阶段做准备。

在功能定义时,应该考虑的实现功能所需要的制约条件有:

① 功能的承担对象是什么?

② 实现功能的目的是什么?

③ 功能何时实现？

④ 功能在何处实现？

⑤ 实现功能的方式有哪些？

⑥ 功能实现的程度怎样？

11.3.3 功能整理

产品的各功能之间都是相互配合、相互联系的，都在为实现产品的整体功能而发挥各自的作用。功能整理是在功能定义的基础上，用系统的观点将已经定义了的功能加以系统化，按一定的逻辑关系，把产品各构成要素的功能连接起来，构成一个功能系统图。

功能整理的目的是建立功能体系，确定真正要求的功能并发现不必要的功能。功能整理可以检查功能定义的正确性，明确改进对象的等级和功能设置，同时可以检查原设计的正确性。对于一个产品，特别是复杂产品功能之间的内在关系错综复杂时，如果不从功能系统的角度进行研究分析，就很难看清各功能之间的逻辑关系及其重要程度。

功能整理一般采用美国兰德公司的查尔斯·拜泽威(Charles Bytheway)提出的功能分析系统技术，其主要步骤如下：

① 明确产品的基本功能和辅助功能；

② 明确产品功能之间的关系(上下关系和并列关系)；

③ 对功能定义作必要的修改和补充；

④ 绘制功能系统图(图 11.3)。

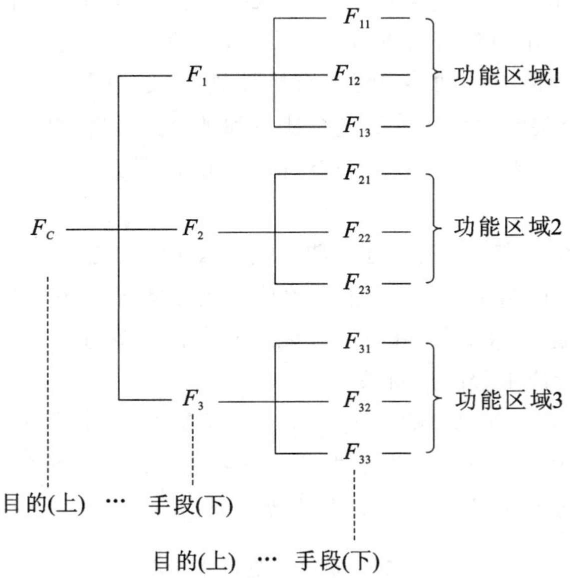

图 11.3 功能系统图

在功能系统图中，各功能从左向右排列形成功能等级层次。F_C为对象的一级功能，处于并列关系的 F_1、F_2、F_3是对象的二级功能，处于并列关系的 F_{11}-F_{12}-F_{13}，F_{21}-F_{22}-F_{23}，F_{31}-F_{32}-F_{33}是对象的三级功能；F_C功能是 F_1、F_2、F_3功能的目的，F_1、F_2、F_3功能是实现 F_C

功能的手段；F_1 功能是 F_{11}、F_{12}、F_{13} 功能的目的，F_{11}、F_{12}、F_{13} 功能是实现 F_1 功能的手段。

以房屋屋顶为例，在功能定义的基础上，通过功能分类和功能整理，得到屋顶功能系统图（图 11.4）。

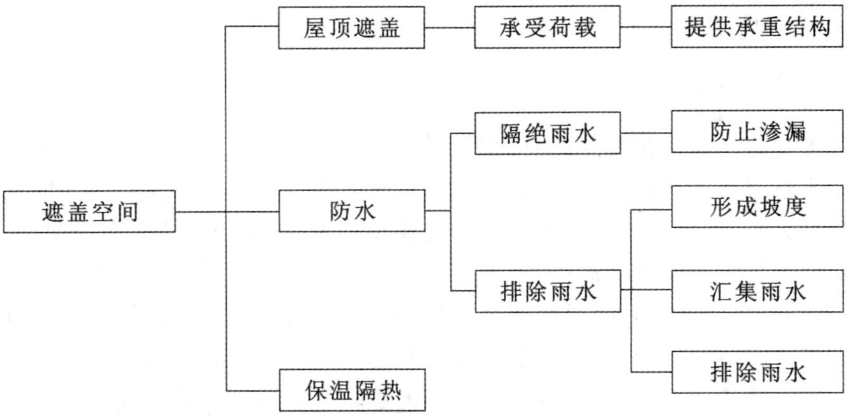

图 11.4　屋顶功能系统图

11.3.4　功能评价

功能评价就是在功能定义和功能整理完成后，对已明确的具体功能和功能领域进行数量化，定量地评价功能价值，从而选出功能价值低、改善期望值大的功能作为价值工程的重点改进对象，是功能分析的关键。

依据价值工程的基本关系式 $V=F/C$，要定量地评价功能价值，必须先将功能和成本数量化。成本可以用货币单位直接进行定量度量，但功能不同。一方面，大多数功能不易用数量准确计量；另一方面，有些功能虽然可直接计量，但是一个产品各项功能的计量单位也不尽相同，须找出一个共同的标准才能进行比较和评价。因此，功能评价的关键是将功能数量化，即对功能价值进行测定与比较。功能价值 V 的计算方法可分为功能成本法与功能评价系数法两大类。

功能评价系数法在前文中已有叙述。功能成本法又称为绝对值法，其表达式如下所示：

$$功能价值(V)=功能评价值(F)/功能实际成本(C) \tag{11.6}$$

功能评价值即功能目标成本，可通过目标总成本和功能的重要系数来计算，通过功能价值（V）的大小来确定价值工程改进对象。

【例 11.3】 某产品包括 A、B、C、D、E、F 六个功能，实际成本 500 元，目标成本 450 元。已组织各方面专家用 0-4 法对各功能重要度评分并获取每一个功能的评价系数（表 11.6）。试用功能成本法和功能评价系数法对其进行功能评价。

表 11.6　0-4 法评分结果

功能	A	B	C	D	E	F	合计
功能实际成本（元）	180	121	88	71	22	18	500
功能评价系数	0.237	0.150	0.187	0.280	0.050	0.096	1.000
功能评价值（元）	106.6	67.4	84.1	126	22.4	43.5	450

【解】 (1)功能成本法。计算如表 11.7 所示。

表 11.7 功能成本法计算表

功能	A	B	C	D	E	F	合计
功能实际成本(C,元)	180	121	88	71	22	18	500
功能评价系数(F_i)	0.237	0.150	0.187	0.280	0.050	0.096	1.000
功能评价值(F,元)	106.6	67.4	84.1	126	22.4	43.5	450
功能价值(V,$V=F/C$)	0.59	0.56	0.96	1.77	1.02	2.42	—
成本降低期望值($C-F$,元)	73.4	53.6	3.9	−55	−0.6	−25.5	49.8
改善顺序	②	①					

(2)功能评价系数法。计算如表 11.8 所示。

表 11.8 功能评价系数法计算表

功能	A	B	C	D	E	F	合计
功能实际成本(C,元)	180	121	88	71	22	18	500
功能评价系数(F_i)	0.237	0.150	0.187	0.280	0.050	0.096	1.000
成本系数(C_i)	0.360	0.242	0.176	0.142	0.044	0.036	1.000
价值系数(V_i,$V_i=F_i/C_i$)	0.658	0.620	1.063	1.972	1.136	2.694	—
成本降低期望值(元)	73.4	53.6	3.9	−55	−0.6	−25.5	49.8
改善顺序	②	①					

注:成本系数=其功能实际成本/实际总成本。

价值评价系数法的结果有三种:

① 价值评价系数 $V_i<1$,此时评价对象的成本比重大于其功能比重,说明相对其他对象而言,目前成本偏高,应作为价值工程改进对象,改善方向是降低成本。

② 价值评价系数 $V_i>1$,此时评价对象的成本比重小于其功能比重,此时,如果是客观原因使功能重要但需要耗费的成本很少的情况,则不需要改进;如果是对象功能偏低,则应增加成本并大幅提高功能;如果是功能过剩,则应降低功能,并大幅度降低成本。

③ 价值评价系数 V_i 接近 1,说明功能比重与成本比重匹配合理,不作为价值工程对象。

本例中 D 功能最重要,对产品影响最大,性价比高,可提高功能(花最少代价,提高产品综合竞争力);A 功能较重要,但成本最高,性价比较低,可寻求方案替换,节约成本;B 功能较不重要,成本较高,性价比最低,应当削减功能,降低成本;F 功能不重要,成本最低,满足功能即可。

11.4 方案创新与评价

11.4.1 方案创新

方案创新就是从改善对象的价值出发，针对应改进的具体目标，依据已建立的功能系统图和功能目标成本，通过创造性的思维活动，提出实现功能的各种改进方案。方案创新的方法很多，下面简要介绍几种常用方法。

(1) 头脑风暴法(Brain Storming，简称 BS 法)

头脑风暴法是一种专家会议法，是用来产生有助于查明和概念化问题的思想、目标和策略的方法。它是由创造性思维专家奥斯本于 1938 年首先提出的一种加强创造性思维的手段，它可以用来产生大量关于解决问题的潜在解决办法的建议，它通过召集一定数量的专家(通常为 5～10 人)一起开会研究，共同对某一问题做出判断。头脑风暴法有四条基本规则：不批评别人的意见；鼓励自由奔放的思考；提出的方案越多越好；希望结合别人意见提出设想。

(2) 哥顿法

这是美国人哥顿在 1964 年提出的方法。这种方法的指导思想是：把要研究的问题适当抽象，以利于开阔思路。会议主持者并不把要解决的问题全部摊开，只把问题抽象地介绍给大家，要求大家提出各种设想。例如，要研究一种新型割稻机，则只提出如何把东西割断和分开，大家围绕这一问题提方案。会议主持者要善于引导，步步深入，等到适当的时机，再把问题讲明，与会者具体思考，舍弃不可行方案，对可行方案作进一步研究。

(3) 德尔菲法

德尔菲法(Delphi Technique)不采用开会的形式，而是由组织者采用函询调查的形式，向与预测问题有关领域的专家分别提出问题，使专家在彼此不见面的情况下发表意见、交流信息，而后将他们的答复意见加以整理、综合，最终形成统一的集体结论，作为新的代替方案。

11.4.2 方案评价

方案评价是指对新构思的方案进行技术、经济和社会三个方面的评价，包括方案的概略评价和方案的详细评价。

概略评价是对新构思方案进行初步研究，其目的是从众多的方案中进行粗略的筛选，以减少详细评价的改进量。概略评价，具有预测的性质，属于探索性评价。此时，还没有开展大量的试验研究工作，还没有准确的实践数据，主要是参考有关资料，汇总设计、生产及销售部门的意见，来全盘考虑方案中的各种问题。要用较短的时间，对众多的方案进行初步选择。

详细评价是在概略评价所得的比较抽象的方案中，评选出准备实施的最佳方案。其评价结论是方案审批的依据。详细评价又包含技术评价、经济评价、社会评价、综合评价四个方面。技术评价围绕功能进行，内容是方案能否实现所需功能以及实现程度；经济评价围绕经济效果进行，内容是以成本为代表的经济可行性；社会评价围绕社会效果进行，内容是方案对社会的利弊;最后进行综合评价,选出最佳方案。

【例 11.4】 某监理工程师针对设计院提出的某商住楼 A、B、C 三个方案,经过技术经济分析和专家调整后得出表 11.9 所示数据。试计算方案成本系数、功能系数和价值系数,并确定最优方案。

表 11.9 各功能重要程度及方案各功能得分

方案功能	方案功能得分			功能重要程度
	A	B	C	
F_1	9	9	8	0.25
F_2	8	10	10	0.35
F_3	10	7	9	0.25
F_4	9	10	9	0.10
F_5	8	8	6	0.05
单方造价(元/m^2)	1325	1118	1226	

【解】 计算 3 个方案的功能得分

$$\phi_A = 9\times0.25+8\times0.35+10\times0.25+9\times0.10+8\times0.05=8.85$$

$$\phi_B = 9\times0.25+10\times0.35+7\times0.25+10\times0.10+8\times0.05=8.90$$

$$\phi_C = 8\times0.25+10\times0.35+9\times0.25+9\times0.10+6\times0.05=8.95$$

方案的成本系数、功能系数和价值系数计算见表 11.10。

三个方案的功能总得分为:

$$8.85+8.90+8.95=26.7$$

表 11.10 成本系数、功能系数和价值系数计算表

方案	单方造价(元/m^2)	成本系数	功能得分	功能系数	价值系数
A	1325	0.36	8.85	0.33	0.92
B	1118	0.30	8.90	0.33	1.10
C	1226	0.34	8.95	0.34	1.03
合计	3669	1.00	26.70	1.00	—

最优方案为价值系数最大的方案 B。

思考题与习题

1. 什么是价值工程?其基本原理是什么?

2. 选择价值工程对象的方法有哪些?各有何特点?

3. 某工程的分部工程组成以及功能得分如表 11.11 所示,试分别用 ABC 分析法和价值系数法确定价值工程对象。

表 11.11　某分部工程的组成及功能得分

分部名称	基础	墙体	框架	楼地面	装饰	门窗	其他
代号	A	B	C	D	E	F	G
费用(万元)	29	42	75	10	21	33	5
功能得分	5	4	5	3	1	2	1

4. 某集团公司欲投资兴建小型运输汽车制造厂。现有三个城市邀请该集团进入其城市经济开发区投资建厂。集团公司委托某咨询单位进行选址方案的比选工作。咨询单位邀请有关方面的专家组成专家组,对候选城市的地理位置、自然条件、交通运输、经济环境等方面进行了综合考察,综合专家评审意见,确定了厂址选择的评价指标(表 11.12),确定了各项指标的重要程度,并为各个城市的各项指标进行了评分。试用 0-1 法确定各指标权重,并对厂址选择做出判断。

表 11.12　厂址评价指标及得分

评价指标	指标重要程度	各指标得分		
		A 市	B 市	C 市
(1) 配套能力	比其他指标都重要	85	70	90
(2) 劳动力资源	没有其他指标重要	85	70	95
(3) 经济水平	比(2)和(5)重要	80	90	85
(4) 交通运输条件	比(2)、(3)、(5)重要	90	90	80
(5) 自然条件	比(2)重要	90	85	80

答案

12 设备更新经济分析

内容提要

同样用途的设备其结构类型可能不同，设备价格不同或使用成本不同，设备投资效果也会不同。选择合适的设备方案，可以获得最佳的经济效果。

本章主要介绍设备更新的基本理论和方法。通过本章的学习，要求理解设备更新概念；掌握设备更新的方法；掌握不同设备更新方案的比较分析。

12.1 设备更新概述

设备在使用或闲置过程中均会发生不同形式的磨损，磨损的产生会影响设备的使用价值甚至使用寿命，磨损达到一定的程度就存在设备更新问题。设备更新归根到底属于投资方案比较选择问题，故投资方案比较选择方法在设备更新选择分析时仍然适用。

12.1.1 设备更新的概念

设备指可供企业在生产中长期使用，并在反复使用中基本保持原有实物形态与功能的劳动资料和物质资料的总称。从大的方面讲，设备是发展国民经济的物质技术基础，是衡量社会发展水平与物质文明程度的重要尺度。具体到企业而言，设备是企业生产的物质基础，是企业技术水平的一种重要表现形式。随着新工艺、新技术、新装备、新材料的不断涌现，设备已经成为企业赢得优势生产力的重要的组成部分。因此，企业需要正确选择和使用设备，同时对设备整个运行期间的经济状况进行分析和研究，正确确定设备的经济寿命，判定设备是否需要更新、更新的方式、更新的时机，从而增加企业自身的实力，提高市场竞争水平。

设备更新是指对在技术上或经济上不宜继续使用的设备，用新的设备更换或用先进的技术对原有设备进行局部改造。或者说是以结构先进、技术完善、效率高、耗能少的新设备，来代替物质上无法继续使用，或经济上不宜继续使用的陈旧设备。

因此，设备更新的原因主要有：现有设备由于一次意外或长期使用而损坏；现有设备已无法应付目前或预期日益增加的产品需求；新式设备的出现，其生产作业较原有设备更有效率，或者更低的作业成本或维护成本；使用原设备的原因消失，如不需要其所生产的产品。

12.1.2 设备的磨损

设备购置后，无论是使用还是闲置，都会发生磨损。设备磨损分为两大类，四种形式。

(1) 设备有形磨损

有形磨损又称物理磨损，是指设备在使用或闲置过程中，由于自然力或外力的作用而发生的实体磨损或损失。设备的有形磨损又分为第一种有形磨损和第二种有形磨损两种形式。

第一种有形磨损：是指设备在使用过程中，由于外力的作用使零部件发生摩擦、振动和疲劳等现象，导致机器设备的实体发生磨损。这种磨损的程度与使用强度和使用时间长短有关。这种磨损通常表现在三个方面：①机械设备的零部件原始尺寸的改变，甚至形状也会发生改变；②公差配合性质发生改变，精度降低；③零部件损坏。第一种有形磨损会使设备的加工精度降低、使用性能下降，导致设备维修费用提高，劳动生产力下降。当这种磨损达到一定程度时，设备可能难以继续正常工作，失去工作能力，丧失使用价值，造成企业停产。

第二种有形磨损：是指设备在闲置过程中受自然力的作用而产生的实体磨损，如金属件生锈、腐蚀，橡胶件老化等。这种磨损与闲置的时间长短和所处环境有关，与生产过程中的使用无关，甚至在一定程度上还同使用程度成负相关。因此，设备限制或封存也会产生有形磨损。设备闲置时间长了，会自然丧失精度和工作能力，失去使用价值。

无论哪种有形磨损，都将造成设备的性能、精度等的降低，使得设备的运行费用和维修费用增加，效率低下。有形磨损严重的设备，在修理之前常常是不能正常工作的。当修理也无法恢复原有的功能时，就需要更新。

(2) 设备无形磨损

由于科技进步而使设备的价值降低或生产同样设备所需消耗降低所表现出来的磨损或损失，称为无形磨损，这是技术进步的结果。设备无形磨损不是表现为设备实体的变化，而是表现为设备原始价值的贬值。在这种情况下，原有设备的价值不再取决于最初的投资量，而是取决于再购入的消耗量，显然这种消耗也是不断下降的。无形磨损也有两种形式：第一种无形磨损和第二种无形磨损。

第一种无形磨损：是指设备的技术结构和性能并没有变化，但由于技术进步，设备制造工艺不断改进，社会劳动生产率水平提高，同类设备的再生产价值降低，因而设备的市场价格也降低了，致使原设备相对贬值。这种无形磨损的后果是现有设备原始价值部分贬值，设备本身的技术特性和功能(即使用价值)并未发生变化，故不会影响现有设备的使用。因此，不产生提前更换现有设备的问题。

第二种无形磨损：是指由于科学技术的进步，不断创新出结构更先进、性能更完善、效率更高、耗费原材料和能源更少的新型设备，使原有设备因相对陈旧落后，其经济效益相对降低而发生贬值。第二种无形磨损的后果不仅是使原有设备价值降低，而且由于技术上更先进的新设备的发明和应用会使原有设备的使用价值局部或全部丧失，这就产生了是否用新设备代替现有陈旧落后设备的问题。

由于技术进步对设备无形磨损的影响主要表现在三个方面：①由于技术进步不断出现高性能、高效率的设备，但设备的工作方法没有原则性的改变，这种无形磨损将使设备的使用价值大大降低；②由于技术不断进步，广泛采用了新劳动对象，特别是各种新型材料的替代品的出现，必然会淘汰加工旧材料的设备；③由于技术进步改变了原有的生产工艺或采用了新的加工方法，发生了实质性的改变，则原有设备将失去使用价值。

(3) 设备综合磨损

设备综合磨损是指设备在使用期内，既存在有形磨损，也存在无形磨损。对于任何设备，其所遭受的磨损都是双重的、综合的。两种磨损的相同之处是都会引起设备使用价值的降低。不同的是，有形磨损严重的设备，在大修或更新前往往不能再正常工作；而无形磨损严重的设备,并不影响其继续使用,只不过继续使用它在经济上是否合理,则需要进一步分析研究。

12.1.3　设备磨损的补偿方式

由于设备在闲置或使用中都会发生磨损,为了维持企业生产的正常进行,需要及时、合理地对设备磨损进行补偿,从而恢复设备的使用价值。

设备的磨损是多方面的,设备磨损的补偿方式也是不同的。一台设备总是由多个零部件组成的,在设备的使用或闲置过程中,每个零部件的磨损程度和磨损特性都有自己的特征。综合来看,设备的磨损有两种补偿方式,即局部补偿和完全补偿。针对设备的有形磨损,其局部补偿方式为修理;针对设备的无形磨损,其局部补偿方式为现代化改装。有形磨损和无形磨损的完全补偿都是设备更新,即淘汰旧设备,更换新设备(图 12.1)。

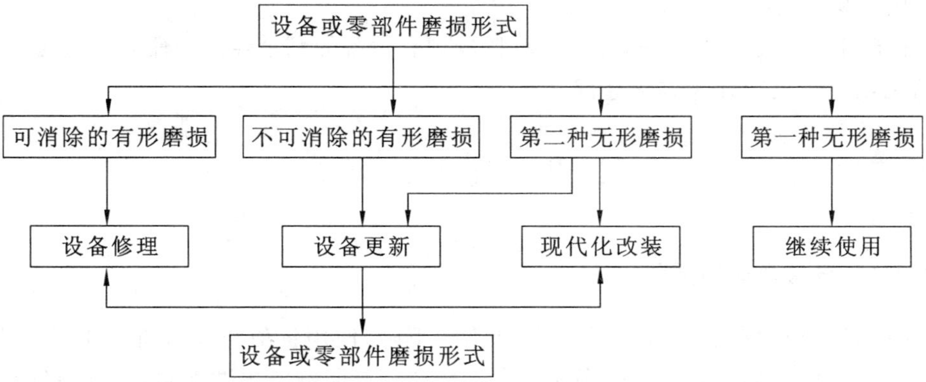

图 12.1　设备磨损的三种补偿方式

(1) 设备修理

设备修理是指修复各种原因造成的设备损坏和精度劣化的过程。通过修理与技术处理,使得设备得到一定程度的恢复与补偿,设备的性能得以修复。按照设备修理的程度和工作量的大小可以把修理分为日常维护、小修、中修和大修。

(2) 设备更新

设备更新是指以结构更先进、技术更完善、效率更高、耗能更少的新设备来代替原来陈旧落后或在经济上不宜继续使用的设备。比如对于一些设备或零件,当其所发生的磨损不易消除(如材料老化等),此时就必须更换新的设备或零件。设备更新是实现企业技术进步、提高经济效益的主要途径。

(3) 现代化改装

设备现代化改装是指利用现代化的科技成果来改装现有的旧设备。通过改进旧设备的结构或给设备换上新的部件来提高现有设备的技术水平和效率,使其赶上技术进步的步伐。设备现代化改装可以提高机械化、自动化水平;扩大设备的工艺范围;改善设备的技术性能;改善工人的劳动条件和安全条件;提高设备的精度;延长设备的寿命等。

以上三种磨损的补偿方式是相辅相成的,并没有明显的界限。当我们对设备进行更新时,一般是指对设备的核心构件或重要构件进行更新,而对于旧设备中的部分零部件则可以通过修理继续使用。对于给定的设备或者其零部件，究竟采用何种补偿方式要根据磨损的性质与程度采用经济评价的方法来确定。

12.1.4 设备更新决策分析

设备更新决策分析可归结为互斥方案比选问题，有其自身的特点和原则。

① 通常假定设备产生的收益相同，方案比选时只对其费用进行比较。

② 由于不同设备更新方案的使用寿命不同，通常采用计算年度费用进行比较，这样可以减少计算工作量。

③ 设备更新决策时立足于现实，不考虑沉没成本。对拟更新设备的价值按它目前实际价值计算，而不考虑其账面价值。

④ 从客观立场出发，考虑机会成本。

⑤ 在确定最佳更新时机时，首先计算比较现有设备的剩余经济寿命和新设备的经济寿命，然后利用逐年滚动计算方法进行比较。

12.2 设备的寿命

12.2.1 设备寿命的类型

由于设备磨损的存在，使得设备的性能不断下降，使用价值与经济价值也不断下降，最终被淘汰，因而设备都具有一定的寿命。由于研究分析问题的角度不同，设备寿命的含义也不相同。在工程经济分析中，设备的寿命一般分为物理寿命、使用寿命、技术寿命、折旧寿命和经济寿命五种形式。

(1) 物理寿命

设备的物理寿命也称自然寿命，是由有形磨损所决定的设备使用寿命，指设备从全新状态开始使用到产生有形磨损，造成设备逐渐老化、损坏直到报废所延续的时间。正确使用、维护保养、计划检修可以延长设备的自然寿命，但不能从根本上避免其磨损。任何一台设备磨损到一定程度时，都必须进行修理或更新。

(2) 使用寿命

使用寿命是指设备产生有效服务所经历的时间，即设备为其拥有者的服务时间(从设备拥有到转让或卖掉为止)。在自然寿命期内，可能有多个使用寿命。

(3) 技术寿命

技术寿命是指由于科学技术的发展，不断出现技术上更先进、经济上更合理的替代设备，使现有设备在物理寿命尚未结束之前就提前报废。因此，设备技术寿命的长短主要取决于科学技术进步的速度，而与有形磨损无关，主要受设备无形磨损特别是第二种无形磨损的影响。在估算设备寿命时，必须考虑设备技术寿命期限的变化特点。通过现代化改装可以延长设备的技术寿命。

(4) 折旧寿命

设备的投资通常是通过折旧的方式逐年收回的。所谓折旧寿命，是指按国家有关部门规定或企业自行规定的折旧率，把设备总值扣除残值后的余额，折旧到接近于零时所经历的时间。折旧寿命的长短取决于国家或企业所采取的方针和政策。

(5) 经济寿命

经济寿命是指设备的使用费处于合理界限之内的设备寿命，即从设备开始使用到其年平均成本最低的年份所经历的时间。设备的经济寿命是由有形磨损和无形磨损共同决定的。在设备物理寿命的后期，因设备故障频发而引起的损失急剧增加。购置设备后，使用的年数越长，每年分摊的投资越少，设备的保养和操作费用却越多(图12.2)。设备经济费用是根据在使用期最适宜的年份内设备总成本最低的原则来确定的。

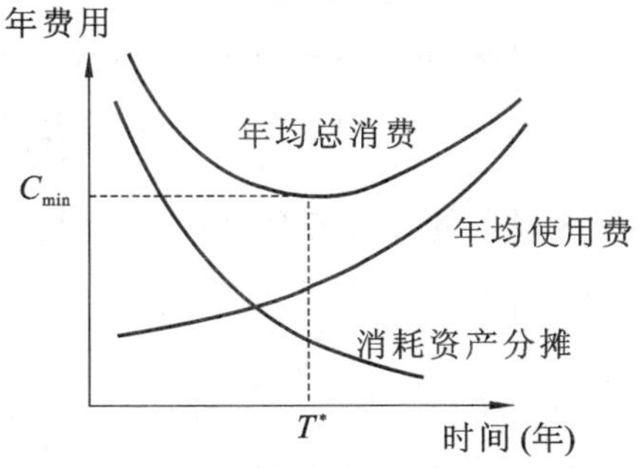

图 12.2 设备经济寿命示意图

经济寿命既考虑了有形磨损，又考虑了无形磨损，它是确定设备合理更新期的依据。一般而言，经济寿命短于自然寿命。

12.2.2 设备经济寿命的计算

按是否考虑资金的时间价值，确定设备经济寿命的方法可以分为静态计算方法和动态计算方法。

(1) 经济寿命的静态计算方法

经济寿命的静态计算方法就是在不考虑资金时间价值的基础上计算设备的年均总费用 AC_N，使 AC_N 最小的 N_0 就是设备的经济寿命。经济寿命的静态计算方法主要有费用平均法和低劣化数值法。

① 费用平均法

设备的年均总费用 AC_N 由两部分组成，一是设备的年均资产消耗(折旧等)，二是设备的维护、使用费。

$$AC_N = \frac{P_0 - P_N}{N} + \frac{1}{N}\sum_{t=1}^{N} C_t \tag{12.1}$$

式中 AC_N——N 年内设备的年均总费用；

P_0——设备的购置费用；

P_N——第 N 年末设备的残值；

C_t——第 t 年的设备使用费。

在式(12.1)中，$\frac{P_0 - P_N}{N}$ 为设备的年均资产消耗，$\frac{1}{N}\sum_{t=1}^{N} C_t$ 为设备的年平均使用成本。逐年计算出设备的年均总费用 AC_N，当设备的年均总费用 AC_N 达到最小时，即为设备的经济寿命，计算时可采用列表计算。

② 低劣化数值法

设备投入使用后，使用时间越长，设备的有形磨损越大，其运行费用(维护修理、燃料动力消耗等)就越高，这就叫作设备的低劣化。把这种逐年递增的年使用成本 ΔC_t 称为设备的低劣化数值。用低劣化数值表示设备磨损损耗的方法叫作低劣化数值法。如果每年设备使用费增量(劣化值)相同,即 $\Delta C_t=\lambda$,则可根据式(12.1)简化设备经济寿命的计算:

$$AC_N=\frac{P_0-P_N}{N}+C_1+\frac{N-1}{2}\lambda \tag{12.2}$$

式中 C_1——设备在第1年的使用费用。

若要使 AC_N 达到最小值,应在式(12.2)中对 N 求导数,并使其等于0,则有:

$$\frac{\mathrm{d}(AC_N)}{\mathrm{d}N}=-\frac{P_0-P_N}{N_0^2}+\frac{\lambda}{2}=0$$

故设备的经济寿命为:

$$N_0=\sqrt{\frac{2(P_0-P_N)}{\lambda}} \tag{12.3}$$

(2) 经济寿命的动态计算方法

经济寿命的动态计算方法就是在考虑资金时间价值的基础上计算设备的净年值 NAV_N 或年均总费用 AC_N,通过比较年平均收益或年均总费用来确定设备的经济寿命。可通过列表来计算净年值或年成本,得出净年值 NAV_N 最大或年均总费用 AC_N 最小的使用年限,即为设备的经济寿命。

12.3 设备更新的经济分析

对原型设备更新的经济分析,本质上是确定设备的经济寿命,可以采用低劣化数值法、最小年费用法等计算。对新型设备更新的经济分析,本质上是现有设备和新设备的互斥方案比较问题,可按互斥方案比选方法进行分析。

12.3.1 原型设备更新的经济分析

【例12.1】 已知某设备原始价值 $P_0=8000$ 元,预计不论任何时候余值均为400元,运行成本初始值 $C_1=800$ 元/年,年运行成本劣化值 $\lambda=300$ 元/年,试求该设备的合理更新期。

【解】 设备的经济寿命 N_0 为:

$$N_0=\sqrt{\frac{2(P_0-P_N)}{\lambda}}=\sqrt{\frac{2(8000-400)}{300}}=7.12(\text{年})$$

通常,设备的低劣化并不是线性的,而且设备的余值也是随着使用年限的增加而减少的,为了找出设备的最优使用期,需要计算在整个使用期内各年消耗的平均费用,从中选出平均费用最小的1年,就是设备的最优使用年限。

【例12.2】 某设备原始价值 P_0 为16000元,各年设备余值及运行费用见表12.1,求设备的合理更新期。

表12.1 各年设备余值及运行费用 (单位:元)

使用年限 N	1	2	3	4	5	6	7
年运行费 C_t	2000	2500	3500	4500	5500	7000	9000
设备余值 P_N	10000	6000	4500	3500	2500	1500	1000

【解】 (1)不考虑资金的时间价值,则计算如表12.2所示。

表12.2 不考虑资金的时间价值时的年平均费用计算 (单位:元)

使用年限 N	累计运行费 $\sum_{t=1}^{N} C_t$	设备费用 $P_0 - P_N$	总费用	年均总费用 AC_N
1	2000	6000	8000	8000
2	4500	10000	14500	7250
3	8000	11500	19500	6500
4	12500	12500	25000	6250
5	18000	13500	31500	6300
6	25000	14500	39500	6583
7	34000	15000	49000	7000

根据计算结果,设备使用满4年之前,年均总费用逐渐减小;超过4年之后,设备年均总费用逐渐增大,因此,设备在使用4年后更新最合理。

(2) 考虑资金的时间价值,则计算如表12.3所示(假定基准收益率为10%)。

表12.3 考虑资金的时间价值时的年平均费用计算 (单位:元)

使用年限 N (1)	设备原值 P_0 (2)	设备余值 P_N (3)	余值现值 $P_N(P/F,i,N)$ (4)	运行费用现值 $\sum_{t=1}^{N} C_t(P/F,i,t)$ (5)	年均总费用 $[(2)-(4)+(5)](A/P,i,N)$
1	16000	10000	9090	1818	9601
2	16000	6000	4958	3884	8600
3	16000	4500	3380	6512	7693
4	16000	3500	2391	9586	7318
5	16000	2500	1553	13002	7241
6	16000	1500	848	16957	7372
7	16000	1000	513	21574	7612

以第2年为例,其计算内容如下:

余值现值:$P_N(P/F,i,N)=6000\times(P/F,10\%,2)=6000\times0.8264=4958$(元)

运行费用现值:$\sum_{t=1}^{N} C_t(P/F,i,t)=2000(P/F,10\%,1)+2500(P/F,10\%,2)=2000\times0.9091+2500\times0.8264=3884$(元)

年均总费用:$AC_2=(16000-4958+3884)(A/P,10\%,2)=14926\times0.5762=8600$(元)

根据计算结果，设备使用满 5 年之前，年平均费用逐渐减小；超过 5 年之后，设备年平均费用逐渐增大，因此设备在使用 5 年后更新最合理。

12.3.2 新型设备更新的经济分析

对新型设备更新的经济分析要站在客观的立场上，或从旁观者的角度去分析。

【例 12.3】 某设备目前的余值为 8000 元，还能继续使用 4 年，保留使用的情况如表 12.4 所示。

表 12.4 保留使用的年使用费和年末余值 （单位：元）

保留使用年数	1	2	3	4
年使用费 C_t	3000	4000	5000	6000
年末余值 P_N	6500	5000	3500	2000

新设备的原始费用为 35000 元，经济寿命为 10 年，第 10 年末的净残值为 4000 元，平均年使用费为 500 元，基准收益率为 12%，问：旧设备是否需要更换？如需更换，何时更换为宜？

【解】 (1)先判断是否需要更换设备

$$AC_N = [35000-4000(P/F,12\%,10)](A/P,12\%,10)+500$$
$$=(35000-4000\times 0.3220)\times 0.1770+500$$
$$=6467.02(\text{元})$$

$$AC_0 = [8000-2000(P/F,12\%,4)](A/P,12\%,4)$$
$$+[3000(P/F,12\%,1)+4000(P/F,12\%,2)](A/P,12\%,4)$$
$$+[5000(P/F,12\%,3)+6000(P/F,12\%,4)](A/P,12\%,4)$$
$$=(8000-2000\times 0.6355)\times 0.3292+(3000\times 0.8929+4000\times 0.7972)$$
$$\times 0.3292+(5000\times 0.7118+6000\times 0.6355)\times 0.3292$$
$$=6573.63(\text{元})$$

(2)$AC_N < AC_0$，故旧设备应该更换。

再判断何时更换为宜

第 1 年：

$$AC_0(1)=[8000-6500(P/F,12\%,1)+3000(P/F,12\%,1)](A/P,12\%,1)$$
$$=8000\times 1.12-6500+3000=5460(\text{元})$$

$AC_0(1) < AC_N$，第 1 年继续使用旧设备。

第 2 年：

$$AC_0(2)=[8000-5000(P/F,12\%,2)+3000(P/F,12\%,1)$$
$$+4000(P/F,12\%,2)](A/P,12\%,2)$$
$$=(8000-5000\times 0.7972+3000\times 0.8929+4000\times 0.7972)\times 0.5917$$
$$=5846.88(\text{元})$$

$AC_0(2)<AC_N$，第 2 年继续使用旧设备。

第 3 年：

$$
\begin{aligned}
AC_0(3)=&[8000-3500(P/F,12\%,3)+3000(P/F,12\%,1)\\
&+4000(P/F,12\%,2)+5000(P/F,12\%,3)](A/P,12\%,3)\\
=&(8000-3500\times0.7118+3000\times0.8929+4000\times0.7972+5000\times0.7118)\times0.4163\\
=&6217.52(\text{元})
\end{aligned}
$$

$AC_0(3)<AC_N$，第 3 年继续使用旧设备。

同理可计算出第 4 年时 $AC_0(4)>AC_N$，故第 3 年后、第 4 年开始时更换设备。

【例 12.4】 某工厂 4 年前以 2200 万元购买机器 A，年使用费为 700 万元，估计还可以使用 6 年，第 6 年末估计市场价值为 200 万元。现市场上出现了机器 B，购置费为 2400 万元，估计可以使用 10 年，年使用费为 400 万元，第 10 年末市场价值为 300 万元。甲方案继续使用机器 A，乙方案把机器 A 以 800 万元出售，然后购买机器 B。设基准收益率为 15%，比较两个方案。

【解】 该设备更新经济分析的本质是两个互斥方案的比较问题，只需要计算出甲、乙两个方案的费用年值，再进行比较即可。

$$
\begin{aligned}
AC_{\text{甲}}&=800(A/P,15\%,6)+700-200(A/F,15\%,6)\\
&=800\times0.2642+700-200\times0.1142\\
&=889(\text{万元})
\end{aligned}
$$

$$
\begin{aligned}
AC_{\text{乙}}&=2400(A/P,15\%,10)+400-300(A/F,15\%,10)\\
&=2400\times0.1993+400-300\times0.0493\\
&=864(\text{万元})
\end{aligned}
$$

$AC_{\text{甲}}>AC_{\text{乙}}$，故应选用乙方案进行设备更新：出售机器 A，并购买机器 B。

12.4 税后更新分析

前述设备更新分析均未考虑所得税的影响，事实上对企业而言，所得税对设备更新有很大影响。税后设备更新须考虑影响所得税的因素：日常使用费、折旧、旧资产市场价与账面价差额等。

税后更新分析应注意：

① 设备更新与不更新是两个互斥方案；

② 假定更新分析的纳税主体处于盈利状态；

③ 所讨论的税前现金流、应纳税所得额、所得税和税后现金流都是增量的概念；

④ 处置设备带来营业外收入或营业外支出，对应增加或减少应纳税所得额。

【例 12.5】 某公司所得税率为 33%，税后基准收益率为 6%。3 年前购置一台设备，按直线法折旧。现在考虑设备更新，新设备按年数总和法折旧。旧设备还可使用 4 年，2 年后需大修，费用为 29 万元，目前变现价值为 35 万元。新旧设备的相关信息见表 12.5。

表 12.5 新旧设备的相关信息 （单位：万元）

项目	旧设备	新设备
原价	160	82
规定残值	16	8.2
折旧年限	6	4
年使用费	8.4	3
4 年后残值	7	10

【解】 (1) 不考虑所得税的情况：

$$NPV_{旧}=-35-8.4(P/A,6\%,4)-29(P/F,6\%,2)+7(P/F,6\%,4)$$
$$=-84.3721(万元)$$
$$NPV_{新}=-82-3(P/A,6\%,4)+10(P/F,6\%,4)$$
$$=-84.4743(万元)$$

即不考虑所得税时，应继续使用旧设备。

(2) 考虑所得税时，对旧设备：

① 旧设备年折旧额计算

$$年折旧额=\frac{160-16}{6}=24(万元)$$

② 第 0 年

$$设备账面价值=160-24\times3=88(万元)$$
$$处置旧设备收入=35-88=-53(万元)$$

即若保留旧设备，则应纳税所得额增加 53 万元。

所得税 $=53\times33\%=17.49$(万元)

税后净现金流量 $=-35-17.49=-52.49$(万元)

③第 1 年

税前净现金流量即为设备年使用费 -8.4 万元

应纳税所得额 $=-8.4-24=-32.4$(万元)

所得税 $=-32.4\times33\%=-10.692$(万元)

税后净现金流量 $=-8.4-(-10.692)=2.292$(万元)

④第 2 年

税前净现金流量 $=-8.4-29=-37.4$(万元)

应纳税所得额 $=-37.4-24=-61.4$(万元)

所得税 $=-61.4\times33\%=-20.262$(万元)

税后净现金流量 $=-37.4-(-20.262)=-17.138$(万元)

第 3、4 年的税前、税后净现金流量数据可依同样方法计算。

⑤第 4 年末处置旧设备应纳税所得额计算

期末处置旧设备，则应纳税所得额减少 9 万元。

影响所得税＝－9×33％＝－2.97(万元)

⑥旧设备税前、税后现金流量表(表12.6)

表12.6　旧设备税前、税后现金流量表　(单位:万元)

年份	税前 *NCF*	折旧	应纳税所得额	所得税	税后 *NCF*
0	－35		53	17.49	－52.49
1	－8.4	24	－32.4	－10.692	2.292
2	－37.4	24	－61.4	－20.262	－17.138
3	－8.4	24	－32.4	－10.692	2.292
4	－8.4	0	－8.4	－2.772	－5.628
第4年末	7		－9	－2.97	9.97

注:所得税＝应纳税所得额×33％;税后 *NCF*＝税前 *NCF*－所得税。

(3) 考虑所得税时,对新设备:

① 折旧的计算

$$第1年折旧额=(82-8.2)\times\frac{4}{1+2+3+4}=29.52(万元)$$

$$第2年折旧额=(82-8.2)\times\frac{3}{1+2+3+4}=22.14(万元)$$

$$第3年折旧额=(82-8.2)\times\frac{2}{1+2+3+4}=14.76(万元)$$

$$第4年折旧额=(82-8.2)\times\frac{1}{1+2+3+4}=7.38(万元)$$

② 第4年末处置新设备应纳税所得额计算

处置新设备收入＝10－8.2＝1.8(万元)

即期末处置新设备使应纳税所得额增加1.8万元。

③ 新设备税前、税后现金流量表见表12.7。

表12.7　新设备税前、税后现金流量表　(单位:万元)

年份	税前 *NCF*	折旧	应纳税所得额	所得税	税后 *NCF*
0	－82		0	0	－82
1	－3	29.52	－32.52	－10.732	7.732
2	－3	22.14	－25.14	－8.296	5.296
3	－3	14.76	－17.76	－5.861	2.861
4	－3	7.38	－10.38	－3.425	0.425
第4年末	10		1.8	0.594	9.406

注:所得税＝应纳税所得额×33％;税后 *NCF*＝税前 *NCF*－所得税。

新、旧设备税后现金流量对比见表12.8。

表 12.8 新、旧设备税后现金流量对比 （单位：万元）

年末	0	1	2	3	4	第 4 年末
旧设备税后 *NCF*	−52.49	2.292	−17.138	2.292	−5.628	9.97
新设备税后 *NCF*	−82	7.732	5.296	2.861	0.425	9.406

$$
\begin{aligned}
NPV_{旧} &= -52.49+2.292(P/F,6\%,1)-17.138(P/F,6\%,2) \\
&\quad +2.292(P/F,6\%,3)+(9.97-5.628)(P/F,6\%,4) \\
&= -52.49+2.292\times 0.9434-17.138\times 0.8900+2.292\times 0.8396+4.342\times 0.7921 \\
&= -60.217(万元)
\end{aligned}
$$

$$
\begin{aligned}
NPV_{新} &= -82+7.732(P/F,6\%,1)+5.296(P/F,6\%,2) \\
&\quad +2.861(P/F,6\%,3)+(0.425+9.406)(P/F,6\%,4) \\
&= -82+7.732\times 0.9434+5.296\times 0.8900+2.861\times 0.8396+9.831\times 0.7921 \\
&= -59.803(万元)
\end{aligned}
$$

即考虑所得税与不考虑所得税的结论相反，考虑所得税时应更换为新设备。

思考题与习题

1. 设备更新方案比较的特点与原则有哪些？

2. 试简述设备的物理磨损。

3. 设备的有形磨损有哪两种形式？设备的无形磨损有哪两种形式？

4. 试简述设备的经济寿命。

5. 某设备购置费为 3 万元，任何时候无残值，第 1 年的运行费为 0.5 万元，以后每年递增 0.1 万元。试求该设备的经济寿命。($i_c=12\%$)

6. 某设备购置费为 55 万元，任何时候残值均为 1.5 万元，第 1 年的运行费为 10 万元，以后每年递增 2.1 万元。试求该设备的经济寿命。($i_c=12\%$)

7. 某单位现有一辆已使用了 3 年的货车，今年的使用费估计为 10200 元，以后每年可能增加 4000 元。市场上一辆同型号的新货车售价为 63000 元，前 2 年的使用费估计每年 7000 元，以后每年增加 3000 元。新旧货车都能再服务 6 年。新车在 6 年后估计能以现价的 10%折价转让，目前使用的旧车也可折价 25000 元卖给其他单位，但如果现在不卖，以后每年的售价将会比前 1 年减少 40%。假设以后若干年中新车售价不会有太大的变化，试分析确定该单位应该在什么时候更新旧货车？($i_c=8\%$)

8. 某公司需使用某种设备，可采用购买或租赁方案。如购买，需花 3 万元购置该设备，服务寿命为 6 年，6 年末残值为 0.6 万元，运行费每天 50 元，年维修费为 0.3 万元。若租赁，每天租赁费为 160 元，无运行费。如果公司 1 年使用该设备的天数预计为 180 天，所得税税率为 33%，采用直线折旧，试决定采用购买还是租赁方案？($i_c=12\%$)

答案

附录A　复利系数表

$i=1\%$

n	$(F/P,i,n)$	$(P/F,i,n)$	$(F/A,i,n)$	$(A/F,i,n)$	$(P/A,i,n)$	$(A/P,i,n)$	$(F/G,i,n)$	$(P/G,i,n)$	$(A/G,i,n)$
1	1.0100	0.9901	1.0000	1.0000	0.9901	1.0100	0.0000	0.0000	0.0000
2	1.0201	0.9803	2.0100	0.4975	1.9704	0.5075	1.0000	0.9803	0.4975
3	1.0303	0.9706	3.0301	0.3300	2.9410	0.3400	3.0100	2.9215	0.9934
4	1.0406	0.9610	4.0604	0.2463	3.9020	0.2563	6.0401	5.8044	1.4876
5	1.0510	0.9515	5.1010	0.1960	4.8534	0.2060	10.1005	9.6103	1.9801
6	1.0615	0.9420	6.1520	0.1625	5.7955	0.1725	15.2015	14.3205	2.4710
7	1.0721	0.9327	7.2135	0.1386	6.7282	0.1486	21.3535	19.9168	2.9602
8	1.0829	0.9235	8.2857	0.1207	7.6517	0.1307	28.5671	26.3812	3.4478
9	1.0937	0.9143	9.3685	0.1067	8.5660	0.1167	36.8527	33.6959	3.9337
10	1.1046	0.9053	10.4622	0.0956	9.4713	0.1056	46.2213	41.8435	4.4179
11	1.1157	0.8963	11.5668	0.0865	10.3676	0.0965	56.6835	50.8067	4.9005
12	1.1268	0.8874	12.6825	0.0788	11.2551	0.0888	68.2503	60.5687	5.3815
13	1.1381	0.8787	13.8093	0.0724	12.1337	0.0824	80.9328	71.1126	5.8607
14	1.1495	0.8700	14.9474	0.0669	13.0037	0.0769	94.7421	82.4221	6.3384
15	1.1610	0.8613	16.0969	0.0621	13.8651	0.0721	109.6896	94.4810	6.8143
16	1.1726	0.8528	17.2579	0.0579	14.7179	0.0679	125.7864	107.2734	7.2886
17	1.1843	0.8444	18.4304	0.0543	15.5623	0.0643	143.0443	120.7834	7.7613
18	1.1961	0.8360	19.6147	0.0510	16.3983	0.0610	161.4748	134.9957	8.2323
19	1.2081	0.8277	20.8109	0.0481	17.2260	0.0581	181.0895	149.8950	8.7017
20	1.2202	0.8195	22.0190	0.0454	18.0456	0.0554	201.9004	165.4664	9.1694
21	1.2324	0.8114	23.2392	0.0430	18.8570	0.0530	223.9194	181.6950	9.6354
22	1.2447	0.8034	24.4716	0.0409	19.6604	0.0509	247.1586	198.5663	10.0998
23	1.2572	0.7954	25.7163	0.0389	20.4558	0.0489	271.6302	216.0660	10.5626
24	1.2697	0.7876	26.9735	0.0371	21.2434	0.0471	297.3465	234.1800	11.0237
25	1.2824	0.7798	28.2432	0.0354	22.0232	0.0454	324.3200	252.8945	11.4831

$i=1\%$

n	$(F/P,i,n)$	$(P/F,i,n)$	$(F/A,i,n)$	$(A/F,i,n)$	$(P/A,i,n)$	$(A/P,i,n)$	$(F/G,i,n)$	$(P/G,i,n)$	$(A/G,i,n)$
26	1.2953	0.7720	29.5256	0.0339	22.7952	0.0439	352.5631	272.1957	11.9409
27	1.3082	0.7644	30.8209	0.0324	23.5596	0.0424	382.0888	292.0702	12.3971
28	1.3213	0.7568	32.1291	0.0311	24.3164	0.0411	412.9097	312.5047	12.8516
29	1.3345	0.7493	33.4504	0.0299	25.0658	0.0399	445.0388	333.4863	13.3044
30	1.3478	0.7419	34.7849	0.0287	25.8077	0.0387	478.4892	355.0021	13.7557
31	1.3613	0.7346	36.1327	0.0277	26.5423	0.0377	513.2740	377.0394	14.2052
32	1.3749	0.7273	37.4941	0.0267	27.2696	0.0367	549.4068	399.5858	14.6532
33	1.3887	0.7201	38.8690	0.0257	27.9897	0.0357	586.9009	422.6291	15.0995
34	1.4026	0.7130	40.2577	0.0248	28.7027	0.0348	625.7699	446.1572	15.5441
35	1.4166	0.7059	41.6603	0.0240	29.4086	0.0340	666.0276	470.1583	15.9871
36	1.4308	0.6989	43.0769	0.0232	30.1075	0.0332	707.6878	494.6207	16.4285
37	1.4451	0.6920	44.5076	0.0225	30.7995	0.0325	750.7647	519.5329	16.8682
38	1.4595	0.6852	45.9527	0.0218	31.4847	0.0318	795.2724	544.8835	17.3063
39	1.4741	0.6784	47.4123	0.0211	32.1630	0.0311	841.2251	570.6616	17.7428
40	1.4889	0.6717	48.8864	0.0205	32.8347	0.0305	888.6373	596.8561	18.1776

$i=2\%$

n	$(F/P,i,n)$	$(P/F,i,n)$	$(F/A,i,n)$	$(A/F,i,n)$	$(P/A,i,n)$	$(A/P,i,n)$	$(F/G,i,n)$	$(P/G,i,n)$	$(A/G,i,n)$
1	1.0200	0.9804	1.0000	1.0000	0.9804	1.0200	0.0000	0.0000	0.0000
2	1.0404	0.9612	2.0200	0.4950	1.9416	0.5150	1.0000	0.9612	0.4950
3	1.0612	0.9423	3.0604	0.3268	2.8839	0.3468	3.0200	2.8458	0.9868
4	1.0824	0.9238	4.1216	0.2426	3.8077	0.2626	6.0804	5.6173	1.4752
5	1.1041	0.9057	5.2040	0.1922	4.7135	0.2122	10.2020	9.2403	1.9604
6	1.1262	0.8880	6.3081	0.1585	5.6014	0.1785	15.4060	13.6801	2.4423
7	1.1487	0.8706	7.4343	0.1345	6.4720	0.1545	21.7142	18.9035	2.9208
8	1.1717	0.8535	8.5830	0.1165	7.3255	0.1365	29.1485	24.8779	3.3961
9	1.1951	0.8368	9.7546	0.1025	8.1622	0.1225	37.7314	31.5720	3.8681
10	1.2190	0.8203	10.9497	0.0913	8.9826	0.1113	47.4860	38.9551	4.3367
11	1.2434	0.8043	12.1687	0.0822	9.7868	0.1022	58.4358	46.9977	4.8021

i=2%

n	$(F/P,i,n)$	$(P/F,i,n)$	$(F/A,i,n)$	$(A/F,i,n)$	$(P/A,i,n)$	$(A/P,i,n)$	$(F/G,i,n)$	$(P/G,i,n)$	$(A/G,i,n)$
12	1.2682	0.7885	13.4121	0.0746	10.5753	0.0946	70.6045	55.6712	5.2642
13	1.2936	0.7730	14.6803	0.0681	11.3484	0.0881	84.0166	64.9475	5.7231
14	1.3195	0.7579	15.9739	0.0626	12.1062	0.0826	98.6969	74.7999	6.1786
15	1.3459	0.7430	17.2934	0.0578	12.8493	0.0778	114.6708	85.2021	6.6309
16	1.3728	0.7284	18.6393	0.0537	13.5777	0.0737	131.9643	96.1288	7.0799
17	1.4002	0.7142	20.0121	0.0500	14.2919	0.0700	150.6035	107.5554	7.5256
18	1.4282	0.7002	21.4123	0.0467	14.9920	0.0667	170.6156	119.4581	7.9681
19	1.4568	0.6864	22.8406	0.0438	15.6785	0.0638	192.0279	131.8139	8.4073
20	1.4859	0.6730	24.2974	0.0412	16.3514	0.0612	214.8685	144.6003	8.8433
21	1.5157	0.6598	25.7833	0.0388	17.0112	0.0588	239.1659	157.7959	9.2760
22	1.5460	0.6468	27.2990	0.0366	17.6580	0.0566	264.9492	171.3795	9.7055
23	1.5769	0.6342	28.8450	0.0347	18.2922	0.0547	292.2482	185.3309	10.1317
24	1.6084	0.6217	30.4219	0.0329	18.9139	0.0529	321.0931	199.6305	10.5547
25	1.6406	0.6095	32.0303	0.0312	19.5235	0.0512	351.5150	214.2592	10.9745
26	1.6734	0.5976	33.6709	0.0297	20.1210	0.0497	383.5453	229.1987	11.3910
27	1.7069	0.5859	35.3443	0.0283	20.7069	0.0483	417.2162	244.4311	11.8043
28	1.7410	0.5744	37.0512	0.0270	21.2813	0.0470	452.5605	259.9392	12.2145
29	1.7758	0.5631	38.7922	0.0258	21.8444	0.0458	489.6117	275.7064	12.6214
30	1.8114	0.5521	40.5681	0.0246	22.3965	0.0446	528.4040	291.7164	13.0251
31	1.8476	0.5412	42.3794	0.0236	22.9377	0.0436	568.9720	307.9538	13.4257
32	1.8845	0.5306	44.2270	0.0226	23.4683	0.0426	611.3515	324.4035	13.8230
33	1.9222	0.5202	46.1116	0.0217	23.9886	0.0417	655.5785	341.0508	14.2172
34	1.9607	0.5100	48.0338	0.0208	24.4986	0.0408	701.6901	357.8817	14.6083
35	1.9999	0.5000	49.9945	0.0200	24.9986	0.0400	749.7239	374.8826	14.9961
36	2.0399	0.4902	51.9944	0.0192	25.4888	0.0392	799.7184	392.0405	15.3809
37	2.0807	0.4806	54.0343	0.0185	25.9695	0.0385	851.7127	409.3424	15.7625
38	2.1223	0.4712	56.1149	0.0178	26.4406	0.0378	905.7470	426.7764	16.1409
39	2.1647	0.4619	58.2372	0.0172	26.9026	0.0372	961.8619	444.3304	16.5163
40	2.2080	0.4529	60.4020	0.0166	27.3555	0.0366	1020.0992	461.9931	16.8885

$i=3\%$

n	$(F/P,i,n)$	$(P/F,i,n)$	$(F/A,i,n)$	$(A/F,i,n)$	$(P/A,i,n)$	$(A/P,i,n)$	$(F/G,i,n)$	$(P/G,i,n)$	$(A/G,i,n)$
1	1.0300	0.9709	1.0000	1.0000	0.9709	1.0300	0.0000	0.0000	0.0000
2	1.0609	0.9426	2.0300	0.4926	1.9135	0.5226	1.0000	0.9426	0.4926
3	1.0927	0.9151	3.0909	0.3235	2.8286	0.3535	3.0300	2.7729	0.9803
4	1.1255	0.8885	4.1836	0.2390	3.7171	0.2690	6.1209	5.4383	1.4631
5	1.1593	0.8626	5.3091	0.1884	4.5797	0.2184	10.3045	8.8888	1.9409
6	1.1941	0.8375	6.4684	0.1546	5.4172	0.1846	15.6137	13.0762	2.4138
7	1.2299	0.8131	7.6625	0.1305	6.2303	0.1605	22.0821	17.9547	2.8819
8	1.2668	0.7894	8.8923	0.1125	7.0197	0.1425	29.7445	23.4806	3.3450
9	1.3048	0.7664	10.1591	0.0984	7.7861	0.1284	38.6369	29.6119	3.8032
10	1.3439	0.7441	11.4639	0.0872	8.5302	0.1172	48.7960	36.3088	4.2565
11	1.3842	0.7224	12.8078	0.0781	9.2526	0.1081	60.2599	43.5330	4.7049
12	1.4258	0.7014	14.1920	0.0705	9.9540	0.1005	73.0677	51.2482	5.1485
13	1.4685	0.6810	15.6178	0.0640	10.6350	0.0940	87.2597	59.4196	5.5872
14	1.5126	0.6611	17.0863	0.0585	11.2961	0.0885	102.8775	68.0141	6.0210
15	1.5580	0.6419	18.5989	0.0538	11.9379	0.0838	119.9638	77.0002	6.4500
16	1.6047	0.6232	20.1569	0.0496	12.5611	0.0796	138.5627	86.3477	6.8742
17	1.6528	0.6050	21.7616	0.0460	13.1661	0.0760	158.7196	96.0280	7.2936
18	1.7024	0.5874	23.4144	0.0427	13.7535	0.0727	180.4812	106.0137	7.7081
19	1.7535	0.5703	25.1169	0.0398	14.3238	0.0698	203.8956	116.2788	8.1179
20	1.8061	0.5537	26.8704	0.0372	14.8775	0.0672	229.0125	126.7987	8.5229
21	1.8603	0.5375	28.6765	0.0349	15.4150	0.0649	255.8829	137.5496	8.9231
22	1.9161	0.5219	30.5368	0.0327	15.9369	0.0627	284.5593	148.5094	9.3186
23	1.9736	0.5067	32.4529	0.0308	16.4436	0.0608	315.0961	159.6566	9.7093
24	2.0328	0.4919	34.4265	0.0290	16.9355	0.0590	347.5490	170.9711	10.0954
25	2.0938	0.4776	36.4593	0.0274	17.4131	0.0574	381.9755	182.4336	10.4768
26	2.1566	0.4637	38.5530	0.0259	17.8768	0.0559	418.4347	194.0260	10.8535
27	2.2213	0.4502	40.7096	0.0246	18.3270	0.0546	456.9878	205.7309	11.2255
28	2.2879	0.4371	42.9309	0.0233	18.7641	0.0533	497.6974	217.5320	11.5930
29	2.3566	0.4243	45.2189	0.0221	19.1885	0.0521	540.6283	229.4137	11.9558

$i=3\%$

n	$(F/P,i,n)$	$(P/F,i,n)$	$(F/A,i,n)$	$(A/F,i,n)$	$(P/A,i,n)$	$(A/P,i,n)$	$(F/G,i,n)$	$(P/G,i,n)$	$(A/G,i,n)$
30	2.4273	0.4120	47.5754	0.0210	19.6004	0.0510	585.8472	241.3613	12.3141
31	2.5001	0.4000	50.0027	0.0200	20.0004	0.0500	633.4226	253.3609	12.6678
32	2.5751	0.3883	52.5028	0.0190	20.3888	0.0490	683.4253	265.3993	13.0169
33	2.6523	0.3770	55.0778	0.0182	20.7658	0.0482	735.9280	277.4642	13.3616
34	2.7319	0.3660	57.7302	0.0173	21.1318	0.0473	791.0059	289.5437	13.7018
35	2.8139	0.3554	60.4621	0.0165	21.4872	0.0465	848.7361	301.6267	14.0375
36	2.8983	0.3450	63.2759	0.0158	21.8323	0.0458	909.1981	313.7028	14.3688
37	2.9852	0.3350	66.1742	0.0151	22.1672	0.0451	972.4741	325.7622	14.6957
38	3.0748	0.3252	69.1594	0.0145	22.4925	0.0445	1038.6483	337.7956	15.0182
39	3.1670	0.3158	72.2342	0.0138	22.8082	0.0438	1107.8078	349.7942	15.3363
40	3.2620	0.3066	75.4013	0.0133	23.1148	0.0433	1180.0420	361.7499	15.6502

$i=4\%$

n	$(F/P,i,n)$	$(P/F,i,n)$	$(F/A,i,n)$	$(A/F,i,n)$	$(P/A,i,n)$	$(A/P,i,n)$	$(F/G,i,n)$	$(P/G,i,n)$	$(A/G,i,n)$
1	1.0400	0.9615	1.0000	1.0000	0.9615	1.0400	0.0000	0.0000	0.0000
2	1.0816	0.9246	2.0400	0.4902	1.8861	0.5302	1.0000	0.9246	0.4902
3	1.1249	0.8890	3.1216	0.3203	2.7751	0.3603	3.0400	2.7025	0.9739
4	1.1699	0.8548	4.2465	0.2355	3.6299	0.2755	6.1616	5.2670	1.4510
5	1.2167	0.8219	5.4163	0.1846	4.4518	0.2246	10.4081	8.5547	1.9216
6	1.2653	0.7903	6.6330	0.1508	5.2421	0.1908	15.8244	12.5062	2.3857
7	1.3159	0.7599	7.8983	0.1266	6.0021	0.1666	22.4574	17.0657	2.8433
8	1.3686	0.7307	9.2142	0.1085	6.7327	0.1485	30.3557	22.1806	3.2944
9	1.4233	0.7026	10.5828	0.0945	7.4353	0.1345	39.5699	27.8013	3.7391
10	1.4802	0.6756	12.0061	0.0833	8.1109	0.1233	50.1527	33.8814	4.1773
11	1.5395	0.6496	13.4864	0.0741	8.7605	0.1141	62.1588	40.3772	4.6090
12	1.6010	0.6246	15.0258	0.0666	9.3851	0.1066	75.6451	47.2477	5.0343
13	1.6651	0.6006	16.6268	0.0601	9.9856	0.1001	90.6709	54.4546	5.4533
14	1.7317	0.5775	18.2919	0.0547	10.5631	0.0947	107.2978	61.9618	5.8659
15	1.8009	0.5553	20.0236	0.0499	11.1184	0.0899	125.5897	69.7355	6.2721

$i=4\%$

n	$(F/P,i,n)$	$(P/F,i,n)$	$(F/A,i,n)$	$(A/F,i,n)$	$(P/A,i,n)$	$(A/P,i,n)$	$(F/G,i,n)$	$(P/G,i,n)$	$(A/G,i,n)$
16	1.8730	0.5339	21.8245	0.0458	11.6523	0.0858	145.6133	77.7441	6.6720
17	1.9479	0.5134	23.6975	0.0422	12.1657	0.0822	167.4378	85.9581	7.0656
18	2.0258	0.4936	25.6454	0.0390	12.6593	0.0790	191.1353	94.3498	7.4530
19	2.1068	0.4746	27.6712	0.0361	13.1339	0.0761	216.7807	102.8933	7.8342
20	2.1911	0.4564	29.7781	0.0336	13.5903	0.0736	244.4520	111.5647	8.2091
21	2.2788	0.4388	31.9692	0.0313	14.0292	0.0713	274.2300	120.3414	8.5779
22	2.3699	0.4220	34.2480	0.0292	14.4511	0.0692	306.1992	129.2024	8.9407
23	2.4647	0.4057	36.6179	0.0273	14.8568	0.0673	340.4472	138.1284	9.2973
24	2.5633	0.3901	39.0826	0.0256	15.2470	0.0656	377.0651	147.1012	9.6479
25	2.6658	0.3751	41.6459	0.0240	15.6221	0.0640	416.1477	156.1040	9.9925
26	2.7725	0.3607	44.3117	0.0226	15.9828	0.0626	457.7936	165.1212	10.3312
27	2.8834	0.3468	47.0842	0.0212	16.3296	0.0612	502.1054	174.1385	10.6640
28	2.9987	0.3335	49.9676	0.0200	16.6631	0.0600	549.1896	183.1424	10.9909
29	3.1187	0.3207	52.9663	0.0189	16.9837	0.0589	599.1572	192.1206	11.3120
30	3.2434	0.3083	56.0849	0.0178	17.2920	0.0578	652.1234	201.0618	11.6274
31	3.3731	0.2965	59.3283	0.0169	17.5885	0.0569	708.2084	209.9556	11.9371
32	3.5081	0.2851	62.7015	0.0159	17.8736	0.0559	767.5367	218.7924	12.2411
33	3.6484	0.2741	66.2095	0.0151	18.1476	0.0551	830.2382	227.5634	12.5396
34	3.7943	0.2636	69.8579	0.0143	18.4112	0.0543	896.4477	236.2607	12.8324
35	3.9461	0.2534	73.6522	0.0136	18.6646	0.0536	966.3056	244.8768	13.1198
36	4.1039	0.2437	77.5983	0.0129	18.9083	0.0529	1039.9578	253.4052	13.4018
37	4.2681	0.2343	81.7022	0.0122	19.1426	0.0522	1117.5562	261.8399	13.6784
38	4.4388	0.2253	85.9703	0.0116	19.3679	0.0516	1199.2584	270.1754	13.9497
39	4.6164	0.2166	90.4091	0.0111	19.5845	0.0511	1285.2287	278.4070	14.2157
40	4.8010	0.2083	95.0255	0.0105	19.7928	0.0505	1375.6379	286.5303	14.4765

$i=5\%$

n	$(F/P,i,n)$	$(P/F,i,n)$	$(F/A,i,n)$	$(A/F,i,n)$	$(P/A,i,n)$	$(A/P,i,n)$	$(F/G,i,n)$	$(P/G,i,n)$	$(A/G,i,n)$
1	1.0500	0.9524	1.0000	1.0000	0.9524	1.0500	0.0000	0.0000	0.0000
2	1.1025	0.9070	2.0500	0.4878	1.8594	0.5378	1.0000	0.9070	0.4878
3	1.1576	0.8638	3.1525	0.3172	2.7232	0.3672	3.0500	2.6347	0.9675
4	1.2155	0.8227	4.3101	0.2320	3.5460	0.2820	6.2025	5.1028	1.4391
5	1.2763	0.7835	5.5256	0.1810	4.3295	0.2310	10.5126	8.2369	1.9025
6	1.3401	0.7462	6.8019	0.1470	5.0757	0.1970	16.0383	11.9680	2.3579
7	1.4071	0.7107	8.1420	0.1228	5.7864	0.1728	22.8402	16.2321	2.8052
8	1.4775	0.6768	9.5491	0.1047	6.4632	0.1547	30.9822	20.9700	3.2445
9	1.5513	0.6446	11.0266	0.0907	7.1078	0.1407	40.5313	26.1268	3.6758
10	1.6289	0.6139	12.5779	0.0795	7.7217	0.1295	51.5579	31.6520	4.0991
11	1.7103	0.5847	14.2068	0.0704	8.3064	0.1204	64.1357	37.4988	4.5144
12	1.7959	0.5568	15.9171	0.0628	8.8633	0.1128	78.3425	43.6241	4.9219
13	1.8856	0.5303	17.7130	0.0565	9.3936	0.1065	94.2597	49.9879	5.3215
14	1.9799	0.5051	19.5986	0.0510	9.8986	0.1010	111.9726	56.5538	5.7133
15	2.0789	0.4810	21.5786	0.0463	10.3797	0.0963	131.5713	63.2880	6.0973
16	2.1829	0.4581	23.6575	0.0423	10.8378	0.0923	153.1498	70.1597	6.4736
17	2.2920	0.4363	25.8404	0.0387	11.2741	0.0887	176.8073	77.1405	6.8423
18	2.4066	0.4155	28.1324	0.0355	11.6896	0.0855	202.6477	84.2043	7.2034
19	2.5270	0.3957	30.5390	0.0327	12.0853	0.0827	230.7801	91.3275	7.5569
20	2.6533	0.3769	33.0660	0.0302	12.4622	0.0802	261.3191	98.4884	7.9030
21	2.7860	0.3589	35.7193	0.0280	12.8212	0.0780	294.3850	105.6673	8.2416
22	2.9253	0.3418	38.5052	0.0260	13.1630	0.0760	330.1043	112.8461	8.5730
23	3.0715	0.3256	41.4305	0.0241	13.4886	0.0741	368.6095	120.0087	8.8971
24	3.2251	0.3101	44.5020	0.0225	13.7986	0.0725	410.0400	127.1402	9.2140
25	3.3864	0.2953	47.7271	0.0210	14.0939	0.0710	454.5420	134.2275	9.5238
26	3.5557	0.2812	51.1135	0.0196	14.3752	0.0696	502.2691	141.2585	9.8266
27	3.7335	0.2678	54.6691	0.0183	14.6430	0.0683	553.3825	148.2226	10.1224
28	3.9201	0.2551	58.4026	0.0171	14.8981	0.0671	608.0517	155.1101	10.4114
29	4.1161	0.2429	62.3227	0.0160	15.1411	0.0660	666.4542	161.9126	10.6936

$i=5\%$

n	$(F/P,i,n)$	$(P/F,i,n)$	$(F/A,i,n)$	$(A/F,i,n)$	$(P/A,i,n)$	$(A/P,i,n)$	$(F/G,i,n)$	$(P/G,i,n)$	$(A/G,i,n)$
30	4.3219	0.2314	66.4388	0.0151	15.3725	0.0651	728.7770	168.6226	10.9691
31	4.5380	0.2204	70.7608	0.0141	15.5928	0.0641	795.2158	175.2333	11.2381
32	4.7649	0.2099	75.2988	0.0133	15.8027	0.0633	865.9766	181.7392	11.5005
33	5.0032	0.1999	80.0638	0.0125	16.0025	0.0625	941.2754	188.1351	11.7566
34	5.2533	0.1904	85.0670	0.0118	16.1929	0.0618	1021.3392	194.4168	12.0063
35	5.5160	0.1813	90.3203	0.0111	16.3742	0.0611	1106.4061	200.5807	12.2498
36	5.7918	0.1727	95.8363	0.0104	16.5469	0.0604	1196.7265	206.6237	12.4872
37	6.0814	0.1644	101.6281	0.0098	16.7113	0.0598	1292.5628	212.5434	12.7186
38	6.3855	0.1566	107.7095	0.0093	16.8679	0.0593	1394.1909	218.3378	12.9440
39	6.7048	0.1491	114.0950	0.0088	17.0170	0.0588	1501.9005	224.0054	13.1636
40	7.0400	0.1420	120.7998	0.0083	17.1591	0.0583	1615.9955	229.5452	13.3775

$i=6\%$

n	$(F/P,i,n)$	$(P/F,i,n)$	$(F/A,i,n)$	$(A/F,i,n)$	$(P/A,i,n)$	$(A/P,i,n)$	$(F/G,i,n)$	$(P/G,i,n)$	$(A/G,i,n)$
1	1.0600	0.9434	1.0000	1.0000	0.9434	1.0600	0.0000	0.0000	0.0000
2	1.1236	0.8900	2.0600	0.4854	1.8334	0.5454	1.0000	0.8900	0.4854
3	1.1910	0.8396	3.1836	0.3141	2.6730	0.3741	3.0600	2.5692	0.9612
4	1.2625	0.7921	4.3746	0.2286	3.4651	0.2886	6.2436	4.9455	1.4272
5	1.3382	0.7473	5.6371	0.1774	4.2124	0.2374	10.6182	7.9345	1.8836
6	1.4185	0.7050	6.9753	0.1434	4.9173	0.2034	16.2553	11.4594	2.3304
7	1.5036	0.6651	8.3938	0.1191	5.5824	0.1791	23.2306	15.4497	2.7676
8	1.5938	0.6274	9.8975	0.1010	6.2098	0.1610	31.6245	19.8416	3.1952
9	1.6895	0.5919	11.4913	0.0870	6.8017	0.1470	41.5219	24.5768	3.6133
10	1.7908	0.5584	13.1808	0.0759	7.3601	0.1359	53.0132	29.6023	4.0220
11	1.8983	0.5268	14.9716	0.0668	7.8869	0.1268	66.1940	34.8702	4.4213
12	2.0122	0.4970	16.8699	0.0593	8.3838	0.1193	81.1657	40.3369	4.8113
13	2.1329	0.4688	18.8821	0.0530	8.8527	0.1130	98.0356	45.9629	5.1920
14	2.2609	0.4423	21.0151	0.0476	9.2950	0.1076	116.9178	51.7128	5.5635
15	2.3966	0.4173	23.2760	0.0430	9.7122	0.1030	137.9328	57.5546	5.9260

$i=6\%$

n	$(F/P,i,n)$	$(P/F,i,n)$	$(F/A,i,n)$	$(A/F,i,n)$	$(P/A,i,n)$	$(A/P,i,n)$	$(F/G,i,n)$	$(P/G,i,n)$	$(A/G,i,n)$
16	2.5404	0.3936	25.6725	0.0390	10.1059	0.0990	161.2088	63.4592	6.2794
17	2.6928	0.3714	28.2129	0.0354	10.4773	0.0954	186.8813	69.4011	6.6240
18	2.8543	0.3503	30.9057	0.0324	10.8276	0.0924	215.0942	75.3569	6.9597
19	3.0256	0.3305	33.7600	0.0296	11.1581	0.0896	245.9999	81.3062	7.2867
20	3.2071	0.3118	36.7856	0.0272	11.4699	0.0872	279.7599	87.2304	7.6051
21	3.3996	0.2942	39.9927	0.0250	11.7641	0.0850	316.5454	93.1136	7.9151
22	3.6035	0.2775	43.3923	0.0230	12.0416	0.0830	356.5382	98.9412	8.2166
23	3.8197	0.2618	46.9958	0.0213	12.3034	0.0813	399.9305	104.7007	8.5099
24	4.0489	0.2470	50.8156	0.0197	12.5504	0.0797	446.9263	110.3812	8.7951
25	4.2919	0.2330	54.8645	0.0182	12.7834	0.0782	497.7419	115.9732	9.0722
26	4.5494	0.2198	59.1564	0.0169	13.0032	0.0769	552.6064	121.4684	9.3414
27	4.8223	0.2074	63.7058	0.0157	13.2105	0.0757	611.7628	126.8600	9.6029
28	5.1117	0.1956	68.5281	0.0146	13.4062	0.0746	675.4685	132.1420	9.8568
29	5.4184	0.1846	73.6398	0.0136	13.5907	0.0736	743.9966	137.3096	10.1032
30	5.7435	0.1741	79.0582	0.0126	13.7648	0.0726	817.6364	142.3588	10.3422
31	6.0881	0.1643	84.8017	0.0118	13.9291	0.0718	896.6946	147.2864	10.5740
32	6.4534	0.1550	90.8898	0.0110	14.0840	0.0710	981.4963	152.0901	10.7988
33	6.8406	0.1462	97.3432	0.0103	14.2302	0.0703	1072.3861	156.7681	11.0166
34	7.2510	0.1379	104.1838	0.0096	14.3681	0.0696	1169.7292	161.3192	11.2276
35	7.6861	0.1301	111.4348	0.0090	14.4982	0.0690	1273.9130	165.7427	11.4319
36	8.1473	0.1227	119.1209	0.0084	14.6210	0.0684	1385.3478	170.0387	11.6298
37	8.6361	0.1158	127.2681	0.0079	14.7368	0.0679	1504.4686	174.2072	11.8213
38	9.1543	0.1092	135.9042	0.0074	14.8460	0.0674	1631.7368	178.2490	12.0065
39	9.7035	0.1031	145.0585	0.0069	14.9491	0.0669	1767.6410	182.1652	12.1857
40	10.2857	0.0972	154.7620	0.0065	15.0463	0.0665	1912.6994	185.9568	12.3590

$i=8\%$

n	$(F/P,i,n)$	$(P/F,i,n)$	$(F/A,i,n)$	$(A/F,i,n)$	$(P/A,i,n)$	$(A/P,i,n)$	$(F/G,i,n)$	$(P/G,i,n)$	$(A/G,i,n)$
1	1.0800	0.9259	1.0000	1.0000	0.9259	1.0800	0.0000	0.0000	0.0000
2	1.1664	0.8573	2.0800	0.4808	1.7833	0.5608	1.0000	0.8573	0.4808
3	1.2597	0.7938	3.2464	0.3080	2.5771	0.3880	3.0800	2.4450	0.9487
4	1.3605	0.7350	4.5061	0.2219	3.3121	0.3019	6.3264	4.6501	1.4040
5	1.4693	0.6806	5.8666	0.1705	3.9927	0.2505	10.8325	7.3724	1.8465
6	1.5869	0.6302	7.3359	0.1363	4.6229	0.2163	16.6991	10.5233	2.2763
7	1.7138	0.5835	8.9228	0.1121	5.2064	0.1921	24.0350	14.0242	2.6937
8	1.8509	0.5403	10.6366	0.0940	5.7466	0.1740	32.9578	17.8061	3.0985
9	1.9990	0.5002	12.4876	0.0801	6.2469	0.1601	43.5945	21.8081	3.4910
10	2.1589	0.4632	14.4866	0.0690	6.7101	0.1490	56.0820	25.9768	3.8713
11	2.3316	0.4289	16.6455	0.0601	7.1390	0.1401	70.5686	30.2657	4.2395
12	2.5182	0.3971	18.9771	0.0527	7.5361	0.1327	87.2141	34.6339	4.5957
13	2.7196	0.3677	21.4953	0.0465	7.9038	0.1265	106.1912	39.0463	4.9402
14	2.9372	0.3405	24.2149	0.0413	8.2442	0.1213	127.6865	43.4723	5.2731
15	3.1722	0.3152	27.1521	0.0368	8.5595	0.1168	151.9014	47.8857	5.5945
16	3.4259	0.2919	30.3243	0.0330	8.8514	0.1130	179.0535	52.2640	5.9046
17	3.7000	0.2703	33.7502	0.0296	9.1216	0.1096	209.3778	56.5883	6.2037
18	3.9960	0.2502	37.4502	0.0267	9.3719	0.1067	243.1280	60.8426	6.4920
19	4.3157	0.2317	41.4463	0.0241	9.6036	0.1041	280.5783	65.0134	6.7697
20	4.6610	0.2145	45.7620	0.0219	9.8181	0.1019	322.0246	69.0898	7.0369
21	5.0338	0.1987	50.4229	0.0198	10.0168	0.0998	367.7865	73.0629	7.2940
22	5.4365	0.1839	55.4568	0.0180	10.2007	0.0980	418.2094	76.9257	7.5412
23	5.8715	0.1703	60.8933	0.0164	10.3711	0.0964	473.6662	80.6726	7.7786
24	6.3412	0.1577	66.7648	0.0150	10.5288	0.0950	534.5595	84.2997	8.0066
25	6.8485	0.1460	73.1059	0.0137	10.6748	0.0937	601.3242	87.8041	8.2254
26	7.3964	0.1352	79.9544	0.0125	10.8100	0.0925	674.4302	91.1842	8.4352
27	7.9881	0.1252	87.3508	0.0114	10.9352	0.0914	754.3846	94.4390	8.6363
28	8.6271	0.1159	95.3388	0.0105	11.0511	0.0905	841.7354	97.5687	8.8289
29	9.3173	0.1073	103.9659	0.0096	11.1584	0.0896	937.0742	100.5738	9.0133

$i=8\%$

n	$(F/P,i,n)$	$(P/F,i,n)$	$(F/A,i,n)$	$(A/F,i,n)$	$(P/A,i,n)$	$(A/P,i,n)$	$(F/G,i,n)$	$(P/G,i,n)$	$(A/G,i,n)$
30	10.0627	0.0994	113.2832	0.0088	11.2578	0.0888	1041.0401	103.4558	9.1897
31	10.8677	0.0920	123.3459	0.0081	11.3498	0.0881	1154.3234	106.2163	9.3584
32	11.7371	0.0852	134.2135	0.0075	11.4350	0.0875	1277.6692	108.8575	9.5197
33	12.6760	0.0789	145.9506	0.0069	11.5139	0.0869	1411.8828	111.3819	9.6737
34	13.6901	0.0730	158.6267	0.0063	11.5869	0.0863	1557.8334	113.7924	9.8208
35	14.7853	0.0676	172.3168	0.0058	11.6546	0.0858	1716.4600	116.0920	9.9611
36	15.9682	0.0626	187.1021	0.0053	11.7172	0.0853	1888.7768	118.2839	10.0949
37	17.2456	0.0580	203.0703	0.0049	11.7752	0.0849	2075.8790	120.3713	10.2225
38	18.6253	0.0537	220.3159	0.0045	11.8289	0.0845	2278.9493	122.3579	10.3440
39	20.1153	0.0497	238.9412	0.0042	11.8786	0.0842	2499.2653	124.2470	10.4597
40	21.7245	0.0460	259.0565	0.0039	11.9246	0.0839	2738.2065	126.0422	10.5699

$i=10\%$

n	$(F/P,i,n)$	$(P/F,i,n)$	$(F/A,i,n)$	$(A/F,i,n)$	$(P/A,i,n)$	$(A/P,i,n)$	$(F/G,i,n)$	$(P/G,i,n)$	$(A/G,i,n)$
1	1.1000	0.9091	1.0000	1.0000	0.9091	1.1000	0.0000	0.0000	0.0000
2	1.2100	0.8264	2.1000	0.4762	1.7355	0.5762	1.0000	0.8264	0.4762
3	1.3310	0.7513	3.3100	0.3021	2.4869	0.4021	3.1000	2.3291	0.9366
4	1.4641	0.6830	4.6410	0.2155	3.1699	0.3155	6.4100	4.3781	1.3812
5	1.6105	0.6209	6.1051	0.1638	3.7908	0.2638	11.0510	6.8618	1.8101
6	1.7716	0.5645	7.7156	0.1296	4.3553	0.2296	17.1561	9.6842	2.2236
7	1.9487	0.5132	9.4872	0.1054	4.8684	0.2054	24.8717	12.7631	2.6216
8	2.1436	0.4665	11.4359	0.0874	5.3349	0.1874	34.3589	16.0287	3.0045
9	2.3579	0.4241	13.5795	0.0736	5.7590	0.1736	45.7948	19.4215	3.3724
10	2.5937	0.3855	15.9374	0.0627	6.1446	0.1627	59.3742	22.8913	3.7255
11	2.8531	0.3505	18.5312	0.0540	6.4951	0.1540	75.3117	26.3963	4.0641
12	3.1384	0.3186	21.3843	0.0468	6.8137	0.1468	93.8428	29.9012	4.3884
13	3.4523	0.2897	24.5227	0.0408	7.1034	0.1408	115.2271	33.3772	4.6988
14	3.7975	0.2633	27.9750	0.0357	7.3667	0.1357	139.7498	36.8005	4.9955
15	4.1772	0.2394	31.7725	0.0315	7.6061	0.1315	167.7248	40.1520	5.2789

$i=10\%$

n	$(F/P,i,n)$	$(P/F,i,n)$	$(F/A,i,n)$	$(A/F,i,n)$	$(P/A,i,n)$	$(A/P,i,n)$	$(F/G,i,n)$	$(P/G,i,n)$	$(A/G,i,n)$
16	4.5950	0.2176	35.9497	0.0278	7.8237	0.1278	199.4973	43.4164	5.5493
17	5.0545	0.1978	40.5447	0.0247	8.0216	0.1247	235.4470	46.5819	5.8071
18	5.5599	0.1799	45.5992	0.0219	8.2014	0.1219	275.9917	49.6395	6.0526
19	6.1159	0.1635	51.1591	0.0195	8.3649	0.1195	321.5909	52.5827	6.2861
20	6.7275	0.1486	57.2750	0.0175	8.5136	0.1175	372.7500	55.4069	6.5081
21	7.4002	0.1351	64.0025	0.0156	8.6487	0.1156	430.0250	58.1095	6.7189
22	8.1403	0.1228	71.4027	0.0140	8.7715	0.1140	494.0275	60.6893	6.9189
23	8.9543	0.1117	79.5430	0.0126	8.8832	0.1126	565.4302	63.1462	7.1085
24	9.8497	0.1015	88.4973	0.0113	8.9847	0.1113	644.9733	65.4813	7.2881
25	10.8347	0.0923	98.3471	0.0102	9.0770	0.1102	733.4706	67.6964	7.4580
26	11.9182	0.0839	109.1818	0.0092	9.1609	0.1092	831.8177	69.7940	7.6186
27	13.1100	0.0763	121.0999	0.0083	9.2372	0.1083	940.9994	71.7773	7.7704
28	14.4210	0.0693	134.2099	0.0075	9.3066	0.1075	1062.0994	73.6495	7.9137
29	15.8631	0.0630	148.6309	0.0067	9.3696	0.1067	1196.3093	75.4146	8.0489
30	17.4494	0.0573	164.4940	0.0061	9.4269	0.1061	1344.9402	77.0766	8.1762
31	19.1943	0.0521	181.9434	0.0055	9.4790	0.1055	1509.4342	78.6395	8.2962
32	21.1138	0.0474	201.1378	0.0050	9.5264	0.1050	1691.3777	80.1078	8.4091
33	23.2252	0.0431	222.2515	0.0045	9.5694	0.1045	1892.5154	81.4856	8.5152
34	25.5477	0.0391	245.4767	0.0041	9.6086	0.1041	2114.7670	82.7773	8.6149
35	28.1024	0.0356	271.0244	0.0037	9.6442	0.1037	2360.2437	83.9872	8.7086
36	30.9127	0.0323	299.1268	0.0033	9.6765	0.1033	2631.2681	85.1194	8.7965
37	34.0039	0.0294	330.0395	0.0030	9.7059	0.1030	2930.3949	86.1781	8.8789
38	37.4043	0.0267	364.0434	0.0027	9.7327	0.1027	3260.4343	87.1673	8.9562
39	41.1448	0.0243	401.4478	0.0025	9.7570	0.1025	3624.4778	88.0908	9.0285
40	45.2593	0.0221	442.5926	0.0023	9.7791	0.1023	4025.9256	88.9525	9.0962

$i=12\%$

n	(F/P,i,n)	(P/F,i,n)	(F/A,i,n)	(A/F,i,n)	(P/A,i,n)	(A/P,i,n)	(F/G,i,n)	(P/G,i,n)	(A/G,i,n)
1	1.1200	0.8929	1.0000	1.0000	0.8929	1.1200	0.0000	0.0000	0.0000
2	1.2544	0.7972	2.1200	0.4717	1.6901	0.5917	1.0000	0.7972	0.4717
3	1.4049	0.7118	3.3744	0.2963	2.4018	0.4163	3.1200	2.2208	0.9246
4	1.5735	0.6355	4.7793	0.2092	3.0373	0.3292	6.4944	4.1273	1.3589
5	1.7623	0.5674	6.3528	0.1574	3.6048	0.2774	11.2737	6.3970	1.7746
6	1.9738	0.5066	8.1152	0.1232	4.1114	0.2432	17.6266	8.9302	2.1720
7	2.2107	0.4523	10.0890	0.0991	4.5638	0.2191	25.7418	11.6443	2.5515
8	2.4760	0.4039	12.2997	0.0813	4.9676	0.2013	35.8308	14.4714	2.9131
9	2.7731	0.3606	14.7757	0.0677	5.3282	0.1877	48.1305	17.3563	3.2574
10	3.1058	0.3220	17.5487	0.0570	5.6502	0.1770	62.9061	20.2541	3.5847
11	3.4785	0.2875	20.6546	0.0484	5.9377	0.1684	80.4549	23.1288	3.8953
12	3.8960	0.2567	24.1331	0.0414	6.1944	0.1614	101.1094	25.9523	4.1897
13	4.3635	0.2292	28.0291	0.0357	6.4235	0.1557	125.2426	28.7024	4.4683
14	4.8871	0.2046	32.3926	0.0309	6.6282	0.1509	153.2717	31.3624	4.7317
15	5.4736	0.1827	37.2797	0.0268	6.8109	0.1468	185.6643	33.9202	4.9803
16	6.1304	0.1631	42.7533	0.0234	6.9740	0.1434	222.9440	36.3670	5.2147
17	6.8660	0.1456	48.8837	0.0205	7.1196	0.1405	265.6973	38.6973	5.4353
18	7.6900	0.1300	55.7497	0.0179	7.2497	0.1379	314.5810	40.9080	5.6427
19	8.6128	0.1161	63.4397	0.0158	7.3658	0.1358	370.3307	42.9979	5.8375
20	9.6463	0.1037	72.0524	0.0139	7.4694	0.1339	433.7704	44.9676	6.0202
21	10.8038	0.0926	81.6987	0.0122	7.5620	0.1322	505.8228	46.8188	6.1913
22	12.1003	0.0826	92.5026	0.0108	7.6446	0.1308	587.5215	48.5543	6.3514
23	13.5523	0.0738	104.6029	0.0096	7.7184	0.1296	680.0241	50.1776	6.5010
24	15.1786	0.0659	118.1552	0.0085	7.7843	0.1285	784.6270	51.6929	6.6406
25	17.0001	0.0588	133.3339	0.0075	7.8431	0.1275	902.7823	53.1046	6.7708
26	19.0401	0.0525	150.3339	0.0067	7.8957	0.1267	1036.1161	54.4177	6.8921
27	21.3249	0.0469	169.3740	0.0059	7.9426	0.1259	1186.4501	55.6369	7.0049
28	23.8839	0.0419	190.6989	0.0052	7.9844	0.1252	1355.8241	56.7674	7.1098
29	26.7499	0.0374	214.5828	0.0047	8.0218	0.1247	1546.5229	57.8141	7.2071

$i=12\%$

n	$(F/P,i,n)$	$(P/F,i,n)$	$(F/A,i,n)$	$(A/F,i,n)$	$(P/A,i,n)$	$(A/P,i,n)$	$(F/G,i,n)$	$(P/G,i,n)$	$(A/G,i,n)$
30	29.9599	0.0334	241.3327	0.0041	8.0552	0.1241	1761.1057	58.7821	7.2974
31	33.5551	0.0298	271.2926	0.0037	8.0850	0.1237	2002.4384	59.6761	7.3811
32	37.5817	0.0266	304.8477	0.0033	8.1116	0.1233	2273.7310	60.5010	7.4586
33	42.0915	0.0238	342.4294	0.0029	8.1354	0.1229	2578.5787	61.2612	7.5302
34	47.1425	0.0212	384.5210	0.0026	8.1566	0.1226	2921.0082	61.9612	7.5965
35	52.7996	0.0189	431.6635	0.0023	8.1755	0.1223	3305.5291	62.6052	7.6577
36	59.1356	0.0169	484.4631	0.0021	8.1924	0.1221	3737.1926	63.1970	7.7141
37	66.2318	0.0151	543.5987	0.0018	8.2075	0.1218	4221.6558	63.7406	7.7661
38	74.1797	0.0135	609.8305	0.0016	8.2210	0.1216	4765.2544	64.2394	7.8141
39	83.0812	0.0120	684.0102	0.0015	8.2330	0.1215	5375.0850	64.6967	7.8582
40	93.0510	0.0107	767.0914	0.0013	8.2438	0.1213	6059.0952	65.1159	7.8988

$i=15\%$

n	$(F/P,i,n)$	$(P/F,i,n)$	$(F/A,i,n)$	$(A/F,i,n)$	$(P/A,i,n)$	$(A/P,i,n)$	$(F/G,i,n)$	$(P/G,i,n)$	$(A/G,i,n)$
1	1.1500	0.8696	1.0000	1.0000	0.8696	1.1500	0.0000	0.0000	0.0000
2	1.3225	0.7561	2.1500	0.4651	1.6257	0.6151	1.0000	0.7561	0.4651
3	1.5209	0.6575	3.4725	0.2880	2.2832	0.4380	3.1500	2.0712	0.9071
4	1.7490	0.5718	4.9934	0.2003	2.8550	0.3503	6.6225	3.7864	1.3263
5	2.0114	0.4972	6.7424	0.1483	3.3522	0.2983	11.6159	5.7751	1.7228
6	2.3131	0.4323	8.7537	0.1142	3.7845	0.2642	18.3583	7.9368	2.0972
7	2.6600	0.3759	11.0668	0.0904	4.1604	0.2404	27.1120	10.1924	2.4498
8	3.0590	0.3269	13.7268	0.0729	4.4873	0.2229	38.1788	12.4807	2.7813
9	3.5179	0.2843	16.7858	0.0596	4.7716	0.2096	51.9056	14.7548	3.0922
10	4.0456	0.2472	20.3037	0.0493	5.0188	0.1993	68.6915	16.9795	3.3832
11	4.6524	0.2149	24.3493	0.0411	5.2337	0.1911	88.9952	19.1289	3.6549
12	5.3503	0.1869	29.0017	0.0345	5.4206	0.1845	113.3444	21.1849	3.9082
13	6.1528	0.1625	34.3519	0.0291	5.5831	0.1791	142.3461	23.1352	4.1438
14	7.0757	0.1413	40.5047	0.0247	5.7245	0.1747	176.6980	24.9725	4.3624
15	8.1371	0.1229	47.5804	0.0210	5.8474	0.1710	217.2027	26.6930	4.5650

$i=15\%$

n	$(F/P,i,n)$	$(P/F,i,n)$	$(F/A,i,n)$	$(A/F,i,n)$	$(P/A,i,n)$	$(A/P,i,n)$	$(F/G,i,n)$	$(P/G,i,n)$	$(A/G,i,n)$
16	9.3576	0.1069	55.7175	0.0179	5.9542	0.1679	264.7831	28.2960	4.7522
17	10.7613	0.0929	65.0751	0.0154	6.0472	0.1654	320.5006	29.7828	4.9251
18	12.3755	0.0808	75.8364	0.0132	6.1280	0.1632	385.5757	31.1565	5.0843
19	14.2318	0.0703	88.2118	0.0113	6.1982	0.1613	461.4121	32.4213	5.2307
20	16.3665	0.0611	102.4436	0.0098	6.2593	0.1598	549.6239	33.5822	5.3651
21	18.8215	0.0531	118.8101	0.0084	6.3125	0.1584	652.0675	34.6448	5.4883
22	21.6447	0.0462	137.6316	0.0073	6.3587	0.1573	770.8776	35.6150	5.6010
23	24.8915	0.0402	159.2764	0.0063	6.3988	0.1563	908.5092	36.4988	5.7040
24	28.6252	0.0349	184.1678	0.0054	6.4338	0.1554	1067.7856	37.3023	5.7979
25	32.9190	0.0304	212.7930	0.0047	6.4641	0.1547	1251.9534	38.0314	5.8834
26	37.8568	0.0264	245.7120	0.0041	6.4906	0.1541	1464.7465	38.6918	5.9612
27	43.5353	0.0230	283.5688	0.0035	6.5135	0.1535	1710.4584	39.2890	6.0319
28	50.0656	0.0200	327.1041	0.0031	6.5335	0.1531	1994.0272	39.8283	6.0960
29	57.5755	0.0174	377.1697	0.0027	6.5509	0.1527	2321.1313	40.3146	6.1541
30	66.2118	0.0151	434.7451	0.0023	6.5660	0.1523	2698.3010	40.7526	6.2066
31	76.1435	0.0131	500.9569	0.0020	6.5791	0.1520	3133.0461	41.1466	6.2541
32	87.5651	0.0114	577.1005	0.0017	6.5905	0.1517	3634.0030	41.5006	6.2970
33	100.6998	0.0099	664.6655	0.0015	6.6005	0.1515	4211.1035	41.8184	6.3357
34	115.8048	0.0086	765.3654	0.0013	6.6091	0.1513	4875.7690	42.1033	6.3705
35	133.1755	0.0075	881.1702	0.0011	6.6166	0.1511	5641.1344	42.3586	6.4019
36	153.1519	0.0065	1014.3457	0.0010	6.6231	0.1510	6522.3045	42.5872	6.4301
37	176.1246	0.0057	1167.4975	0.0009	6.6288	0.1509	7536.6502	42.7916	6.4554
38	202.5433	0.0049	1343.6222	0.0007	6.6338	0.1507	8704.1477	42.9743	6.4781
39	232.9248	0.0043	1546.1655	0.0006	6.6380	0.1506	10047.7699	43.1374	6.4985
40	267.8635	0.0037	1779.0903	0.0006	6.6418	0.1506	11593.9354	43.2830	6.5168

$i=20\%$

n	$(F/P,i,n)$	$(P/F,i,n)$	$(F/A,i,n)$	$(A/F,i,n)$	$(P/A,i,n)$	$(A/P,i,n)$	$(F/G,i,n)$	$(P/G,i,n)$	$(A/G,i,n)$
1	1.2000	0.8333	1.0000	1.0000	0.8333	1.2000	0.0000	0.0000	0.0000
2	1.4400	0.6944	2.2000	0.4545	1.5278	0.6545	1.0000	0.6944	0.4545
3	1.7280	0.5787	3.6400	0.2747	2.1065	0.4747	3.2000	1.8519	0.8791
4	2.0736	0.4823	5.3680	0.1863	2.5887	0.3863	6.8400	3.2986	1.2742
5	2.4883	0.4019	7.4416	0.1344	2.9906	0.3344	12.2080	4.9061	1.6405
6	2.9860	0.3349	9.9299	0.1007	3.3255	0.3007	19.6496	6.5806	1.9788
7	3.5832	0.2791	12.9159	0.0774	3.6046	0.2774	29.5795	8.2551	2.2902
8	4.2998	0.2326	16.4991	0.0606	3.8372	0.2606	42.4954	9.8831	2.5756
9	5.1598	0.1938	20.7989	0.0481	4.0310	0.2481	58.9945	11.4335	2.8364
10	6.1917	0.1615	25.9587	0.0385	4.1925	0.2385	79.7934	12.8871	3.0739
11	7.4301	0.1346	32.1504	0.0311	4.3271	0.2311	105.7521	14.2330	3.2893
12	8.9161	0.1122	39.5805	0.0253	4.4392	0.2253	137.9025	15.4667	3.4841
13	10.6993	0.0935	48.4966	0.0206	4.5327	0.2206	177.4830	16.5883	3.6597
14	12.8392	0.0779	59.1959	0.0169	4.6106	0.2169	225.9796	17.6008	3.8175
15	15.4070	0.0649	72.0351	0.0139	4.6755	0.2139	285.1755	18.5095	3.9588
16	18.4884	0.0541	87.4421	0.0114	4.7296	0.2114	357.2106	19.3208	4.0851
17	22.1861	0.0451	105.9306	0.0094	4.7746	0.2094	444.6528	20.0419	4.1976
18	26.6233	0.0376	128.1167	0.0078	4.8122	0.2078	550.5833	20.6805	4.2975
19	31.9480	0.0313	154.7400	0.0065	4.8435	0.2065	678.7000	21.2439	4.3861
20	38.3376	0.0261	186.6880	0.0054	4.8696	0.2054	833.4400	21.7395	4.4643
21	46.0051	0.0217	225.0256	0.0044	4.8913	0.2044	1020.1280	22.1742	4.5334
22	55.2061	0.0181	271.0307	0.0037	4.9094	0.2037	1245.1536	22.5546	4.5941
23	66.2474	0.0151	326.2369	0.0031	4.9245	0.2031	1516.1843	22.8867	4.6475
24	79.4968	0.0126	392.4842	0.0025	4.9371	0.2025	1842.4212	23.1760	4.6943
25	95.3962	0.0105	471.9811	0.0021	4.9476	0.2021	2234.9054	23.4276	4.7352
26	114.4755	0.0087	567.3773	0.0018	4.9563	0.2018	2706.8865	23.6460	4.7709
27	137.3706	0.0073	681.8528	0.0015	4.9636	0.2015	3274.2638	23.8353	4.8020
28	164.8447	0.0061	819.2233	0.0012	4.9697	0.2012	3956.1166	23.9991	4.8291
29	197.8136	0.0051	984.0680	0.0010	4.9747	0.2010	4775.3399	24.1406	4.8527

i=20%

n	(F/P,i,n)	(P/F,i,n)	(F/A,i,n)	(A/F,i,n)	(P/A,i,n)	(A/P,i,n)	(F/G,i,n)	(P/G,i,n)	(A/G,i,n)
30	237.3763	0.0042	1181.8816	0.0008	4.9789	0.2008	5759.4078	24.2628	4.8731
31	284.8516	0.0035	1419.2579	0.0007	4.9824	0.2007	6941.2894	24.3681	4.8908
32	341.8219	0.0029	1704.1095	0.0006	4.9854	0.2006	8360.5473	24.4588	4.9061
33	410.1863	0.0024	2045.9314	0.0005	4.9878	0.2005	10064.6568	24.5368	4.9194
34	492.2235	0.0020	2456.1176	0.0004	4.9898	0.2004	12110.5881	24.6038	4.9308
35	590.6682	0.0017	2948.3411	0.0003	4.9915	0.2003	14566.7057	24.6614	4.9406
36	708.8019	0.0014	3539.0094	0.0003	4.9929	0.2003	17515.0469	24.7108	4.9491
37	850.5622	0.0012	4247.8112	0.0002	4.9941	0.2002	21054.0562	24.7531	4.9564
38	1020.6747	0.0010	5098.3735	0.0002	4.9951	0.2002	25301.8675	24.7894	4.9627
39	1224.8096	0.0008	6119.0482	0.0002	4.9959	0.2002	30400.2410	24.8204	4.9681
40	1469.7716	0.0007	7343.8578	0.0001	4.9966	0.2001	36519.2892	24.8469	4.9728

i=25%

n	(F/P,i,n)	(P/F,i,n)	(F/A,i,n)	(A/F,i,n)	(P/A,i,n)	(A/P,i,n)	(F/G,i,n)	(P/G,i,n)	(A/G,i,n)
1	1.2500	0.8000	1.0000	1.0000	0.8000	1.2500	0.0000	0.0000	0.0000
2	1.5625	0.6400	2.2500	0.4444	1.4400	0.6944	1.0000	0.6400	0.4444
3	1.9531	0.5120	3.8125	0.2623	1.9520	0.5123	3.2500	1.6640	0.8525
4	2.4414	0.4096	5.7656	0.1734	2.3616	0.4234	7.0625	2.8928	1.2249
5	3.0518	0.3277	8.2070	0.1218	2.6893	0.3718	12.8281	4.2035	1.5631
6	3.8147	0.2621	11.2588	0.0888	2.9514	0.3388	21.0352	5.5142	1.8683
7	4.7684	0.2097	15.0735	0.0663	3.1611	0.3163	32.2939	6.7725	2.1424
8	5.9605	0.1678	19.8419	0.0504	3.3289	0.3004	47.3674	7.9469	2.3872
9	7.4506	0.1342	25.8023	0.0388	3.4631	0.2888	67.2093	9.0207	2.6048
10	9.3132	0.1074	33.2529	0.0301	3.5705	0.2801	93.0116	9.9870	2.7971
11	11.6415	0.0859	42.5661	0.0235	3.6564	0.2735	126.2645	10.8460	2.9663
12	14.5519	0.0687	54.2077	0.0184	3.7251	0.2684	168.8306	11.6020	3.1145
13	18.1899	0.0550	68.7596	0.0145	3.7801	0.2645	223.0383	12.2617	3.2437
14	22.7374	0.0440	86.9495	0.0115	3.8241	0.2615	291.7979	12.8334	3.3559
15	28.4217	0.0352	109.6868	0.0091	3.8593	0.2591	378.7474	13.3260	3.4530

$i=25\%$

n	$(F/P,i,n)$	$(P/F,i,n)$	$(F/A,i,n)$	$(A/F,i,n)$	$(P/A,i,n)$	$(A/P,i,n)$	$(F/G,i,n)$	$(P/G,i,n)$	$(A/G,i,n)$
16	35.5271	0.0281	138.1085	0.0072	3.8874	0.2572	488.4342	13.7482	3.5366
17	44.4089	0.0225	173.6357	0.0058	3.9099	0.2558	626.5427	14.1085	3.6084
18	55.5112	0.0180	218.0446	0.0046	3.9279	0.2546	800.1784	14.4147	3.6698
19	69.3889	0.0144	273.5558	0.0037	3.9424	0.2537	1018.2230	14.6741	3.7222
20	86.7362	0.0115	342.9447	0.0029	3.9539	0.2529	1291.7788	14.8932	3.7667
21	108.4202	0.0092	429.6809	0.0023	3.9631	0.2523	1634.7235	15.0777	3.8045
22	135.5253	0.0074	538.1011	0.0019	3.9705	0.2519	2064.4043	15.2326	3.8365
23	169.4066	0.0059	673.6264	0.0015	3.9764	0.2515	2602.5054	15.3625	3.8634
24	211.7582	0.0047	843.0329	0.0012	3.9811	0.2512	3276.1318	15.4711	3.8861
25	264.6978	0.0038	1054.7912	0.0009	3.9849	0.2509	4119.1647	15.5618	3.9052
26	330.8722	0.0030	1319.4890	0.0008	3.9879	0.2508	5173.9559	15.6373	3.9212
27	413.5903	0.0024	1650.3612	0.0006	3.9903	0.2506	6493.4449	15.7002	3.9346
28	516.9879	0.0019	2063.9515	0.0005	3.9923	0.2505	8143.8061	15.7524	3.9457
29	646.2349	0.0015	2580.9394	0.0004	3.9938	0.2504	10207.7577	15.7957	3.9551
30	807.7936	0.0012	3227.1743	0.0003	3.9950	0.2503	12788.6971	15.8316	3.9628
31	1009.7420	0.0010	4034.9678	0.0002	3.9960	0.2502	16015.8713	15.8614	3.9693
32	1262.1774	0.0008	5044.7098	0.0002	3.9968	0.2502	20050.8392	15.8859	3.9746
33	1577.7218	0.0006	6306.8872	0.0002	3.9975	0.2502	25095.5490	15.9062	3.9791
34	1972.1523	0.0005	7884.6091	0.0001	3.9980	0.2501	31402.4362	15.9229	3.9828
35	2465.1903	0.0004	9856.7613	0.0001	3.9984	0.2501	39287.0453	15.9367	3.9858
36	3081.4879	0.0003	12321.9516	0.0001	3.9987	0.2501	49143.8066	15.9481	3.9883
37	3851.8599	0.0003	15403.4396	0.0001	3.9990	0.2501	61465.7582	15.9574	3.9904
38	4814.8249	0.0002	19255.2994	0.0001	3.9992	0.2501	76869.1978	15.9651	3.9921
39	6018.5311	0.0002	24070.1243	0.0000	3.9993	0.2500	96124.4972	15.9714	3.9935
40	7523.1638	0.0001	30088.6554	0.0000	3.9995	0.2500	120194.6215	15.9766	3.9947

$i=30\%$

n	$(F/P,i,n)$	$(P/F,i,n)$	$(F/A,i,n)$	$(A/F,i,n)$	$(P/A,i,n)$	$(A/P,i,n)$	$(F/G,i,n)$	$(P/G,i,n)$	$(A/G,i,n)$
1	1.3000	0.7692	1.0000	1.0000	0.7692	1.3000	0.0000	0.0000	0.0000
2	1.6900	0.5917	2.3000	0.4348	1.3609	0.7348	1.0000	0.5917	0.4348
3	2.1970	0.4552	3.9900	0.2506	1.8161	0.5506	3.3000	1.5020	0.8271
4	2.8561	0.3501	6.1870	0.1616	2.1662	0.4616	7.2900	2.5524	1.1783
5	3.7129	0.2693	9.0431	0.1106	2.4356	0.4106	13.4770	3.6297	1.4903
6	4.8268	0.2072	12.7560	0.0784	2.6427	0.3784	22.5201	4.6656	1.7654
7	6.2749	0.1594	17.5828	0.0569	2.8021	0.3569	35.2761	5.6218	2.0063
8	8.1573	0.1226	23.8577	0.0419	2.9247	0.3419	52.8590	6.4800	2.2156
9	10.6045	0.0943	32.0150	0.0312	3.0190	0.3312	76.7167	7.2343	2.3963
10	13.7858	0.0725	42.6195	0.0235	3.0915	0.3235	108.7317	7.8872	2.5512
11	17.9216	0.0558	56.4053	0.0177	3.1473	0.3177	151.3512	8.4452	2.6833
12	23.2981	0.0429	74.3270	0.0135	3.1903	0.3135	207.7565	8.9173	2.7952
13	30.2875	0.0330	97.6250	0.0102	3.2233	0.3102	282.0835	9.3135	2.8895
14	39.3738	0.0254	127.9125	0.0078	3.2487	0.3078	379.7085	9.6437	2.9685
15	51.1859	0.0195	167.2863	0.0060	3.2682	0.3060	507.6210	9.9172	3.0344
16	66.5417	0.0150	218.4722	0.0046	3.2832	0.3046	674.9073	10.1426	3.0892
17	86.5042	0.0116	285.0139	0.0035	3.2948	0.3035	893.3795	10.3276	3.1345
18	112.4554	0.0089	371.5180	0.0027	3.3037	0.3027	1178.3934	10.4788	3.1718
19	146.1920	0.0068	483.9734	0.0021	3.3105	0.3021	1549.9114	10.6019	3.2025
20	190.0496	0.0053	630.1655	0.0016	3.3158	0.3016	2033.8849	10.7019	3.2275
21	247.0645	0.0040	820.2151	0.0012	3.3198	0.3012	2664.0503	10.7828	3.2480
22	321.1839	0.0031	1067.2796	0.0009	3.3230	0.3009	3484.2654	10.8482	3.2646
23	417.5391	0.0024	1388.4635	0.0007	3.3254	0.3007	4551.5450	10.9009	3.2781
24	542.8008	0.0018	1806.0026	0.0006	3.3272	0.3006	5940.0086	10.9433	3.2890
25	705.6410	0.0014	2348.8033	0.0004	3.3286	0.3004	7746.0111	10.9773	3.2979
26	917.3333	0.0011	3054.4443	0.0003	3.3297	0.3003	10094.8145	11.0045	3.3050
27	1192.5333	0.0008	3971.7776	0.0003	3.3305	0.3003	13149.2588	11.0263	3.3107
28	1550.2933	0.0006	5164.3109	0.0002	3.3312	0.3002	17121.0364	11.0437	3.3153
29	2015.3813	0.0005	6714.6042	0.0001	3.3317	0.3001	22285.3474	11.0576	3.3189

$i=30\%$

n	$(F/P,i,n)$	$(P/F,i,n)$	$(F/A,i,n)$	$(A/F,i,n)$	$(P/A,i,n)$	$(A/P,i,n)$	$(F/G,i,n)$	$(P/G,i,n)$	$(A/G,i,n)$
30	2619.9956	0.0004	8729.9855	0.0001	3.3321	0.3001	28999.9516	11.0687	3.3219
31	3405.9943	0.0003	11349.9811	0.0001	3.3324	0.3001	37729.9371	11.0775	3.3242
32	4427.7926	0.0002	14755.9755	0.0001	3.3326	0.3001	49079.9182	11.0845	3.3261
33	5756.1304	0.0002	19183.7681	0.0001	3.3328	0.3001	63835.8937	11.0901	3.3276
34	7482.9696	0.0001	24939.8985	0.0000	3.3329	0.3000	83019.6618	11.0945	3.3288
35	9727.8604	0.0001	32422.8681	0.0000	3.3330	0.3000	107959.5603	11.0980	3.3297
36	12646.2186	0.0001	42150.7285	0.0000	3.3331	0.3000	140382.4284	11.1007	3.3305
37	16440.0841	0.0001	54796.9471	0.0000	3.3331	0.3000	182533.1569	11.1029	3.3311
38	21372.1094	0.0000	71237.0312	0.0000	3.3332	0.3000	237330.1039	11.1047	3.3316
39	27783.7422	0.0000	92609.1405	0.0000	3.3332	0.3000	308567.1351	11.1060	3.3319
40	36118.8648	0.0000	120392.8827	0.0000	3.3332	0.3000	401176.2756	11.1071	3.3322

参考文献

［1］中华人民共和国国家发展和改革委员会，中华人民共和国建设部．建设项目经济评价方法与参数［M］．3版．北京：中国计划出版社，2006．

［2］谭大璐，赵世强．工程经济学［M］．武汉：武汉理工大学出版社，2008．

［3］邵颖红．工程经济学概论［M］．3版．北京：电子工业出版社，2015．

［4］刘晓君．工程经济学［M］．2版．北京：中国建筑工业出版社，2008．

［5］黄有亮，徐向阳，谈飞，等．工程经济学［M］．2版．南京：东南大学出版社，2006．

［6］冯为民，付晓灵．工程经济学［M］．2版．北京：北京大学出版社，2012．

［7］王勇．项目可行性研究与经济评估［M］．2版．北京：中国建筑工业出版社，2011．

［8］石振武，苏义坤．工程经济学［M］．2版．北京：科学出版社，2017．

［9］王贵春．工程经济学［M］．3版．重庆：重庆大学出版社，2019．

［10］郭献芳．工程经济学［M］．2版．北京：机械工业出版社，2016．

［11］于立君．工程经济学［M］．北京：清华大学出版社，2015．